【제2판】

가족복지론

이윤정 · 박수선 · 이무영 · 강기정

KNOWLEDGE COMMUNITY 공동체

머리말

한국의 가족은 인구 고령화와 출산율 저하, 여성의 노동시장 참여 등 여러 요인들이 복합적으로 작용해 다양한 모습으로 변화하고 있다. 생계 부양, 돌봄을 화두로 가족 내에서 구성원의 역할이 달라지고 있으며, 가족의 기능이 변화하면서 우리 주변에는 유사한 듯 보이나 생활양식과 구조가 다른 여러 가정이 출현하고 있다. 우리는 이러한 사회에서 무엇을 지향하며 나의 가정, 우리 이웃의 가정, 우리나라의 모습을 바라보고 있는가?

이제는 과거의 가족을 회상하며 이상향을 꿈꾸는 것도, 미래 가족의 모습을 단언적으로 표현하는 것도 쉽지 않은 사회로 인식될 만큼 가족이라는 단어의 쓰임과 활용은 다양해지고 있다. 이에 20세기에 들어 정부와 사회는 보편적 관점에서 가족의 영역을 정책과 시비스의 대상으로, 그리고 국가 발전을 위한 동력의 추진체로 핵심에 있음을 주지해 왔다.

이에 저자들은 사회의 변화와 더불어 정책과 사회 지지 체계의 중요한 요소로서 가족의 모습을 조명하고 다양한 변화에 주목하여, '기능하는 가족, 국가와 사회의 중요한 지지 체계로서의 가족'에 집중해 책의 내용을 집필하였다. 그동안 이미 많은 학자들이 가족과 가족복지에 대해 논하고 우리 사회의 현실을 조명해 왔다. 이 책 또한 큰 틀 안에서는 그 맥락과 그리 다르지 않다. 그러나 어떠한 모습으로 가족복지의 영역이 전문화되고 있는지 그 흐름에 무게 중심을 두면서, 가족복지를 공부하는 학생들에게 실천현장에서의 현황과 지원이 무엇에 방점이 찍혀있는지 개괄적이지만 핵심적인 내용이 전달되도록 최근의 다양한 자료들을 소개하고자 노력하였다. 그리고 향후 각 지역사회에서 '가족'에 밀착해 있을 예비 가족복지 실천가들의 전문적 접근에 도움이 되도록 주요 Tip들을 제공하였다.

이 책은 총 3부 12장으로 구성되어 있다. 1부에서는 가족복지에 관한 개요로 가족과 가족복지, 가족복지정책과 전달체계에 대한 이해를 위해 총 4개의 장으로 구성해 살펴보았고, 2부에서는 가족복지 실천가들을 위한 미시적 접근을 소개하기 위해 가족사정, 가족생활교육과 가족상담, 가족사례관리를 주제로 3개의 장을 다루었다. 3부에서는 가족에 관한 실제와 관련 이슈를 다루고자 빈곤과 한부모, 폭력, 다문화, 1인 가구의 가족복지를 5개의 장으로 소개하였다.

각 장마다의 학습목표, 토론 및 생각해 보기, 볼거리 및 읽을거리를 통해 책에서 다루어지는 주제들에 독자들이 보다 쉽게 접근하기를 바란다. 한편으로 가족과 가족복지에 관한 인식과 사고의 폭을 넓힐 수 있는 계기가 되기를 바라는 저자들의 마음도 전하고 싶다.

이 책이 나오기까지 도움을 주신 모든 분들께 감사의 마음을 전하며, 앞으로 대학에서 그리고 실천현장에서 이 책의 내용에 대해 비판과 가르침이 이어져 미처 다루지 못한 논의와 부족한 내용이 계속해 채워지고 보완되기를 기대한다.

2021년 3월

저자 일동

차 례

CONTENTS

차 례

PART 01

가족복지의 개요

CHAPTER 01

가족의 이해

학습목표

이 장의 학습목표는 변화하는 가족의 개념과 기능에 대한 이해 및 가족 관련 이론에 대한 학습이다. 가족복지론 과목의 첫 장으로 변화하는 가족의 개념을 이해하고, 이에 따른 가족의 기능 변화를 파악하여 미래 가족의 모습을 예측할 수 있다.

- 가족복지의 개념에 대해 이해할 수 있다.
- 가족의 기능에 대해 설명할 수 있다.
- 가족이론에 대해 이해할 수 있다.

1. 가족의 개념

생각 나누기

✔ 다음의 내용을 보고, 가족이라 생각하는 번호에는 ○, 애매한 번호에는 △, 아니라고 생각하는 경우에는 ×로 표시하세요.

① 서울과 부산에 떨어져 사는 자녀가 없는 남편과 아내
② 서로의 자녀가 죽고 사돈부부가 함께 사는 것
③ 남편과 아내와 그들의 자녀들
④ 52세의 여성과 입양한 딸
⑤ 두 명의 사촌이 함께 사는 것
⑥ 77세 남성과 그의 평생 친구
⑦ 혼자 사는 여성
⑧ 강아지와 함께 사는 독신 남성

출처 : 박경하(2001). 현대 가족학 중 '다양한 인간관계의 예' 재구성.

1) 가족의 정의

인간은 태어나 자라면서 누구나 가족이라는 집단에 속하게 되며, 그 구성원들과 일상생활에서 가장 친밀하게 상호작용하며, 규범과 가치를 전달받고 나름의 독특한 문화를 형성해 간다.

가족은 가족 구성원 개인의 인성에 강력한 영향을 미치며, 사회화 과정을 담당하는 사회의 가장 기본적인 1차 집단이다. 이러한 가족은 사회환경에 따라 형태와 가치관이 변하면서 개념 역시 달라지는데, 시대에 따라 학자들은 다음과 같이 가족을 정의하고 있다(오영희 외, 2005; 유계숙 외, 2007; 유영주 외, 2008; 이삼식 외, 2015; 이주연 외, 2013; 조흥식 외, 2010).

(1) 고전적 정의

① 머독(Murdock, 1949)

가족은 공동의 거주, 경제적 협동 그리고 자녀의 출산과 양육을 특징으로 하는 사회적 집단이다.

② 레비-스트라우스(Levy-Strauss, 1956)

가족은 결혼에서 출발하여 부부와 그 자녀로 구성되고, 법적 결속, 종교적·경제적 기타의 권리와 의무, 성적 권리와 금기의 정확한 체계, 그리고 사랑, 애착, 존경, 공포 등 다양한 심리적 감정으로 결합된 집단이다.

③ 듀발(Duvall, 1977)

가족은 결혼, 출산, 입양을 통해 맺어진 상호작용하는 개인들로 구성되며, 가족의 목적은 각 성원들의 신체적·정신적·사회적 발달을 창조하고 유지하는 데 있다.

④ 버제스(Burgess, 1978)

가족이란 한 집에 거주하는 서로 관련된 두 명 이상의 사람들이다.

⑤ 김두헌(1949)

가족은 일반적으로 영속적인 결합에 의한 부부와 거기에서 태어난 자녀로 형성된 생활공동체이다.

⑥ 최재석(1960)

가족은 가계를 공동으로 하는 집단이다.

⑦ 이효재(1983)

혼인, 혈연, 입양 이외에도 구성원의 필요에 따라서 기타 관계의 사람들이 지속적인 연대의식으로 일상생활을 함께 영위하는 집단이다.

(2) 현대적 정의

① 올슨과 드프레인(Olson & DeFrain, 1997)

가족은 두 명 이상으로 구성되며, 애정과 친밀감을 바탕으로 서로 헌신하고 자원과 가치관을 공유하며, 함께 의사결정에 참여하는 특성을 지닌 집단이다.

② 미국사회복지사협회(NASW)

가족은 자신들 스스로가 가족으로 생각하면서 전형적인 가족 임무를 수행하는 2인 이상의 사람들을 말한다.

③ 김혜영(2008)

가족은 사회구조와 같은 외부환경에 좌우되는 사회제도인 동시에 자신들의 욕구충족과 이해 조정은 물론 정서적 교감과 친밀성을 통해 외부의 자극과 긴장을 해소하는 사적 공간이다.

④ 조흥식 등(2010)

가족은 전통적 개념과 함께 혈연적 관계가 아닌 2인 이상의 친밀한 관계를 갖는 다양한 집단을 구성하여 살아가는, 변화에 대하여 역동적으로 적응할 수 있는 중요한 사회제도의 하나이다.

이상의 국내외 학자들의 가족의 정의를 종합하면, 전통적인 가족 개념에서는 결혼과 혈연을 토대로 한 협의의 개념임을 알 수 있다. 즉, 가족은 부부와 그들의 자녀로 구성되는 기본적인 사회집단으로서, 이들은 이익관계를 떠난 애정적인 혈연집단이며, 같은 장소에서 생활하는 동거동재(同居同財) 집단이고, 그 가족만의 고유한 가풍을 갖는 문화집단이며, 양육과 사회화를 통하여 인격 형성이 이루어지는 인간발달의 근원적 집단으로 볼 수 있다(유영주 외, 2008).

그러나 산업화 이후 현대사회의 가족 개념은 다양한 형태의 가족과 생활양식을 포함한 개념으로 확대되고 있다. 이는 전형적인 핵가족에 국한된 가족의 개념에서 벗어나 사회변화에 따른 다양한 삶의 양식을 적용한 광의의 가족의 개념을 필요로 함을 시사한다.

(3) 가족과 유사한 용어의 정의

가족과 유사한 개념으로 흔히 사용하는 단어로 가정, 가구라는 표현이 있다. 학자를 비롯해 실천현장에서 가족, 가정, 가구는 혼용해 사용하지만 구체적 의미로 보면 구분되는 개념이다. 각 단어의 개념 및 정의를 건강가정기본법 제3조에 근거해 살펴보면 다음과 같다.

① 가족

혼인, 혈연, 입양 등으로 이루어진 사회의 기본 단위를 의미한다(건강가정기본법 제3조). 구조와 유형에 주목할 때 '가족'이라는 단어를 주로 사용한다.

② 가정

가족 구성원이 생계와 주거를 함께하는 생활공동체로서 구성원의 일상적인 부양, 양육, 보호, 교육 등이 이루어지는 생활단위를 말한다(건강가정기본법 제3조). 생활이나 기능에 주목할 때 '가정'이라는 단어를 주로 사용한다. 여기에는 공간의 의미를 넘어 가족의 감정이나 의식, 가치, 규범, 심리적 환경, 물리적 환경을 모두 포함한다.

③ 가구

'1인 가구'를 1명이 단독으로 생계를 유지하고 있는 생활단위라 한다(건강가정기본법 제3조). 1인 또는 2인 이상이 모여 취사, 취침 등 생계를 함께하는 생활 단위로(통계청), 1세대 가구, 2세대 가구, 1인 가구 등을 지칭하는 경우를 예로 들 수 있다.

2) 다양한 가족의 모습

(1) 가족 구조 및 유형의 변화

가족의 개념에서 살펴본 바와 같이 가족의 구조 및 유형은 시대에 따라 변화하며 다양해지고 있다.

다음의 <표 1-1>을 보면 가족은 점차 소가족화되고 있어 핵가족 유형으로 일컫는 부부와 미혼자녀로 구성된 가족유형이 점차 줄어들 것으로 예측되며, 자녀가 없는 부부로만 이루어진 가구와 1인 가구는 두드러지게 증가할 것으로 예측된다. 또한 한부모가족 외에 조부모와 미혼손자녀로 이루어진 가구 역시 증가할 것으로 파악된다. ❙그림 1-1❙에서 보듯이 「장래가구추계」에 따른 비율로 살펴보면, 2030년에는 1인 가구가 30.1%, 부부가족이 17.9%, 한부모가족이 11.2%로 증가할 것이며, 부부 및 미혼자녀로 구성된 가족의 경우 2000년에는 전체에서 50%에 가까운 비율이었다가 2030년에는 그의 절반인 25.4%로 감소될 것으로 추정되고 있다.

〈표 1-1〉 가구유형별 전국 가구 추계(2017년, 2030년, 2045년)

연도	부부	부부+ 미혼자녀	부+ 미혼자녀	모+ 미혼자녀	부부+ 부(모)	조부(모)+ 미혼손자녀	1인
2017	3,130,072	5,932,704	569,619	1,557,134	144,232	114,251	5,562,048
2030	4,270,743	4,654,105	715,777	1,534,384	141,200	131,049	7,196,471
2045	4,741,902	3,540,832	751,487	1,505,740	168,688	190,230	8,098,369

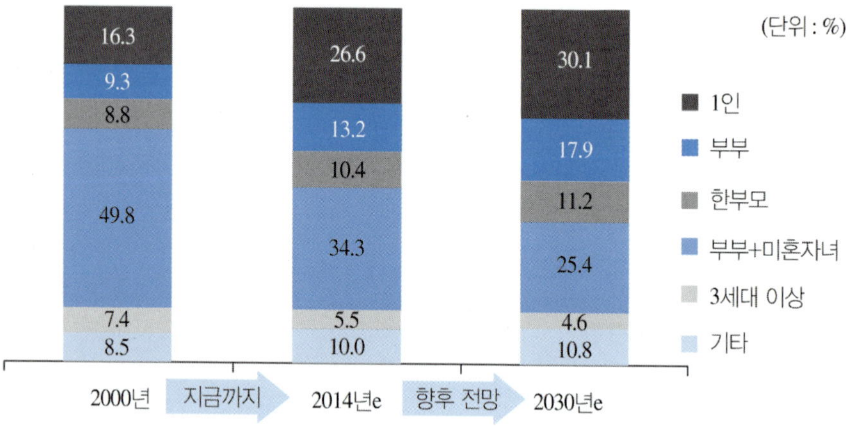

┃그림 1-1┃ 세대구성별 가구 분포

출처 : 통계청(2017). 인구주택총조사 및 장래가구추계.

이 같은 현상에는 결혼과 가족에 대한 가치관의 변화, 평균수명의 연장 등 사회적 배경이 내재해 있다. 결국 결혼 가구의 비율 감소와 자녀 출산 기피 현상, 인구 고령화 등은 가족의 규모를 축소시키고, 1인 가구나 무자녀가족, 한부모가족 등을 증가시키는 것으로 파악된다.

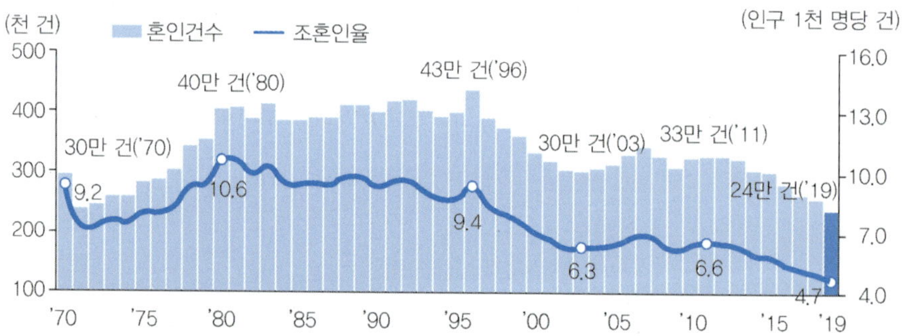

┃그림 1-2┃ 혼인건수 및 조혼인율 추이

출처 : 통계청(2020). 2019년 혼인·이혼통계.

1970년부터 2019년까지의 혼인건수와 조혼인율 추이를 ┃그림 1-2┃를 통해 살펴보면 1970년 30만 건(조혼인율 9.2)을 시작으로 1996년 43만 건(조혼인율 9.4)으로 최대치를 보인 혼인건수가 2019년에는 23만 9천 2백 건으로 전년 대비 1만 8천 5백 건이 줄어들어 7.2% 감소한 것으로 나타났다. 인구 1천 명당 혼인건수를 나타내는 조혼인율도 4.7건으로 전년 대비 0.3건 감소한 것을 알 수 있다.

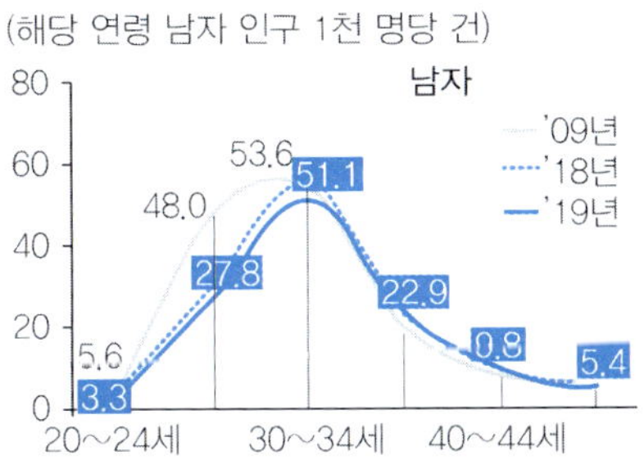

❙그림 1-3❙ 남성 연령별 혼인율

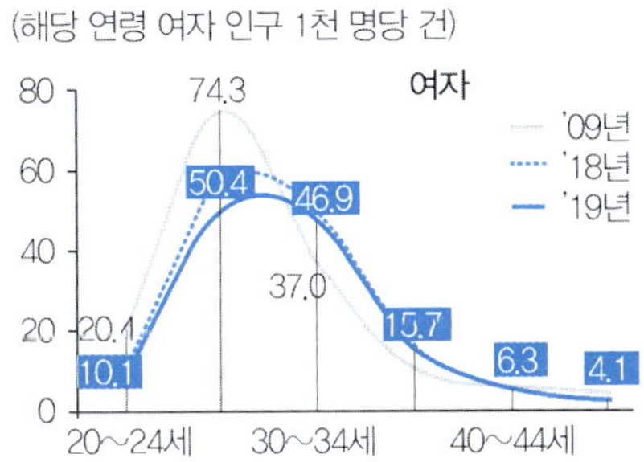

❙그림 1-4❙ 여성 연령별 혼인율

출처 : 통계청(2020). 2019년 혼인·이혼통계.

❙그림 1-3❙, ❙그림 1-4❙를 통해 성별에 따른 연령별 혼인율(해당 연령 성별에 따른 1천 명당 혼인건수)을 살펴보면 남성은 30대 초반이 51.1건, 여성은 20대 후반이 50.4건으로 가장 높게 나타났다. 남성은 전년 대비 30대 초반은 4.8건, 20대 후반은 3.6건 각각 감소하였으며, 여성은 전년 대비 20대 후반은 6.6건, 30대 초반은 2.4건 감소한 것을 알 수 있어 남녀 모두 20대 후반과 30대 초반 모두 혼인율이 감소한 것을 알 수 있다.

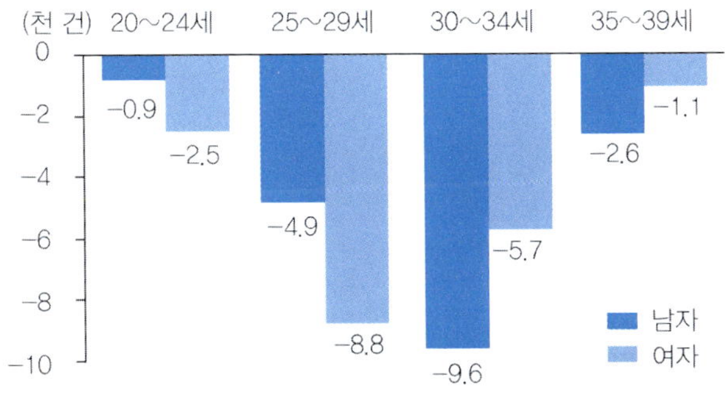

❙그림 1-5❙ 성·연령별 혼인건수 전년 대비 증감(2019년)

출처 : 통계청(2020). 2019년 혼인·이혼통계.

2019년 혼인건수의 성별과 연령별 증감을 살펴보면 남성은 30대 초반, 여성은 20대 후반에서 전년 대비 가장 크게 감소한 것을 알 수 있다. 남성 30대 초반은 9천 6백 건(-10.4%), 여성 20대 후반은 8천 8백 건(-9.7%)이 각각 감소한 것으로 나타났다.

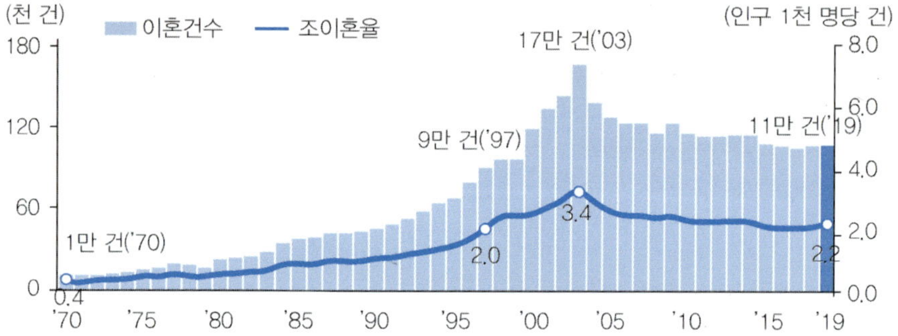

┃그림 1-6┃ 이혼건수 및 조이혼율 추이

출처 : 통계청(2020). 2019년 혼인·이혼통계.

이혼건수는 2019년에 11만 8백 건으로 전년 대비 2.0% 증가(2천 1백 건)하였으며, 조이혼율은 2.2건으로 전년 대비 0.1건 증가한 것으로 나타났다.

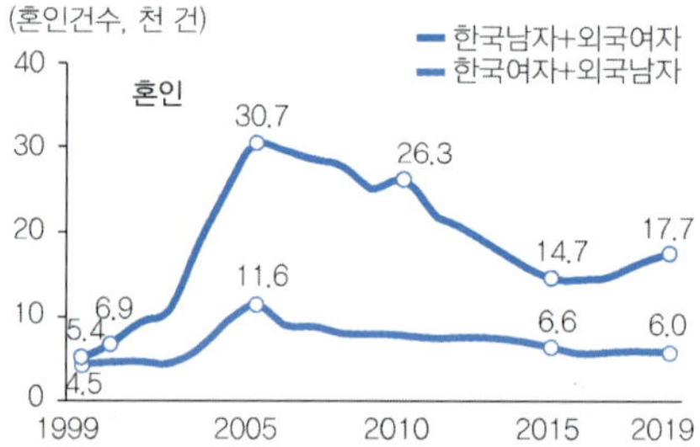

┃그림 1-7┃ 외국인과의 혼인율

┃그림 1-8┃ 외국인과의 이혼율

출처 : 통계청(2020). 2019년 혼인·이혼통계.

한편 여성의 고학력화, 경제활동 참여의 증가, 그리고 농어촌 지역의 미혼남성 증가 현상이 지속되면서 지역별 인구 고령화와 저출산 문제가 심각해짐에 따라, 외국인 배우자와의 혼인이 장려되는 사회적 분위기가 조성되었는데 이러한 배경에서 한국에서는 ▌그림 1-7▌과 ▌그림 1-8▌에서와 같이 다문화가족의 수가 지속적으로 증가하였고 이혼율도 변화해 왔다.

2019년 외국인과의 혼인을 살펴보면 2만 3천 6백 건으로 전년대비 9백 건(4.2%) 증가하였으며, 외국인과의 이혼은 6천 9백 건으로 전년대비 2백 건(3.4%) 감소한 것을 알 수 있다. 외국인 배우자와의 혼인과 출산, 그리고 다문화가족의 이혼, 이혼 후 자녀양육 문제 등이 증가함에 따라 또 다른 가족 구조와 유형을 만들어 내고 있다.

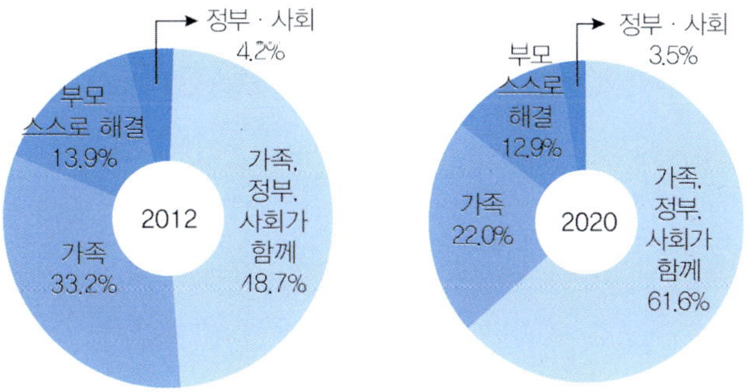

▌그림 1-9▌ 노부모 부양에 대한 인식

출처 : 통계청(각 년도). 사회조사

한편 부모부양에 대한 의식의 변화는 가족의 구조와 유형의 다양성에도 영향을 미치고 있다. ▌그림 1-9▌을 보면 2012년에는 가족과 정부, 사회가 함께 노부모를 부양해야 한다는 의견이 48.7%였으나 2020년에는 그 비율이 61.6%로 증가하였다. 대신 가족이 노부모를 부양해야 한다는 수치가 2020년에는 22.0%로 2012년에 비해 약 11.2%p 감소한 것으로 나타났다. 즉, 노부모 부양에 대한 공감대 형성은 부양가족에 대한 사회적 지원의 필요성으로 이어져 노인돌봄과 관련된 가족복지정책에 반영되고 있다.

(2) 가족에 대한 인식 변화

① 가족들(families)

가족의 개념과 유형의 변화는 가족의 호칭을 변화시키고 있다. 과거에는 'family'라 부르던 가족이라는 단어를 복수의 개념으로 'families'라는 단어로 바꾸어 다양한 가족을 포괄하는 의미로 사용하고 있다. 가족들(families)이 라는 개념은 미국가족관계학회(NCFR)에서 1990년대에 family를 families로 사용하면서 알려지게 되었으며, 현재 가족에 대한 열린 개념으로 통용되고 있다.

앞서 생각 나누기에서 생각해 보았듯이 가족에 대한 생각은 개인이 가지고 있는 인식에 따라서도 달라질 수 있는데, 이렇게 다양한 개인의 인식을 포함하여 우리는 가족이라는 개념을 '개인이 스스로 정의하는 집단(self defined group)'이 라고 보다 포괄적으로 해석할 수도 있다. 이러한 해석은 가족의 개념이 현재에 도 지속적으로 변화하고 있다는 것을 의미한다.

② 향후 가족의 미래

가족에 대한 개인의 인식 차이로 사회 구성원들 간에는 자연스럽게 이견이 생길 수도 있다. 이에 현대사회의 구성원들은 1차 집단이자 기본 집단인 가족에 대한 인식이 달라 차별과 사회적 갈등을 유발하기도 한다. 그러나 전반적인 추세로 보아, 우리는 향후 급격한 사회변화에 따라 가족의 모습도 빠르게 달라질 수 있다는 점을 염두에 두고 다양한 가족 형태에 접근해야 한다.

김문조(2016)의 '디지털시대 일상의 재구성'에 의하면, 4차 산업혁명으로 인한 일상세계의 디지털화는 접속성(connectivity), 유동성(fluidity), 이질성(heterogeneity), 가상성(virtuality)의 특징을 갖게 된다고 하였다. 접속성은 네트워크 사회나 초연결(hyper-connected) 사회와 같은 경우를 말하며, 유동성은 정주적 공간이 아닌 신유목주의(neo-nomadism)와 같은 흐름의 공간으로 일상세계가 변화한다는 것이다. 이질성은 퓨전식당과 같이 상이한 요소들이 공존하는 현상들이 일어나며, 마지막으로 가상성은 증강현실(Augmented Reality)과 같은 실물적 현실을 넘어선 상상의 세계를 말한다.

이러한 디지털세계의 특징들이 결합되어 사회의 구성과 관계의 변화를 야기하는데, 접속성과 유동성 결합은 사회관계의 경량화를, 이질성과 가상성은 사회구성의 혼성화를 만들어 내며, 나아가 가족체계에도 영향을 미칠 것으로 예견하였다.

따라서 향후 가족은 혈연공동체의 퇴조로 인하여 '연고에서 연결로' 변해가며, 주거공동체의 와해로 '같은 공간인에서 동시대인으로'의 변화가 예고된다. 또한 동질적 공동체의 약화로 인한 '공유적 공동체에서 공감적 공동체'로의 변동과 생활공동체 해체로 인한 '체험 공동체에서 지향 공동체'로의 이동이 일어날 것이다. 즉, '교량형 가족들'과 제도적 굴레나 인식적 통념을 넘어서 비혈연적 가족들을 포함한 다양한 가족의 시대가 실제 나타날 것으로 전망한다.

또한 정혜경 등(2012)에 의하면 2030년의 가족의 모습은 '느슨하지만 친밀한 가족'의 모습이 될 것이라고 하면서 미래가족이 크게 돌봄의 문제, 경제적 불평등의 문제, 다양한 삶의 방식을 고려한 법과 제도의 개선 등이 이루어져야 한다고 주장하였다. 여기서의 '느슨함'이란 개인중심적 가족의식의 강화로 성인 파트너 관계의 자율성이 높아지고, 성인 가족들 사이의 의무와 규범은 상당히 약화되는 '느슨한 가족'이 본격적으로 출현한다는 것을 말한다. 이러한 파트너 관계의 자율성과 가족규범 해체는 가족의 역동을 심화시키고 돌봄요구의 분화를 초래하게 된다고 하였다.

2. 가족의 기능

가족의 기능은 가족과 가족 구성원이 수행해야 하는 역할을 말한다. 사회가 변하면서 가족의 개념도 변화하고 가족이 수행해야 하는 역할인 기능도 변하고 있다. 현대사회에서 가족의 기능은 과거부터 강조된 기능과 현재 중요시되는 개념들이 혼재되어 있으며, 같은 맥락으로 미래의 사회에서도 가족의 기능은 계속해 변할 수 있음을 가늠할 수 있다.

1) 전반적인 가족기능

① 경제적 기능

가족을 유지하는 생산과 소비의 경제적 영역에서의 역할을 의미한다. 과거 농경사회에서는 가족 구성원들이 스스로 생산한 것들을 소비하는 형태였으나, 현대사회에서는 가족 구성원들이 노동시장에 노동력을 제공하고 그를 통해 얻는 수입으로 주로 소비하고 있어 직접적인 생산보다는 합리적 소비를 위한 재정관리의 기능이 강조되고 있다.

② 성 및 자녀 출산 기능

이 기능은 가족이 다른 집단과 구분되는 고유한 기능이라 말할 수 있다. 즉, 사랑으로 맺어진 부부가 성(性)을 통하여 자녀를 출산하고 가족을 유지하며 세대를 이어간다.

③ 자녀양육 및 사회화 기능

출산한 자녀를 사회 구성원으로 양육하고 사회화하는 기능을 말한다. 이 기능은 자녀의 인격형성 및 사회적응과 직결되는 가정교육과 관련되어 있다.

④ 부양 및 보호의 기능

가정 내 자녀나 노부모를 부양하거나 가족을 사회의 스트레스나 위협으로부터 보호해 주는 안전 및 케어의 특성을 가지는 기능이다.

⑤ 정서적 친밀감 유지 기능

가족 구성원은 가족에게 정서적 안정과 친밀한 관계를 우선적으로 기대하며, 가족은 이 기대에 부응할 수 있어야 한다. 가족 구성원의 정서적 친밀감 유지 욕구가 충족되기 위해서는 가족 내 개방적 의사소통이 원활히 이루어져야 한다.

⑥ 여가 및 휴식 기능

가족 구성원들이 외부로부터 받는 스트레스나 어려움 등을 가족 내에서 다양한 방법으로 해결하도록 하고 재충전하여 일과 가정의 균형을 유지할 수 있도록 하는 기능이다.

2) 가족기능의 변화

전반적으로 가족의 기능 모두가 필요하지만 시대에 따라 가족의 기능은 상대적 중요도가 다를 수 있다. 과거에는 경제적 기능, 성 및 자녀 출산 기능이 강조되었고 이것은 가족생활을 유지하는 기반이 되었다. 이는 부모가 다수의 자녀를 출산하고 경제적 활동을 통해 전적으로 양육을 책임지려 하는 모습에서 확인 가능하다. 반면 현대사회에서는 상대적으로 정서적 친밀감 유지 기능이나 여가 및 휴식 기능이 타 기능에 비해 강조된다. 특히 가족과 가족 구성원을 대상으로 친밀감과 사적인 소속감을 위한 의사소통이 중요시되고 있으며, 건강한 가정을 위한 가족문제 예방과 해결을 위한 사회적 노력이 지속되고 있다.

결국 가족의 기능은 사회적·경제적 환경 등이 복합적으로 이루어져서 변화하게 되며, 사회변화에 따라 일부 가족의 기능에 변화가 있기도 하지만 자녀의 출산과 양육, 자녀의 사회화, 정서적 안정과 애정의 기능 등은 가족에 의해서만 가능한 기능으로 중요하게 남아있게 된다. 따라서 우리는 급격한 사회변화 속에서 가족기능과 가족원의 상호 역할에 대한 기대 등을 균형 있게 재조정하면서 생활해야 할 것이다(김명자 외, 2009).

> **참고 사회변화에 따른 가족구조와 가족기능의 변화**
>
> 새로운 소비집단으로 떠오른 밀레니얼 가족이 주목받고 있다.
>
> 김난도 교수가 쓴 『트렌드 코리아 2019』년에 따르면, 밀레니얼 가족이란 1980년대 초반부터 2000년 사이에 태어난 세대가 결혼해 형성한 가족을 일컫는다. 현재 50~60대로 접어든 베이비붐 세대의 자녀로 구성된다.
>
> 이들은 기성세대와는 다른 문화적 공통분모를 가졌다. 밀레니얼 가족에게 가정은 절대적인 희생장소가 아니다. 개인이 유연성과 균형감각을 발휘하며 적당히 만족할 수 있는 '적정 행복' 장소다. 집안일도 완벽함보다는 효율성을 추구한다. 그래서 가사노동에 편리함을 제공하는 제품을 소비하는 경향이 강하다.
>
> 라이프스타일에 도움과 영향을 주는 앱이 있다. 덕분에 스마트폰 앱 시장에서 라이프스타일 카테고리가 뜨거워졌다. (중략) 밀레니얼 가족은 육아도 스마트하게 한다. 심플러가 만든 '베이비타임'이 대표적이다. 베이비타임은 복잡한 육아를 쉽게 할 수 있도록 돕는 앱이다. (중략) 식사준비도 스마트하게 변화한다. 상황에 어울리는 레시피에서부터 도구 정보까지 제공한다. '대리주부'는 비대칭 정보로 접근이 어려웠던 가사 도우미 시장을 변모시켰다. 재이용률이 85%에 달한다.

출처 : 전자신문(2019. 1. 30). 2019 소비주역 '밀레니얼 가족' 겨냥 앱 시장 후끈. 이현수 기자.

3. 가족에 대한 이론

1) 가족체계이론

가족체계이론은 체계이론을 가족에 적용시킨 것으로 체계(system)라는 개념을 이해하는 것이 중요하다.

체계란 여러 개의 부분이 모여 구성된 복잡한 전체를 의미하는 것으로, 가족 구성원 여러 명이 모여 가족이라는 하나의 체계를 구성한다는 의미에서 적용 가능하다.

가족체계이론에서 가족은 기본적 특성으로 전체성, 상호성, 항상성을 가지고 있다. 즉, 가족 구성원들이 모여 가족이라는 전체성을 가지며, 서로가 상호작용을 하며 영향을 미치고, 지금 현재의 상태를 가능한 한 유지하려고 하는 경 향을 보인다는 것이다.

가족체계 안에는 주로 3개의 하위체계가 있는데 부부 하위체계, 부모-자녀 하위체계, 형제자매 하위체계이다. 이렇게 체계를 구분 짓는 것을 경계라고 하며, 기능적인 가족은 개방적인 경계선을 가져서 상호작용을 원활히 하는 반면 역기능적인 가족은 폐쇄적인 경계선을 가지고 고립되는 경향을 보인다.

2) 가족발달이론

가족발달이론에서는 인간의 발달이론과 마찬가지로 가족에게도 탄생과 소멸의 주기가 있으며 단계가 진행될 때마다 해당 발달단계에서 가족이 성취해야 하는 가족발달과업이 있다고 전제한다.

가족발달이론은 대표적으로 가족생활주기(family life cycle)로 설명될 수 있는데, 가족생활주기란 결혼이라는 가족의 시작에서부터 노부부 사망이라는 가족생애의 마무리까지 가족단계를 나누어 놓은 것이다. 따라서 결혼, 출산, 그리고 자녀의 학령기를 고려한 주기, 그리고 자녀의 혼인 후 출가, 배우자 사망으로 인한 주기의 종료와 같은 여러 단계가 묘사된다.

사회복지학 사전(2009)에 의하면, 가족생활주기는 5단계로 나누어지는데, 1단계는 결혼 전 본인의 출생에 의해(독신 전기), 2단계는 혼인에 의해(부부 전기), 3단계는 첫째 자녀의 출생에 의해(자녀 동거기), 4단계는 막내의 혼인과 분가에 의해(부부 후기), 5단계는 배우자의 사망에 의해(독신 후기) 종료된다. 각 단계에 따른 발달 특성과 발달과업은 가족의 발달과 상황을 이해하고 가족을 진단하는 데에 도움이 된다. 가족생활주기의 단계가 반드시 5단계로 구분되는 것은 아니며 혼인을 하지 않고 독신으로 일생을 산다든가, 혼인 후에 자녀 출산을 하지 않는 경우에는 2단계 혹은 3단계와 4단계가 생략된다. 우리나라에서는 가족생활주기의 발달단계를 고려해 출산장려정책이나 가족복지정책을 세우고 있다.

3) 구조기능주의 이론

구조기능주의 이론은 사회 안에서 가족이 어떠한 기능을 하며 사회와 어떻게 연계되어 있는지에 초점을 맞추는 이론이다.

대표적인 학자인 파슨즈(Parsons)는 사회질서를 유지하는 데 가족의 역할이 중요하다고 보았으며, 가족의 기능은 크게 두 가지로 일차적 사회화 기능과 인격 형성 기능으로 보았다. 일차적 사회화 기능은 가족을 통해 소속된 사회의 문화적 규범을 학습하는 과정이며, 인격 형성 기능은 결혼을 통해 서로 지지하고 정서적으로 배려해 주는 등 가족 간에 정서적으로 도울 때 가족은 인격 형성에 도움이 되는 역할을 수행한다(한희선 외, 2018). 또한 핵가족 구조 내에서 아버지는 도구적 역할, 어머니는 표현적 역할을 하며 전통적인 가족의 기능을 수행하는 것이 가장 바람직한 가족으로 간주하고 사회에 더 적합하다고 보는 관점이다.

이는 일-가정 양립이 필요한 현대사회의 방향과는 거리가 있는 접근으로, 보수성과 성차별적인 관점을 지닌다는 비판을 받고 있는 이론이다.

4) 사회적 교환이론

사회적 교환이론은 구조기능주의 이론에 대한 대안 이론으로 미시적 차원에서 개인, 가족, 사회 현상을 분석한다. 이 이론의 기본 명제는 인간은 누구나 자신의 이익을 추구하고 손해를 피하는 방향으로 행동한다는 것으로, 사회적 관계가 지속되고 끝나는 현상을 설명하는 데 유용하다. 즉, 인간은 타인과 비교하여 비용과 보상 면에서 유리하면 관계를 지속하고 불리하면 관계를 중단하거나 관계를 조정하려 한다. 가족연구에서는 이성교제, 배우자 선택과정, 가족권력, 결혼만족도, 결혼의 안정, 성역할, 노인부양, 가정폭력 등의 현상을 이해하는 데 활용된다(서혜석 외, 2015).

사회적 교환이론은 가족관계의 형성과 유지, 그리고 해체를 매개하는 개인 적·관계적 요인을 설명하는 데 기여했다고 평가되지만, 보상과 비용의 가치를 지각하는 데 개인차가 있을 수 있고 때로는 어떠한 보상도 기대하지 않는 인간의 이타적 행위나 상호관계에 관한 설명에는 적용이 어렵다는 한계가 있다.

5) 상징적 상호작용 이론

상징적 상호작용 이론은 가족 구성원 간의 상호작용에 초점을 두고 이를 통해 가족은 정체성을 갖게 된다는 전제하에, 가족 구성원들이 특정 행동에 대해 어떻게 반응하고 해석하는지를 중요하게 여긴다. 즉, 인간은 상황에 따라 주관적 해석을 하며 해석에 따라 행동이 달라지는데 이 또한 대상과의 관계에 따라 달라질 수 있다는 것이다.

이 이론은 자아의 개념, 정체성, 역할 취득, 의사소통과 관련 있는 이론이며, 가족 내 미시적이고 내적인 부분에 중점을 두고 있어 거시적인 측면은 간과하고 있다는 한계를 가지고 있다.

6) 갈등이론

갈등이론은 인간이 지닌 자기중심적 성향과 가족 내 불충분한 자원으로 인해 가족 내부에는 기본적으로 불평등과 갈등이 존재한다고 보는 이론이다. 이에 가족 내 구성원의 성별과 연령에 따른 구조적 차이는 성적 불평등이나 세대 간 갈등을 유발할 수 있다.

갈등이론을 토대로 한 가족 관련 연구들에서는, 가족 내 권위나 자원의 분배과정에서 가족 구성원들은 갈등을 겪게 되는데, 모든 갈등이 나쁜 결과를 가져오는 것은 아니며 유연한 갈등조정을 통해 관계를 진전시키는 등의 긍정적인 효과도 가져올 수 있다고 말한다. 즉, 가족의 갈등은 당연하고 자연스러운 것으로, 진보를 위해 필요한 것으로 간주하는 이론이다.

토론 및 생각해 보기

1. 고전적 가족의 정의와 현대적 가족의 정의 차이를 알아보자.

2. '가족' 하면 떠오르는 단어를 통해 우리가 가족에게 기대하는 것이 무엇인지 알아보자.

3. 미래 가족은 어떤 모습일지 이야기해 보자.

볼거리

어느 가족(Shoplifters, 2018)

- 감독 : 고레에다 히로카즈
- 출연 : 릴리 프랭키, 안도 사쿠라, 마츠오카 마유, 키키 키린

이 영화는 혈연이 아니라 '다양한 관계'에 의해 한 집에서 살아가는 사람들의 이야기이다. 다양한 사연을 지녔지만, 서로를 의지하면서 살아간다. 이 영화는 국내 개봉된 '가족의 탄생'과도 비슷한 질문을 던지는데, 가족의 의미는 무엇인지에 대해 다시 생각하게 하는 영화이다.

CHAPTER 02

가족복지의 이해

학습목표

이 장의 학습목표는 가족 전체를 대상으로 하는 가족문제의 개입에 있어서 가족복지의 개념, 가족복지의 목적, 가족복지의 대상, 가족복지 실천방법을 이해하는 것이다.

- 가족복지의 개념과 목표를 이해한다.
- 가족복지의 대상을 이해한다.
- 가족복지의 실천방법을 이해한다.

1. 가족복지의 개념

1) 가족복지의 개념

앞서 가족의 개념을 확인하면서 가족의 개념과 정의가 유동적일 수 있음을 확인하였다. 이로 인해 과거의 가족복지는 가족 구성원에 초점을 둔 개별 대상자 사회복지(예를 들어, 노인복지, 장애인복지, 아동복지 등)와 명확히 구별되어 접근되지는 않았다. 그러나 점차 가족의 문제가 다수 발생하고 사회문제화됨에 따라 가족을 하나의 세계로 보고, 관련 이론들을 기초로 가족의 전체성과 통합성에 기반한 접근이 시도되고 있으며 이에 대상별 사회복지와는 구분이 되고 있다. 그러므로 가족복지의 개념을 명확히 정의하는 것은 단순한 작 업이 아니어서 먼저 여러 학자들의 견해를 살펴보기로 한다.

① 남세진 등(2000)

복지(welfare)라는 용어를 '만족스러운 상태, 건강, 번영, 안녕'의 사전적 의미로 설명하면서, 공적 구제(public relief)라는 단어와 함께 사회정책과 사적 사회서비스의 목표를 포함하여 사회제도라는 의미로까지 사용된다고 하였다.

② 김재엽(2010)

가족복지를 '모든 인간이 인간다운 생활을 할 권리를 가진다'라는 헌법의 이념에 입각해 가족의 생활을 안정되게 보장하는 제도, 정책, 서비스 등 모든 사회적 노력이라 정의하면서 그 대상을 좁게는 가족의 해체나 현재 문제를 지닌 위기가족, 넓게는 우리 사회의 모든 가족으로 소개하고 있다.

③ 조흥식 등(2010)

가족의 발달과 적응의 개념을 부가하여 '가족의 전 생애에 걸쳐서 행복하고 안정된 바람직한 삶을 추구하는 사회 구성원 전체의 집단적 노력'을 가족복지라고 설명하면서, 가족해체, 가족붕괴, 가족 구성원의 사회적 역기능 수행 등의 문제에 의도적으로 개입하는 것을 의미한다고 하였다.

④ 김혜경 등(2014)

가족복지란 가족의 욕구를 자력으로 충족할 수 있도록 그 잠재력을 개발시켜 주거나 가족문제의 예방 및 해결, 가족원의 사회적 기능 수행의 활성화와 생활의 질적 향상 등을 위한 전문적 지식과 기술을 동원한 제도적·정책적·기술적 서비스로, 가족 구성원 개인이나 가족 전체에 관심을 두는 과정이라고 하였다. 즉, 가족원의 만족스러운 생활의 이상 상태를 위해 지향하는 실천활동까지를 포함하고 있다.

⑤ 권신영 등(2017)

가족복지를 가족의 욕구에 기초하여 가족의 행복과 안정되고 바람직한 사회 구현을 위해 시행하는 복지정책과 프로그램, 서비스 등이 포함된 조직적 활동이라 하였으며, 개별 구성원들의 성장과 발달을 위해 가족 집단성 및 상호성에 주목하면서 제도적·정책적 서비스 등 조직적으로 행하는 제반 활동을 의미한다고 하였다.

이상의 학자들의 견해를 정리해 보면 가족복지의 개념에는 그 대상과 지향하는 목적, 그리고 사회적 지원과 실천의 의미까지 포함되어 있다. 이에 이 책에서는 1장에서 살펴본 내용을 부가해 다음과 같이 가족복지를 정의하고자 한다.

가족복지란?

가족의 발달과정에서 요구되는 과제의 원활한 수행과 문제해결을 돕고, 변화하는 환경과 위기적 상황에서 가족 구성원 개개인과 가족이 회복탄력성을 유지하고 유연한 적응력을 갖도록 지원하는 지역사회와 국가의 노력이다.

2) 가족복지의 목표

가족복지는 시대적 상황과 환경의 변화에 따라 개념과 접근이 달라질 수 있다. 그러나 가족복지의 목표는 일반적으로 가족 구성원의 안녕을 도모하고 가족 구성원 간 권리 보장과 평등 증진, 그리고 새로운 가족형태의 인정, 사회문제의 근본적 해결이라는 측면에서 벗어나지 않으며(성영혜·송주미, 1997), 나아가 사회통합과 사회변화를 추구한다. 이에 그 목표를 구체적으로 설명하면 다음과 같다.

(1) 가족의 안녕

가족복지는 가족 전체와 그 가족 구성원 개인의 안녕을 도모해야 한다. 그러므로 가족의 발달과업 수행과 환경의 적응과정을 통해 발생되는 가족의 문제와 구성원의 욕구를 해결할 수 있어야 한다.

(2) 가족과 가족 구성원의 인간으로서의 기본 권리 보장과 평등 실현

가족이라는 체계 내에서 발생할 수 있는 자원의 분배, 그리고 구성원의 역할과 기능 수행에서 가족 구성원 모두는 인간으로서 기본 권리와 평등한 관계를 보장받아야 한다. 이를 위해 법령 제정이 뒷받침되고 있고 제도와 서비스 실천이 시행되고 있다.

(3) 다양한 가족 형태의 인정

사회경제적 변화는 가족에 대한 가치관과 개념을 변화시키고 있으며, 그 과정에서 다양한 가족 형태가 나타나고 있다. 전통적인 직계가족이나 핵가족, 혈연을 중심으로 한 가족의 유형을 강조하던 시대에서 이제는 맞벌이가족, 한부모가족, 입양가족, 1인 가구 등의 비율 증가로 이들에 대한 인정과 기능 지원이 당연한 시대가 되었다. 이에 다양한 가족 형태를 인정하며 지원하는 가족복지가 되어야 한다.

(4) 사회문제 해결과 사회통합에 기여

가족복지는 가족과 가족 구성원의 욕구 해결, 원활한 기능 유지와 발전을 통해 그 시대의 사회문제를 해결할 수 있어야 하고, 궁극적으로 평등과 자유의 개념을 실현하는 수단으로 작용하여 사회변화와 발전을 통해 사회통합에 기여할 수 있어야 한다.

2. 가족복지의 대상

가족복지 대상은 '전체로서의 가족'이다. 구체적으로 언급한다면 대상은 '가족 전체'임과 동시에 '가족 구성원으로서의 개개인'이며, 가족복지는 그 욕구와 문제를 다루게 된다고 말할 수 있다. 이에 가족복지는 가족 개개인의 욕구 충족을 도와 가족의 발달과 적응의 문제를 해결하고 나아가 가족의 기능이 유지되도록 돕는 과정으로 이어지게 된다. 따라서 실천현장에서 다루어지는 가족복지의 대상은 실제적으로 가족생활주기를 기준으로 발달과업을 지원하는 측면과 가족의 기능 유지와 발전을 지원하는 측면 그리고 가족구조에 따른 문제로 적응과 발달을 지원해야 하는 측면에서 생각해 볼 수 있다.

1) 가족생활주기에 따른 대상

가족은 생활주기에 따라 일상적인 사건과 예측하지 못한 사건들을 경험한다. 일상적인 사건이라 하면, 가족생활주기상의 발달과업들이 그 예이며, 예측 하지 못한 사거들이라 하면 갑작스러운 가족 구성원의 실직과 질병, 사망 등이 해당된다. 기본적으로 가족복지는 생활주기에 따른 심리·정서적, 경제적, 사회적 변화와 발생할 수 있는 문제를 예측하여 그 가족이 일상적인 사건에 대한 대응능력을 기르고, 해당 주기의 발달과업 수행을 원만히 하여 적응하도록 하며, 나아가 다음 주기에 대비하여 주기상의 변화에 따른 위기적 상황에도 잘 대처할 수 있는 지원이 포함되어야 한다.

가족생활주기는 학자마다 제시하는 분류기준이 다소 상이하나 크게는 독신 전기를 포함하여 가족을 형성해 부부만이 지내는 시기, 자녀 출생과 성장으로 인한 자녀와의 동거기(미취학 자녀 양육기나 학령기 자녀 양육기 등으로 세분화될 수 있음), 막내 자녀의 혼인과 분가 등 자녀 독립에 의한 부부만의 시기, 배우자 사망 후 독신기 등의 단계를 가지는데, 가족복지는 이러한 생활주기별 가족의 적응, 성장과 발달을 위해 가족과 그 구성원의 욕구충족을 위한 지원에 개입 하게 된다.

2) 가족기능에 따른 대상

앞서 살펴보았듯이 산업화 이전에 가족이 수행했던 기능들 중 일부는 가족의 개념이 변화하고 사회환경이 변화함에 따라 수행이 어렵거나 더 강조되는 것들이 있다. 실제 전통적인 가족의 기능은 전반적으로 약화되고 있으며, 특히 현대사회에서 가족의 부양 및 보호의 기능은 사회적 지원을 적극 필요로 하게 되었다. 그 예로 아이돌봄서비스나 노인돌봄제도 등은 그 기능을 대상으로 개입하는 가족복지라 할 수 있다.

한편 사회적 지원이나 서비스 구입을 통해 대체될 수 있는 가족의 기능이 있는가 하면, 그 가족 구성원만이 그 기능을 유지할 수 있는 고유 주체이므로 대체가 어려운 경우도 있다. 예를 들어, 정서적 친밀감 유지 기능이 해당되는데 이 기능은 다른 사회적 자원이나 지원을 통해 대체하기는 힘들다. 따라서 그 기능이 잘 유지되고 발전할 수 있도록 의사소통 기술이나 교육을 통해 관련 정보와 지식을 습득하도록 하여, 가족 구성원의 기능을 향상시키고 나아가 가족관계에 영향을 주어 해당 기능이 보완되거나 나아지도록 함이 필요하다. 또한 갑작스러운 가족 구성원의 실직이나 장애로 인해 경험하게 되는 경제적 혹은 심리·정서적 갈등으로 해당 기능 수행이 어려운 경우 이를 대상으로 개입하도록 한다.

3) 가족구조에 따른 대상

가족에 대한 가치관과 결혼과 출산에 대한 인식이 변화하면서 사회경제적 환경에 적응하는 다양한 가족 유형이 나타나게 되었고, 그 예로 우리는 맞벌이 가족, 한부모가족, 다문화가족, 조손가족, 무자녀가족, 1인 가구 등에 대한 출현과 증가 현상을 확인하고 있다. 또한 가족 구성원의 장애나 노령으로 인해 발생하는 장애가족이나 노인가족 등도 다양한 가족 유형의 하나로, 일반 가족과 구조적 차이가 발견되면서 사회적 지원이 요구되는 가족으로 구분되고 있다.

이들 가족 중에는 구조상 일반적인 가족의 생활주기와 다른 발달과업이 요구되는 경우가 있으며, 경제적 기능이나 자녀양육 및 사회화 기능을 수행해야 하는 가족 구성원의 수가 부족하여 어려움을 겪는 경우도 있다. 이에 다양한 가족 유형을 위해 그에 부합하는 가족의 특성과 구성원의 욕구, 예측되는 사건과 위기적 사건들을 고려하여 문제발생을 예방하고 대처할 수 있는 능력을 기르도록 개입하는 가족복지가 요구된다.

3. 가족복지의 접근과 실천

1) 거시적(간접적) 접근

가족복지에 있어 거시적 접근이란 간접적 실천으로서 사회 전체의 구조 속에서 가족을 접근해 가족을 유지하고 발전시킬 수 있는 조건이나 환경을 조성하는 것이다. 예를 들어, 정부와 지방자치단체의 가족복지 정책이나 제도, 법령 등이 이에 속한다고 볼 수 있으며, 구체적으로는 저출산·고령사회기본법, 건강가정기본법, 다문화가족지원법, 한부모가족지원법, 일-가정 양립을 위한 출산 및 육아휴직제도, 노인장기요양보험제도 등이 해당된다. 보다 자세한 내용은 3장과 4장에서 소개되는 가족복지정책을 통해 다루도록 하겠다.

2) 미시적(직접적) 접근

미시적 접근은 가족복지의 직접적 접근으로, 도움이 필요한 가족 혹은 가족구성원과 개별적으로 대면하거나 직접적인 방식으로 가족의 욕구와 문제를 지원하거나 해결하도록 하는 접근이다. 예를 들어, 가족상담이나 가족생활교육, 가족보호를 위한 서비스, 가족사례관리 등이 속하며, 구체적으로는 앞서 가족복지의 대상에서 언급한 가족생활주기적 측면과 가족기능적 측면에서의 발달과업 수행을 위한 부부교육, 부모교육, 자녀양육 정보 제공, 가족관계 증진을 위한 의사소통 기술 훈련, 부부상담 등이 해당된다. 또한 가족의 개별적 상황에 맞추어 지속적인 서비스 제공을 위해 가족사정을 하고 서비스 개입계획과 자원동원을 통해 종합적 지원을 하게 되는 가족사례관리 역시 가족복지의 미시적 접근으로 볼 수 있다. 미시적 접근과 실천에 대한 보다 자세한 내용은 5장, 6장, 7장에서 다룰 것이다.

토론 및 생각해 보기

1. 현대사회에서 나타나는 가족의 변화는 위기인가? 진화의 과정인가? 본인의 생각을 이야기해 보자.

2. 국가와 사회는 가족의 복지를 위해 어떠한 노력을 기울이고 있는지, TV나 신문기사, 정부 부처의 홈페이지 등을 통해 알아보자.

읽을거리

가족의 변화를 위기라고 보는 학자들은 이상적 가족상을 핵가족 형태라고 생각한다(Parsons & Bales, 1955). 남성은 생계부양의 역할, 여성은 가족을 돌보고 보호하는 구분된 성역할을 가장 자연스러운 것으로 여긴다. 그러므로 여성의 노동시장 참여율이 증가해도 가정 내 구분된 성역할은 그대로 수행해야 안정적임을 강조한다. 위기론적 입장에서 본다면 국가는 가능한 한 그 사회에서 전형적인 가족의 모습이 유지되도록 지원해야 한다.

한편 가족의 변화를 진화로 보는 학자들은 부부와 아동, 가족 구성원들의 권리가 존중되는 민주적이고 양성평등한 가족을 이상적 가족이라 생각한다. 그러므로 이혼가족, 1인 가구, 동거부부, 동성애부부 등은 문제 가족이 아니라 기존 남성 중심의 가부장적 가족구조를 벗어나 자율성과 평등성을 기본 가치로 하는 대안적 형태의 가족이라 주장한다(Scanzoni, 2001). 진화론적 입장에서 본다면 국가는 가족의 형태에 관계없이 가족의 기능이 원활히 수행되도록 지원해야 한다.

CHAPTER 03

가족복지정책의 이해

학습목표

이 장에서는 국가의 가족복지정책이 어떠한 관점에서 수립될 수 있는지를 살펴보고, 가족복지정책을 이해하기 위해 복지국가의 접근방식, 시대적 요구에 따른 가족복지정책의 유형 등을 구분지어 학습한다.

- 가족복지정책에 대해 설명할 수 있다.
- 복지국가의 가족복지정책을 이해할 수 있다.
- 주요 국가의 가족복지정책을 이해할 수 있다.

1. 가족복지정책의 개념

1) 가족복지정책의 개념 이해를 위한 배경

(1) 가족복지정책을 이해하기 위한 관점

가족복지정책은 명확히 정의하기 어려우며 학자 간 명확한 합의 역시 이루어지지 않았다. 무엇에 초점을 둘 것인지에 따라 그 개념은 달라질 수 있으므로, 논리적 작업보다는 현실을 반영해 시공간의 변화에 따라 달라질 수 있음을 인식하여 이해함이 바람직하다. 이러한 어려움으로 캐머만과 칸(Kamerman & Kahn, 1997)은 세 가지 관점에서 가족복지정책을 이해하고자 하였다.

① 사회복지정책의 한 분야로서 가족복지정책

가족과 관련된 특정한 목표를 설정한 정책을 의미한다. 예를 들어, 아동양육 비용 부담의 완화, 성평등적 가족문화 확산, 돌봄노동에 대한 부담 감소 등의 목표를 달성하기 위한 조세정책이나 주거정책, 사회서비스 등이 포함된다. 즉, 가족복지정책 분야에는 가족법과 같이 명시적으로 가족을 대상으로 하는 법, 아동수당이나 가족수당, 자녀양육 가정에 지급되는 사회부조, 피부양자에 대한 세금공제, 아이돌봄서비스 등이 해당된다.

② 사회정책의 목표를 달성하기 위한 수단으로서 가족복지정책

가족복지정책은 다른 사회정책의 목표달성을 위한 수단이 되기도 한다. 가족복지정책이 인구정책이나 노동시장정책과 관련되기도 하는데, 예를 들면 재택근무제나 탄력근무제 등을 통해 노동시장에 여성의 참여율을 보다 높이거나 혹은 아동양육 수당을 지급해 가정에 머물러 돌봄노동에 기여하도록 하는 노동시장으로의 진입을 통제하는 정책의 수단이 될 수도 있다. 또한 다자녀가정을 위한 조세감면이나 주택정책 등은 부모들이 자녀를 더 많이 낳거나 적게 낳도록 하는 인구정책 목표달성의 수단이 될 수도 있다.

③ 하나의 관점 혹은 기준으로서 가족복지정책

가족복지정책은 분야나 수단이 아닌 관점(perspective) 혹은 기준(criterion)이 될 수 있다는 것으로, 가족을 사회정책의 선택이나 정책 평가의 관점이나 기준으로 보는 것이다. 즉, 어떤 사회정책이 가족에 어떠한 영향을 미쳤는지에 따라, 예를 들어 사회정책이 가족과 그 자녀의 생활양식이나 행복 등의 가치에 어떠한 영향을 미쳤는가를 평가하여 그 성격을 규정짓는다는 것이다. 정책의 효과를 평가하는 관점이나 기준으로 가족을 고려한다는 의미이다.

(2) 가족복지정책의 역사

가족복지정책은 시대와 정치적·사회적·문화적 배경에 따라 다르게 구성되는 역사적 특성을 가진다. 앞 장에서 다루어진 내용과 같이 '가족'의 개념과

정의가 시대와 사회에 따라 달라지고, '가족문제'나 '가족복지'에 대한 해석과 접근방식에 따라 가족복지정책의 영역이 상이할 수 있기 때문이다. 그러므로 가족복지정책은 사회적 변화를 고려해 일시적으로 합의된 유동적인 정책범주로 이해되어야 한다(Zimmerman, 2001).

가족복지정책의 변화를 살펴보면(표 3-1 참고), 먼저 1920년대 이후 유럽에서의 가족수당이나 취약계층을 위한 생활보조금, 조세정책 등을 언급할 수 있다. 이러한 가족복지정책은 대가족을 지원하기 위한 소득재분배정책으로 시작되었으며, 점차 출산을 장려하기 위한 인구정책과 관련되어 발전되어 왔다. 이후 미국이나 캐나다, 영국 등의 국가에서는 부모를 잃은 아동이나 장애인, 노인, 노숙자, 빈곤한 이들을 위한 가족 지원, 산업사회에서 발생하는 일반 가족들의 스트레스를 원조하고 여러 사회문제를 예방하기 위한 차원에서의 부양이나 돌봄(care)을 대체할 수 있는 공공정책으로 펼치고 있다. 덴마크 등의 국가에서는 아동의 삶의 질 향상을 위해서는 가족을 위한 지원이 효과적이라는 판단하에, 가족복지정책은 아동복지를 위한 공공정책으로 이해되고 있으며, 스웨덴, 노르웨이 등의 국가에서는 취업주부나 전업주부를 위한 사회보험급여, 보육지원 프로그램, 조세혜택, 시간제 고용 지원 등으로 여성을 위하며, 성평등적인 여러 사회정책들을 지원하고 있어 관련 내용들이 가족복지정책의 범주에 포함되기도 한다.

즉, 시대적 배경에 따라 국가별로 가족복지정책은 상이하나, 역사적으로 취약계층 가족을 중심으로 제한된 국가개입에서 일반 가족을 대상으로 하는 보편적 국가개입으로 확대되는 양상이다. 초기에는 자녀를 양육하는 어머니와 그 아동을 보호하려는 목적에서 시작하여, 지금의 가족복지정책은 모든 가족에게 포괄적인 현금 및 현물 급여를 제공하는 모습으로 발전하고 있다. 이러한 결과는 출산율의 감소, 인구의 고령화, 다양한 가족형태의 등장, 여성의 취업활동 증가 등 인구사회적 변화에 기인한 것으로, 가족복지정책은 시대와 각국의 상황에 따라 가족의 요구를 반영하여 지속적으로 변화할 것이다.

가족복지정책의 역사를 시기별로 요약해 정리하면 <표 3-1>의 내용과 같다.

〈표 3-1〉 가족복지정책의 역사

시 기	가족복지정책의 역사
19세기 말~1920년대	• 급속한 산업화와 도시화가 진행된 시기로, 임금근로자 가족의 높은 빈곤율과 영아사망률 등이 사회문제로 등장 • 모성휴가를 통해 여성보호, 여성과 아동을 위한 복지센터의 설립, 과부와 고아 등을 위한 제한적 현금급여 등 아동과 여성 보호를 위한 공적 개입 등장
1930~1950년대	• 출산율 급락으로 인한 인구감소와 가족의 불안정성 증가가 사회의 위협으로 인식되기 시작, 가족에 대한 지원책을 점차 강화 • 독일, 프랑스, 일본 등에서는 결혼과 출산을 장려하는 지원책 마련, 일부 국가에서는 부양자녀가 있는 남성 노동자에게 가족수당 형태의 현금급여 지원, 제한된 대상 위주의 지원책에서 점진적으로 보편주의적 급여로 확대
1960~1980년대	• 복지국가의 확장으로 안정화되던 빈곤문제가 다시 사회적 화두가 되면서, 저소득 빈곤 가족이나 한부모가족 등을 위한 선별주의적 급여정책과 조세 감면제도 등이 개선됨 • 여권주의 운동으로 인해 성평등과 출산에 대한 이슈가 쟁점화되면서 피임과 낙태 관련 법규들이 완화되고 노동시장 내 성평등을 추구하는 정책들이 생겨남
1990~2020년대	• 저출산과 여성의 경제활동 참여의 증가, 다양한 가족의 등장으로 이에 대응한 가족의 기능 강화를 위한 공공정책 지원체계를 개선·발전시킴 • 일부 국가에서는 출산장려주의 정책을 강화하면서 1930년대의 명시적 가족복지정책과는 다른 접근으로 일 -가정 균형을 지원하는 가족친화적 정책 등을 통해 간접적 지원을 확장하고 있음

출처 : Gauthier(1996)의 내용을 토대로 최근 동향을 부가하여 정리함.

2) 가족복지정책의 정의

앞서 가족복지정책을 이해하기 위한 관점과 시대적으로 변화하고 있는 흐름을 살펴보았고, 가족복지정책의 영역이 어디까지인지 그 범주 또한 가늠해 보았다. 이를 배경으로 학자들마다 어떻게 가족복지정책을 정의하고 있는지 정리하면 다음과 같다.

① 캐머만과 칸(Kamerman & Kahn, 1978)

가족정책(family policy)을 '정부가 가족에 대해, 가족을 위해 행하는 모든 활동'으로 정의하여 가족복지라는 목적 달성을 위해 국가가 행하는 정책은 물론 다른 목적을 위해 가족에 의도적으로 행하는 정책까지 모두 포함하여 정의하고 있다.

② 짐머만(Zimmerman, 1995)

가족정책을 '가족복지(family wellbeing)'를 목적으로 추구하는 정책으로 규정해 '사회 내 가족이 경험하는 여러 문제들에 대처하기 위해 가족복지라는 합의된 목적 달성에 부합하는 일련의 상호 관련된 정책들의 선택'이라 정의하며, 개념과 범주의 유동성을 언급하였다.

③ 조흥식 등(2010)

가족복지정책을 가족복지에 관심을 두고 정부가 의도적으로 취하는 조치나 행동, 개인을 다루더라도 가족과 연계해서 다루는 정책, 가족 구성원을 대상으로 복리 증진을 위한 수단으로서의 제반 정책들을 포함하는 개념으로 규정하였다.

④ 윤홍식 등(2011)

국가가 가족과 관련하여 그 사회가 추구하는 목표를 실현한다는 의도를 가지고 가족 및 가족 구성원으로서의 개인을 대상으로 행하는 일련의 정책으로 정의하며, 대상이 가족이라는 점과 국가의 가족에 대한 명시적 의도, 사회가 처한 가족문제에 대한 명확하고 구체적인 목적과 목표의 설정을 강조하고 있다.

⑤ 성정현 등(2014)

'가족의 복지 증진'이라는 정책목적을 가지고 '가족 전체' 및 '가족 구성원'이라는 차원에서 발생하는 욕구충족을 위해 행하는 국가의 모든 정책으로 정의하고 있다.

이를 종합해 이 책에서는 가족복지정책을 다음과 같이 정의하고지 한다.

가족복지정책이란?

가족의 복지 증진을 목적으로 가족과 가족 구성원을 대상으로 행하는 국가의 의도적이고 명시적인 정책이다.

2. 복지국가 가족복지정책의 접근과 유형

1) 에스핑-앤더슨의 복지국가 유형에 따른 가족복지정책의 접근

가족복지정책의 기본 틀은 그 가족이 속해있는 국가의 복지유형으로부터 영향을 받기 때문에, 가족복지정책의 큰 방향을 알기 위해 해당 사회의 복지유형을 살펴보는 것은 중요하다. 그 사회가 복지를 어떻게 규정하고 복지 이행의 핵심 기관을 누구로 보는가에 따라 가족의 역할이 규정되고 그에 따라 가족복지정책의 성격도 영향을 받기 때문이다(박옥임 외, 2013).

사회의 복지 유형과 가족복지정책과의 관계를 언급한 대표적 학자 중의 하나가 에스핑-앤더슨(Esping-Andersen)인데, 그는 사회복지 수급권을 사회권으로 인정하는 정도에 따라 복지국가를 자유주의 복지국가, 조합주의 복지국가, 사회민주주의 복지국가의 세 가지 유형으로 나누고 복지에 대한 국가와 가족의 역할을 보여주고 있다(표 3-2 참조).

(1) 자유주의 복지국가

자유주의 복지국가는 전통적인 자유주의 노동원리를 토대로 복지의 수급대상을 저소득층 및 요보호자에 한정하고 있다. 공적 부조에 대한 수급권은 사회권으로 인정하고 있으나, '수급권자는 빈민'이라는 낙인이 생길 수 있다. 이 유형의 국가들은 전통적인 가족의 기능과 역할을 강조하여 개인에 대한 복지의 1차적 책임을 가족에게 둔다. 즉, 가족의 능력으로 개인의 복지문제가 해결되지 못하는 경우에만 국가가 개입하고자 한다. 이 유형에는 미국, 캐나다, 호주 등이 속한다.

(2) 조합주의 복지국가

조합주의 복지국가는 국가, 고용자, 피고용자의 3자 상호관계의 성장에 초점을 두는 국가들이다. 이 유형의 국가들은 피고용자를 주 대상으로 하여 보편적 서비스를 제공하지만 공적 부조와 사회보험을 위주로 복지가 이루어진다. 공적 부조의 수급자와 비수급자가 빈자와 부자로 구분되는 계층화가 있을 수는 있으나, 계층화에 대한 인식은 자유주의 국가에서보다 약한 편이다. 자유주의 복지국가만큼 가족의 책임을 강조하지는 않지만 전통적인 가족의 역할을 중요하게 여긴다. 이 유형에는 프랑스, 독일, 오스트리아, 이탈리아, 네덜란드 등이 속한다.

(3) 사회민주주의 복지국가

사회민주주의 복지국가는 보편주의 원칙을 토대로 하는 국가들로, 복지의 기반을 시장과 전통적인 가족에 두지 않는다. 따라서 사회복지 수급권을 국민 전체의 사회권으로 인정하여 보편적 복지정책을 펼쳐나간다. 그러므로 이 유형의 국가들에서는 수급에 따른 계층화 현상이 없다. 복지의 책임을 가족에 두지 않으므로, 국가의 가족에 대한 개입도 사후가 아닌 사전에 이루어지는 경향이 높다. 스웨덴이나 덴마크 등의 스칸디나비아 반도의 노르딕 국가들이 이 유형에 속한다.

〈표 3-2〉 에스핑-앤더슨의 복지국가 유형별 가족에 대한 국가의 개입

분류 기준	자유주의 복지국가	조합주의 복지국가	사회민주주의 복지국가
주요 프로그램	공적부조 강조	공적부조와 사회보험	기초연금을 기본으로 한 보편적 사회보장제도
급여단위	가족	가족	개인
수혜조건	자산조사	직업별·계층별 구분해 제공	시민권
복지급여에 대한 사회권 인정 정도	사회권으로 인정 수급에 따른 계층화 강함	사회권으로 인정 수급에 따른 계층화 약함	사회권으로서 높게 인식 수급에 따른 계층화 없음
사회서비스에 대한 가족과 국가의 역할	• 시장에 맡김 • 개인에 대한 가족의 책임 강조 • 가족의 실패 후에 국가가 최소한으로 개입	• 시장과 가족의 1차적 책임 강조 • 가족의 실패 후에 국가가 개입, 국가는 보충적 가족 지원 원칙 유지	• 가족의 역할을 사회화하는 정도가 큼 • 가족이 실패하기 전 국가가 개입 • 완전고용 추구

여성의 삶	• 돌봄·가사노동 담당자 • 높은 취업률 보이나 비정규직 비율이 높음	• 돌봄·가사노동 담당자 • 남성중심의 노동시장에서 부양 아동을 가진 여성의 노동시장 참여동기는 낮음, 성차별로 낮은 취업률	• 높은 취업률 • 공공서비스망을 통해 돌봄·가사노동 부담 경감
탈상품화 수준	낮은 수준	중간 수준	높은 수준
해당 국가	미국, 캐나다, 호주, 일본	오스트리아, 프랑스, 독일, 영국, 이탈리아	스웨덴, 덴마크 등의 스칸디나비아 국가들

출처 : Esping-Andersen(1990), 박시종 역(2009) 재구성.

2) 고티에의 가족복지정책 유형

출산율 감소, 인구 고령화, 다양한 가족의 출현, 여성의 경제활동 증가 등과 같은 인구사회적 변화로 국가의 공적 개입이 가족복지정책으로 나타남에 따라, 고티에(Gauthier, 1996)는 서구 국가들의 정책의제와 공적 개입 수준 등을 근거로 가족복지정책을 비교 연구한 바 있다. 그는 가족에 대한 급여와 취업지원, 아동보육제도, 피임과 낙태에 관한 입법 등을 기준으로 다음과 같이 네 가지 모델로 가족복지정책을 유형화하였다.

(1) 대가족을 선호하는 출산 장려 모델(Pro-family/ Pro-natalist Model)

이 모델에서는 사회의 낮은 출산율에 관심을 둔다. 국가는 출산율을 높이기 위한 개입요구에 대응하여 어머니가 일과 가정을 양립하며 자녀를 가질 수 있도록 하는 가족복지정책을 펴나가고자 한다. 이에 출산을 기피하거나 출산에 장애가 되는 요소들에 대응하며 관대한 아동수당을 지급한다. 예를 들어, 셋째 아이를 출산하는 경우 부모 휴가와 국가의 보육시설을 우선적으로 제공받도록 하는 것을 말한다. 이 모델에서는 취업모에 대한 사회적 수용도가 높고, 일-가정 양립에 필요한 사회환경이 만들어지고 유지된다. 가족지원을 정부의 책임으로 여기고 출산전후휴가와 보육시설 지원 수준이 높으며, 셋째 자녀에 대한 현금 지원 비율이 높은 편이어서 어머니들의 취업이 출산에 장애가 되지 않도록 노력한다. 이 모델에 속하는 대표적인 나라는 프랑스이다.

(2) 전통적 남성 생계 부양자 모델(The Traditional Breadwinner Model)

이 모델에 속하는 국가에서는 가족을 지원하는 방식은 다양하나 전통적으로 남성이 생계를 부양하는 가정의 형태가 유지되도록 노력한다. 그러므로 가족복지정책은 출산장려정책이나 여성의 취업과 고용을 지원하는 정책보다는 자녀를 둔 여성이 가정에서 자녀를 돌보는 전통적 역할 수행을 지원하기 위한 보육 프로그램이나 육아휴직정책을 더 선호한다. 이 모델에서 국가는 가족을 유지하는 것이 주요 관심사로 가족 스스로의 노력을 지원하는 유형이다. 대표적인 국가로 독일이 이 유형에 속한다. 즉, 자녀를 둔 어머니가 취업을 한다 해도 전통적 남성 생계 부양자 모델이 선호되므로 맞벌이부부의 경우 소득에 대한 세금 조정 등의 혜택이 없어 여성 취업에 장애가 존재한다. 가족을 위한 현금 보조금 지원 수준은 중간 정도이며 보육서비스의 수준도 낮은 편이어서 취업한 여성을 대상으로 일-가정 양립을 위한 사회적 조건이 충분하지는 않다.

(3) 양성평등 모델(Pro-egalitarian Model)

이 모델은 남성과 여성이 사회적으로 평등한 사회를 목표로 하기 때문에 그 실천을 위한 수단으로 가족을 지원하는 프로그램을 활용한다. 전통적 남성 생계 부양자 모델과는 반대되는 모델이라 할 수 있다. 특히 노동시장에서의 성차별이나 불평등을 최소화하기 위해 정부는 적극적인 역할을 수행한다. 그러므로 여성이 자녀를 출산해 양육하면서도 직장에 다닐 수 있도록 육아휴직이나 보육서비스는 매우 관대한 편이다. 이 모델에 속하는 대표적인 국가는 덴마크와 스웨덴 등으로, 이들 국가에서 육아휴직은 부모가 평등하게 사용할 수 있도록 장려된다. 이에 국가가 적극적인 개입을 하여 아버지가 자녀를 양육하는 데 보다 많은 역할을 해낼 수 있도록 하고, 어머니가 일과 가정을 양립하는 데 어려움이 없도록 환경을 조성한다. 전통적 남성 생계 부양자 모델과는 반대로 남녀는 평등한 부양자와 양육자로 간주된다. 또한 혼인과 이혼, 낙태에 대한 자유주의를 선호해 가족을 형성하고 부모 됨을 선택함에 있어 제약을 두지 않도록 하며, 일하는 부모와 자녀 양육에 국가가 적극적으로 지원한다.

(4) 가족친화적이지만 비개입주의적인 모델
(Pro-family But Non Interventionist Model)

이 모델에서는 가족에 대한 사회적 중요도를 인식하기는 하나 국가의 개입은 그 욕구를 지닌 가족들에게 제한되어야 한다는 믿음을 가지고 있다. 대표적으로 미국이나 영국이 이 유형에 속하는데, 가족복지정책에 있어 잔여주의적 특성을 지닌다. 따라서 국가는 여성의 노동시장 진입에 적극적이지 않은 편이고, 공적인 보육서비스나 육아휴직제도 도입 시기도 늦고 활용이 미진하며 적용범위도 제한적이다. 즉, 국가의 가족을 위한 소득 지원과 사회서비스 제공수준은 매우 낮은 편으로, 자기 충족성과 시장의 기능에 더 의존하는 편이다. 그러므로 일과 가정을 양립하기 위한 출산전후휴가 등의 제도운영도 국가보다는 기업의 책임으로 인식하고 있다.

3) 일-가정 균형을 위한 돌봄과제 중심의 가족복지정책 유형

가족복지정책은 시대적 요구에 따라 영향을 받기도 하는데, 여성의 경제활동이 증가하면서 가정 내 남편과 부인 모두 일하는 상황으로 인해 가족의 돌봄기능을 어떻게 균형 있게 수행할 것인가에 대한 요구가 그것이다. 즉, 시대적으로 일-가정 균형을 위한 가족복지정책은 필수 과제로 인식되고 있다.

일-가정 균형에 관한 가족복지정책은 노동권과 부모권, 탈상품화(decommodification)와 탈가족화(defamilialization)의 개념과 관련된다. 이 개념들은 서로 독립적이지만 정책에서는 상호보완적이고 통합적으로 나타나며, 가족복지 정책의 성격을 검토하거나 분석하는 데 유용한 기준이기도 하다.

주요 개념 확인하기

- 노동권(상품화와 연관) : 부모 역할에 방해를 받지 않고 시민 또는 개인으로서 노동을 할 수 있는 권리
- 부모권(가족화와 연관) : 노동권의 침해를 받지 않고 부모 역할을 안정적으로 수행할 수 있는 권리
- 탈상품화 : 개인 또는 가족이 시장에 의존하지 않고도 적절한 수준의 생활을 유지하는 정도(상품화 – 인간의 노동력이 상품처럼 시상에서 구매되는 것)
- 탈가족화 : 가족 구성원이 돌봄을 위한 무급노동을 수행하지 않아도 가족들에게 적절한 돌봄이 제공되는 것(가족화 – 자신의 노동력을 상품화하지 않으면서 가족 구성원을 돌보는 것)

일과 가정의 균형에 관한 가족복지정책은 성별과 노동시장에서의 지위(정규직, 비정규직)와 상관없이 모든 시민들의 노동권과 부모권 보장이 전제된 상태에서 부모 역할이 가족 구성원의 노동시장 참여에 장애가 되지 않으면서 동시에 가족원의 노동시장 참여가 부모 역할을 침해하지 않도록 하는 보편적 가족 복지정책을 의미한다. 예를 들어, 탈상품화 정책은 사고로 장애를 입었거나 출산을 한 경우, 일하지 않아도 소득을 보장받으면서 필요한 기간 동안 치료와 휴식을 할 수 있는 것으로 4대 보험, 출산휴가, 육아휴직 등이 관련 정책에 속하며, 탈가족화 정책은 가족의 부담을 덜기 위해 돌봄노동을 국가와 시장이 분담하는 정책으로 보육서비스 지원정책 등을 예로 들 수 있다.

돌봄의 사회화는 가족정책의 핵심적 과제로 등장하고 있으나 돌봄과제를 돌봄의 사회화 방식으로 풀어갈지, 아니면 가족화 방식으로 풀어갈지에 대해서는 일치된 견해를 찾기 어렵다. 또한 돌봄의 사회화와 가족화가 반드시 상호배제적 정책원리가 아닐 수도 있다. 이러한 문제의식을 기반으로 윤홍식과 그의 동료들(2011)은 OECD 주요 국가의 가족정책을 돌봄의 사회화(탈가족화)

와 가족화의 관점에서 분석하고 다음 <표 3-3>과 같이 네 가지 유형과 1개 국가 군을 소개하였다.

〈표 3-3〉 돌봄과제를 중심으로 한 가족복지정책의 유형

가족정책 유형	특 징	해당 국가
시장형	• 돌봄의 가족화와 탈가족화 모두 국가의 역할 미비 • 대신 시장이 돌봄의 사회화의 주된 방식으로 자리함	미국, 영국, 캐나다, 뉴질랜드 등
가족화 우선형	• 돌봄의 사회화보다 돌봄의 가족화에 상대적으로 지원이 관대한 사회 • 가족화 우선형에서는 가족화 정책을 우선	독일, 오스트리아 등
가족화·탈가족화 병행형	• 돌봄의 가족화와 사회화 모두에서 국가의 지원이 이루어지고 있음 • 여성의 사회적 수급권은 돌봄 책임자와 노동자 모두에 근거함	프랑스, 벨기에, 네덜란드 등
탈가족화 우선형	• 돌봄의 가족화 정책은 돌봄의 탈가족화 정책을 보완	스웨덴, 덴마크 등
미발달형	• 돌봄의 사회화와 가족화를 위한 충분한 정책 확대가 이루어지지 않음	한국, 그리스 등

출처 : 윤홍식 외(2011). 가족정책 : 복지국가의 새로운 전망.

(1) 시장형

국가에서 가족화 정책에 대한 지원과 사회화 정책에 대한 지원이 적극적으로 이루어지지 않는 경우를 말한다. 이 유형에 속하는 국가의 특징은 돌봄과제를 시장기제에 맡기고 있다는 것으로, 자유주의 복지국가에 속하는 미국, 영국, 호주 등이 해당된다.

(2) 가족화 우선형

탈가족화(사회화) 정책에 비해 가족화 정책을 선호하는 경우를 말하는데, 이 유형의 국가들은 가족 내 돌봄에 대한 지원을 탈가족화에 대한 지원보다 우선하는 경향을 보인다. 독일과 오스트리아가 대표적 국가이다. 그러나 독일은 최근 노동자로서의 여성에 대한 인식이 확대되고 있어 육아휴직(부모휴가)과

같은 가족복지정책을 노동시장과 연계하고자 하는 노력을 강화하고 있어 전형적인 가족화 우선형에서 벗어나는 추세이다.

(3) 가족화와 탈가족화 병행형

가족과 여성에게 이중적 동기를 부여하는 국가들이 이 유형에 속한다. 즉, 탈가족화 정책을 강화하지만 다른 한편에서는 선택의 자유라는 명분으로 가족 정책을 강화한다. 가족화와 탈가족화 정책 모두 일정 수준에서 확대가 이루어진 국가들이 해당되며, 보수주의 국가로 분류되는 프랑스와 벨기에가 대표적이다.

(4) 탈가족화 우선형

이 유형의 국가들은 가족화 우선형과는 반대로 탈가족화 정책이 돌봄정책의 근간을 이루ㄱ 있으며, 가족화 정책은 탈가족화 정책을 보완하는 수준에서 배치한다. 사회민주주의 국가인 스웨덴과 덴마크가 대표적이다.

(5) 미발달형

복지의 확대 수준이 충분하지 못해 어떤 유형으로도 분류하기 적절하지 않은 유형으로, 탈가족화 또는 가족화 두 측면 모두에서 유의미한 확대가 없으며, 시장형 국가들보다 국가의 책임 정도가 낮은 국가들이 이에 속한다. 그렇다고 돌봄과제를 해결하기 위한 시장도 충분히 발달하지는 않았다. 이 국가군에는 한국과 그리스가 속한다.

3. 주요 국가의 가족복지정책

다음은 에스핑-앤더슨이 언급한 복지국가 유형에 따라 자유주의 복지국가에 속하는 미국과 조합주의 복지국가에 속하는 프랑스, 사회민주주의 복지국가에 속하는 스웨덴을 중심으로 가족복지정책을 소개하고자 한다.

1) 미국의 가족복지정책

미국은 국가의 역할보다는 시장의 역할을 중요시하는 자유주의 복지국가로 강한 개인주의 가치에 기반하고 있어 명시적으로 가족복지정책을 펼치고 있지는 않다. 이러한 맥락에서 가족지원에 대한 국가의 책임을 최소화하면서 여러 사회정책을 통해 자녀가 있는 취약가족, 즉 요보호가족을 위한 정책을 지원하고 있다. 따라서 미국의 가족복지정책은 빈곤정책과 관련해 이루어지고, 중산층 이상에서는 세금공제혜택 방식을 통해 간접적 지원이 이루어지며, 노동을 해야만 국가의 지원이 이루어지는 양상이다. 미국의 가족복지정책에 관해 윤홍식과 그의 동료들(2011)이 고찰한 내용을 토대로 법령과 제도적 지원을 정리하면 다음과 같다.

1935년 미국은 사회보장법을 제정하여 요보호 아동을 위한 ADC(Aid Dependent Children)를 시행하였다. 이 프로그램은 부모가 없거나 무능력한 상태에서 보호를 받을 수 없는 아동에게 경제적 지원을 하는 것으로, 주 목적은 어머니가 어린 자녀와 함께 거주하며 양육하도록 하는 것이다. 이것은 1962년에 AFDC(Aid to Family with Dependent Children)로 변경되어 공공부조제도로 자리 잡게 되었다.

AFDC 제도는 복지의존도를 높인다는 비판으로, 1967년 존슨(Johnson) 대통령은 복지와 근로참여를 연계한 프로그램으로 WIP(Work Incentive Program)를 도입하고, 이러한 경향은 1975년 도입된 근로소득세액환급제도(EIC : Earned Income Credit)에 영향을 주어 EITC(Earned Income Tax Credit) 제도로 이어지고 있다.

1980년대 이후 정부의 복지감축으로 복지수급 억제 정책을 추진하다가 1988년 가족지원법(Family Support Act)을 제정하게 되는데, 이것으로 3세 이상의 자녀가 있는 수급여성은 수급조건으로 일을 하거나 직업훈련에 참여해야 하는 변화가 생겨났고, 수급받는 여성이 동거하지 않는 배우자에게 양육비를 받을 수 있도록 주정부가 양육비를 강제 징수나 추적할 수 있는 조치가 가능해지게 되었다.

이후 지속적으로 복지지출은 증가하였으나, 아동의 빈곤율이나 미혼모 증가 등의 복지의존 대상은 줄지 않고 증가하는 현상이 이어짐에 따라 1996년에 미국 사회복지의 방향을 재정립하는 복지개혁법(PRWORA : Personal Responsibility and Work Opportunity Reconciliation Act)이 제정되었다. 이 법령으로 식품권 제도(Food Stamp)와 보충적 소득보장제도(Supplement Security Income)의 예산이 삭감되고, 과거 AFDC 제도가 TANF(Temporary Assistance to Needy Family)로 대체되면서 노동을 강조하고 가족책임을 강화하는 복지정책의 기조를 유지하고 있다.

〈표 3-4〉 미국의 가족복지정책

구 분	미국의 가족복지정책
가족에 대한 소득지원	• 빈곤가족에 대한 한시적 부조 프로그램 TANF(Temporary Assistance to Needy Family) • 식품권 제도(Food Stamp) • 보충적 소득지원 프로그램(Supplement Security Income) • 근로소득세액 환급 프로그램(Earned Income Tex Credit)
일-가정 균형을 위한 지원	• 가족의료휴가제도(50인 이상 기업에 종사하는 근로자 대상) • 민간기업에 의한 가족지원 프로그램(직장 내외 보육센터 운영, 보육바 우처, 보육비 상환제도 등)
돌봄을 위한 지원	• 빈곤가족 아동을 위한 헤드스타트(Head Start) 프로그램 • 간병보호수당(일부 주에서만 시행) • 전국 가족간호자 지원 프로그램

출처 : 윤홍식 외(2010); 성정현 외(2014)의 일부 내용 정리.

2) 프랑스의 가족복지정책

프랑스는 에스핑-앤더슨의 복지국가 유형 중 조합주의에 속하는 국가로, 가족에 대한 명시적 정책을 추구해 다른 국가들의 모델이 되고 있는 나라이다. 프랑스는 다른 유럽 국가들에 비해 비교적 일찍 인구감소라는 사회문제에 봉착해 인구증가를 위한 대책 마련에 지속적으로 노력해 왔으며, 출산장려정책을 비롯해 가족의 형성을 위한 차원에서 다양한 가족을 인정하고 지원하는 가족복지정책, 나아가 자녀양육과 취업활동을 병행할 수 있도록 지원하는 정책 등을 선도적으로 발전시켜 왔다.

프랑스의 가족수당은 자녀 수가 증가할수록 급여를 누진적으로 증가시키는 구조로 설계되어 있어 대가족일수록 후한 급여와 세금감면의 혜택을 받을 수 있다. 또한 다양한 가족 형태를 인정해 미혼 동거부부, 한부모가족 등 가족 내 관계에 있어 형식보다는 내용을, 규범보다는 자율을 중요시하며(성정현 외, 2014) 정책 지원을 확대해 나가고 있다.

즉, 과거 프랑스는 가부장적 대가족 정서에서 여성의 자녀양육을 강조하는 정책을 기조로 하다가 인구증가 정책과 더불어 가족의 형태에 따라 차별하지 않는 정책 지원, 여성의 노동시장 참여를 용이하게 하는 공보육 및 출산휴가, 육아휴직과 같은 보육지원 정책을 강화하여 일-가정 균형을 위한 가족복지 정책으로 발전하는 모습을 나타내고 있다.

1998년에는 가족 관련 부처 간 대표부(DIF : Delegation Interministerielle a la Famille)를 설치하여 가족과 관련된 업무를 주관하는 부처 간 통합을 추구하였으며, 가족의 다양성을 정책에 포용하기 위해 '연대'와 '정의', '사회통합'의 관점에서 정책을 수립하고 있다. 또한 다양한 성격의 해체를 경험하는 가족의 현실문제에 대응하기 위해 부모와 자녀 관계를 강화하는 차원에서 가족수당을 지원하고 있다(김수정, 2002).

〈표 3-5〉 프랑스의 가족복지정책

구 분	프랑스의 가족복지정책
가족에 대한 소득지원	• 가족수당 • 가족소득 보충급여 • 최저생계급여
일-가정 균형을 위한 지원	• 육아휴직, 육아휴직수당 • 개별 가정보육지원수당 및 보육인고용지원금 • 등록보육사 고용보조금 • 자녀간병수당
돌봄을 위한 지원	• 영유아수당 • 자녀입양수당 • 자녀교육수당 • 특수교육수당 • 편부모수당 • 자녀부양비 징수지원 • 가족지원수당 • 보육제도 • 노인부양 지원제도

출처 : 윤홍식 외(2010); 성정현 외(2014)의 일부 내용 정리.

3) 스웨덴의 가족복지정책

스웨덴은 전통적 핵가족을 강조하는 사회의 분위기로, 이를 유지하고 보존하기 위한 여성의 가정 내 보호역할을 강조하는 정책 기조를 보이다가, 산업화 이후 점진적으로 가족복지정책을 수립하기 시작한다. 즉, 여성의 사회활동 참여가 증가하고 1930년대에 들어서 출산율 하락이 사회문제화됨에 따라 관련 인구정책을 펴내면서 가족복지정책이 수립되기 시작하였다. 이후 뚜렷한 가족복지정책의 기조를 나타내지 않았다가 1960~1970년대 이후 핵가족복지정책의 기조에서 평등정책의 기조로 변화하면서 1980년대에 들어서 가족친화적이고 양성평등한 정책 방향을 명확히 하게 되었다.

1988년에는 '성평등을 위한 5개년 계획'을 수립하였는데, 그 내용은 남녀가 삶의 모든 영역에서 권리와 의무, 기회를 동등하게 가져야 하며, 모든 개인은 자신의 삶을 유지하기 위해 충분한 소득을 얻을 수 있는 일자리를 얻고, 가정 내 양육과 일에 대한 책임을 나누어야 한다는 목표를 지니고 있다(김주숙, 2000). 이는 스웨덴의 가족복지정책의 방향에 직접적인 영향을 주었으며, 결과적으로 다른 국가들과 비교해 여성의 경제활동 참가율이 높고 출산율이 높으며, 성평등 수준이 높은 국가로 인정받고 있다(성정현 외, 2014).

스웨덴은 부모가 평등하게 가정 내에서 아동을 돌보는 권리를 지원하되, 공적 보육은 보완적 수단으로 제도화하고 있다. 보육시설 이용을 통해 모든 시민은 노동시장 참여가 자유로울 수 있도록 하고, 성별 불평등을 최소화한다는 방침이다. 이를 위해 아동양육 대부분을 사회화하여 부모의 노동을 보장하며, 남녀가 평등하게 아동을 돌볼 수 있도록 아버지 할당제 도입 역시 확장하고 있고(중앙일보, 2015. 3. 30), 공적보육시설 이용 확대를 위해 지방정부의 아동보육 역할과 책임을 강화하고 있다.

〈표 3-6〉 스웨덴의 가족복지정책

구 분	스웨덴의 가족복지정책
가족에 대한 소득지원	• 조세방식으로 운영되는 취약계층 가족을 위한 최저보장연금제도 (Guaranteed Pension System) • 주 소득자가 사망한 경우 지급되는 가족연금 • 사회서비스법령에 근거하여 취약계층 가족을 위한 공공부조
일-가정 균형을 위한 지원	• 출산수당, 출산휴가 및 급여 • 부모휴가 및 부모급여(병간호휴가급여, 임신출산급여, 아버지휴가 급여)
돌봄을 위한 지원	• 아동수당제도(기본아동수당, 추가아동수당, 연장아동수당 등) • 보육제도(공공탁아소, 가정탁아소 등) • 저소득층 노인을 위한 주거 지원 프로그램

출처 : 윤홍식 외(2010); 성정현 외(2014)의 일부 내용 정리.

스웨덴의 '라떼파파(Latte Papa)'들

사진 출처 : https://www.pressian.com/pages/articles/274510?no=274510&utm_source=naver&utm_medium=search#0DKU

토론 및 생각해 보기

1. 맞벌이부부 3년 차인 김노복 군과 이사복 양은 3개월 후 출산을 앞두고 있다. 이사복 양은 임신과 출산, 자녀양육을 이유로 직장을 그만두고 싶지 않아 고민 중이다. 반면 김노복 군은 자녀를 임신, 출산, 양육하는 과정에서 아버지 역할을 충실히 하고 싶어 최소 2년간의 휴직을 희망하며, 이후 직장에 복귀하고자 한다. 양가 부모님들은 아이는 엄마가 키워야 한다며, 김노복 군의 휴직보다는 이사복 양의 휴직을 권하는 분위기이다. 이러한 시나리오의 가족이 도움을 의뢰한다면 여러분은 어떻게 지원할 것인지 각자 이야기해 보자.

2. 일-가정 균형을 위해 국가에서 시행하고 있는 가족복지 관련 정책을 찾아 소개해 보자.

읽을거리

행복한 나라의 조건[마이케 반 덴 붐 지음, 장혜경 옮김(2016)]

이 책은 부유하지만 행복하지는 않았던 독일의 워커홀릭이 행복조사에서 해마다 상위권을 차지하는 나라들의 비결을 찾아 나선 취재기이다.

저자는 경제적 수준과 사고방식이 다양한 13개국 사람들이 자신들만의 기준으로 가족과 이웃, 지역, 국가와 조화를 이루는 방법을 보여준다.

본문에서 소개된 나라 중 아이슬란드는 2012년 기준 세계에서 세 번째로 행복한 나라로 이후에도 행복지수가 변하지 않는 유일한 나라로 알려져 있다. 아이슬란드 정부는 모든 국민을 보살피는 하나의 '대가족' 역할을 자처하며, '가족'을 가장 중요한 정치 현안으로 삼고 있다고 한다. 그 결과 <세계 성차별 보고서>에서 다섯 번이나 성차별 없는 나라 1위를 차지한 바 있다.

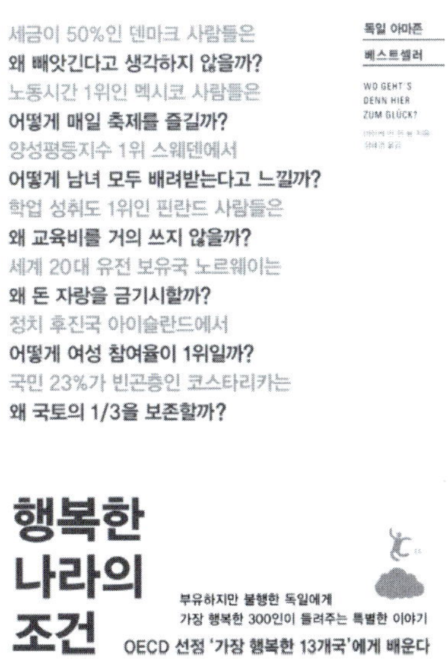

책의 내용을 통해 우리나라의 행복지수가 왜 낮은지, 행복한 나라의 사람들은 도대체 우리와 무엇이 다른지 생각해 보자.

CHAPTER 04

한국 가족복지정책과 전달체계

학습목표

이 장에서는 우리나라 가족복지의 역사를 시기별로 정책의 흐름으로 정리하고, 가족복지정책의 주요 근거 법령들을 살펴보며 정책을 시행하는 중앙행정기관과 서비스 전달체계의 역할과 기능을 학습한다.

- 한국 가족복지정책의 역사를 이해할 수 있다.
- 한국 가족복지정책의 근거법령을 말할 수 있다.
- 한국 가족복지정책의 주요 전달체계를 이해할 수 있다.

1. 한국 가족복지정책의 역사

1) 전후~1970년대 말

한국의 가족복지정책의 역사를 살펴보면, 명시적으로 가족을 위한 정책 지원을 시작한 시기는 1980년대부터라고 할 수 있다. 넓은 의미에서 그 이전 시기의 가족복지정책이라 하면, 전쟁으로 인한 과부와 고아를 대상으로 한 1950~1960년대의 부녀복지 차원의 구호사업을 찾아볼 수 있고, 1961년 생활보호법이 제정되면서 빈곤가족에 대한 공공부조가 관련 정책이었다고 말할 수 있다. 이 당시 빈곤가족을 위한 지원은 노동능력이 없는 노인, 아동, 임산부 등을 위한 선별적 보호방식의 제한된 공적 지원이었다. 1970년대에는 출산을 억제하기 위한 인구정책 차원의 가족계획사업이 전국적으로 확산되었으며, 이는 현재의 출산장려정책들과는 상당히 대조적인 모습이다.

2) 1980년대

1980년대에는 가족을 구성하는 개인으로서의 노인, 아동, 장애인 등에 대한 복지법이 제정·개정되면서 개별 가족 구성원을 대상으로 하는 사회복지제도와 서비스를 법제화하려는 노력이 구체화되기 시작하였다. 물론 당시에도 가족을 대상으로 하는 명시적이고 포괄적인 정책은 존재하지 않았다. 명시적 가족복지정책의 등장은 비록 저소득 모자가정이라는 제한된 대상이기는 하나 1989년에 제정된 모자복지법의 제정(현재의 한부모가족지원법)이 그 시작이라 할 수 있다. 이후 여성의 경제활동 참여가 증가하고 취업한 여성의 모성보호를 위한 차원에서 다양한 정책들이 나타나기 시작하였다. 단지 근로기준법에 의거한 산전후휴가제가 전부였던 지원이 1987년 남녀고용평등법 제정으로 무급이기는 하나 취업여성을 위한 육아휴직제의 법제화로 발전하였다.

3) 1990년대

1991년에는 영유아보육법이 제정되어 아동보육시설의 설치와 보육서비스에 대한 지원이 이루어짐으로써 가족의 자녀양육 부담을 완화하고 돌봄을 사회화하는 근거가 되었다. 한편 1990년대 후반부터 가족문제가 사회문제로 인식되고 정책 지원의 필요성이 이슈가 됨에 따라 국가의 개입이 강화되기 시작하였는데, 1997년 「가정폭력범죄의 처벌 등에 관한 특례법」과 「가정폭력방지 및 피해자 보호 등에 관한 법률」 제정이 그 근거이다. 이들 법령의 제정으로 가족의 문제를 사적 영역으로 간주하였던 이전과는 달리 가정폭력에 대한 처벌과 가족 구성원의 보호조치에 적극적인 공적 개입이 가능하게 되었다. 한편 1997년 말 한국의 경제위기로 인한 실업과 빈곤, 가족의 해체와 자살 등의 문제가 심각한 사회문제로 인식되면서, 기존의 생활보호법이 폐기되고 1999

년에 국민기초생활보장법이 제정되어 선별주의적 빈곤가족에 대한 지원에서 노동능력이 있는 빈곤가족에 대해서도 최저생계를 보장하는 보편주의적 접근의 빈곤가족 정책으로 전환하게 되었다.

4) 2000년대 이후

2000년대에는 취업한 여성을 위한 모성보호 지원을 더욱 강화하여 직장생활과 가정생활의 양립을 지원하는 정책을 수립하게 된다. 2001년에는 근로기준법을 개정하여 산전후휴가 기간을 60일에서 90일로 늘리고, 2006년부터는 중소기업의 산전후휴가급여를 고용보험금에서 부담하도록 하여 제도의 활성화를 촉구하였다. 또한 2001년에 남녀고용평등법을 개정하여 육아휴직의 대상을 취업여성에서 모든 근로자로 확대함과 동시에 무급이 아닌 유급 휴가로 전환하였다. 그 가운데 저출산·고령화라는 인구의 변화에 대응해 점차 사회적 지원은 전체 가족을 대상으로 하는 보편주의적 체계를 추구하게 된다.

이에 국가는 국민의 공감대 형성과 함께 가족복지정책의 기본 방향을 제시함과 동시에 포괄적인 내용을 담고 있는 관련 입법의 필요성을 인식하고 2004년 2월 9일에 건강가정기본법을 제정하였으며, 2005년에는 가족복지정책을 전담하는 정부조직으로 여성가족부를 설치하였다. 즉, 명시적으로 가족을 정책의 대상으로 하여 변화하는 가족의 기능과 욕구에 대응하는 포괄적인 정책과 행정체계의 틀을 마련한 것이다. 이는 빠른 경제성장과 산업화 과정 속에 인구의 변화와 사회경제적 위기 요인들이 가족의 기능과 체계를 약화시키고 해체와 변화를 겪게 함으로써 그 요청에 대응한 것이라 해석할 수 있다.

이러한 노력은 2005년에 제정된 저출산·고령사회기본법에서 추구하는 인구정책 및 노인정책과 맥을 같이 함으로써 가족복지정책의 방향성을 맞춰 나가고 있다.

이후 가족 내 양성평등을 강조하고 일-가정 양립을 위한 정책들을 점차 확장시켜 나가고 있는데, 2007년에는 노인장기요양보험법을 제정하여 치매와

중풍 등 수발이 필요한 노인을 위해 장기요양서비스를 제공하기 시작하였고, 2012년에는 아이돌봄지원법을 제정하여 취약계층과 맞벌이 가정의 자녀를 우선하면서도 자녀가 있는 모든 가정에서 이용할 수 있는 아이돌보미 서비스를 지원함으로써, 가정 내 돌봄노동의 공적 지원의 근거를 확실히 하였다. 즉, 가정 내 돌봄노동 부담은 완화하고 아동, 노인 등 가족 구성원의 복지를 증진시키며, 직장과 가정생활의 양립이 가능하도록 하는 보편적 지원 정책이 강화된 셈이다(이윤정, 2017).

한편 2007년 10월에는 과거 모부자복지법을 한부모가족지원법으로 개정하고, 이민자와 혼인한 가정과 그 가정에서 양육하는 자녀의 수가 증가함에 따라 2008년에 다문화가족지원법을 제정함으로써 다양한 가족 유형과 그 가족의 욕구에 대응하는 국가의 사업과 프로그램을 명시화하였다.

그 즈음 2007년 12월에 「가족친화 사회환경의 조성 촉진에 관한 법률」을 제정하여 직장에서 근로자가 가족 내 자녀양육과 부양을 조화롭게 병행할 수 있도록 지원 근거를 마련하고, 같은 시기에(2007년 12월) 과거 남녀고용평등법을 「남녀고용평등과 일·가정 양립 지원에 관한 법률」로 개정하여 일-가정 양립 지원을 공고히 하여 일·가정 균형을 위한 정부의 적극적인 지원의지를 표명하였다. 그리고 이후 2013년부터는 자녀를 양육하는 모든 계층의 가정에 양육수당과 보육료를 지원하고 있다.

상기의 한국 가족복지정책의 역사를 요약해 정리하면 <표 4-1>과 같다. 즉, 전쟁 이후를 기점으로 과거 선별적·간접적이던 가족복지정책은 현재 보편적·명시적으로 변화하고 있으며, 인구사회적 변화에 다차원적 접근을 시도 하면서 일-가정 균형을 위한 정책으로까지 이어지고 있음을 알 수 있다.

〈표 4-1〉 한국의 가족복지정책

시 기	한국의 가족복지 정책 개요(관련 법령의 제·개정을 중심으로)
전후~1970년대 말	• 1961년 생활보호법 제정으로 노동능력이 없는 빈곤가족에 대한 제한적 공공부조 • 1970년대 인구정책 관련 가족계획사업으로 산아제한정책 시행
1980년대	• 가족을 구성하는 개인으로서의 노인, 아동, 장애인 복지법 제·개정 • 1987년 남녀고용평등법 제정으로 육아휴직제 법제화 • 1989년 모자복지법 제정으로 저소득 모자가정을 위한 명시적 정책 시행
1990년대	• 1991년 영유아보육법 제정으로 돌봄의 사회화 근거 마련 • 1997년 가정폭력범죄의 처벌 등에 관한 특례법, 가정폭력방지 및 피해자 보호 등에 관한 법률 제정으로 가족문제에 대한 국가의 공적 개입의 근거 확립 • 1999년 국민기초생활보장법 제정으로 최저생계 보장의 보편적 빈곤가족 정책 수립
2000년대~현재	• 2001년 남녀고용평등법을 개정하여 모든 취업여성을 내상으로 유급 육아휴직으로 전환 • 2004년 건강가정기본법 제정으로 포괄적 내용의 가족복지정책의 기본 방향 제시 • 2005년 제정된 저출산·고령사회기본법의 인구 및 노인정책과 같은 맥락의 정책 수립 • 2007년 노인장기요양보험법과 2012년 아이돌봄지원법 제정으로 돌봄노동의 공적 지원 근거 마련 • 2007년 모부자복지법을 한부모가족지원법으로 개정, 2008년에는 다문화가족 지원법을 제정하여 다양한 가족과 그 요구에 대응하는 정책을 명시화 • 2007년 가족친화 사회환경의 조성 촉진에 관한 법률을 제정하고, 같은 시기에 남녀고용평등법을 남녀고용평등과 일·가정 양립 지원에 관한 법률로 개정하여 보편주의에 입각한 모든 국민의 일·가정 균형을 위한 정책 지원에 정부의 적극적 의지를 표명

| 그림 4-1 | 여성가족부의 일·가정 양립을 위한 정책 지원 안내

출처 : 여성가족부 홈페이지(2019). http://www.mogef.go.kr

2. 한국 가족복지정책의 근거 법령

1) 건강가정기본법

건강가정기본법은 급격한 사회경제적 변화와 가족의 해체, 가족의 양육·부양·보호 등의 기능이 약화되어 사회문제가 됨에 따라 정부의 통합적이고 효과적 대응이 필요하다는 요구로 제정된 법령이다(2004년 2월 제정). 이에 법령의 대상은 모든 국민, 모든 가정이며 전담 부처는 여성가족부이다. 법문은 37조로 구성되어 있으며, 건강한 가정생활 영위와 가족의 유지 및 발전을 위한 국민의 권리와 의무, 국가 및 지방자치단체의 책임을 포괄적으로 명시하고 있어 한국 가족복지정책의 근거 법령으로의 체계를 갖추고 있다. 법령에서는 건강가정 구현을 위해 국가는 5년마다 건강가정기본계획을 수립해야 하며, 공식 전달체계로 여성가족부 전담하에 한국건강가정진흥원과 전국의 건강가

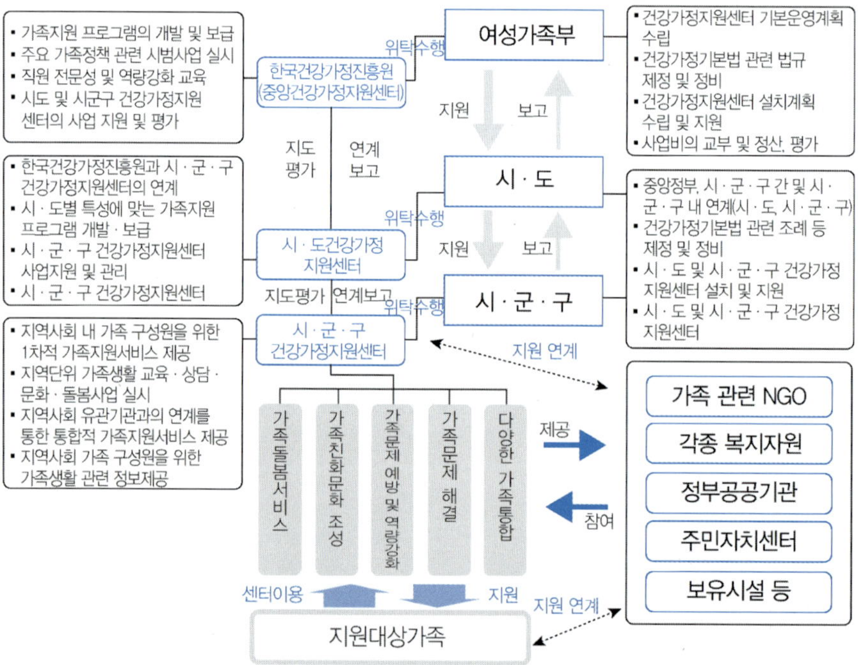

| 그림 4-2 | 건강가정지원센터의 전달체계

출처 : 건강가정지원센터 홈페이지(2018). 전달체계도. http://www.familynet.or.kr/index.jsp

정지원센터를 설치해야 하고, 각 센터에는 사업수행 전문인력으로 '건강가정사'를 두어야 함을 제시하고 있다. 건강가정지원센터의 전달체계를 도식화하면 다음 **| 그림 4-2 |** 와 같다.

2) 저출산·고령사회기본법

2005년에 제정된 저출산·고령사회기본법은 한국의 인구정책과 관련하여 저출산·고령화 문제에 대응하기 위해 만들어진 법령으로, 그 대상은 모든 세대의 국민이다. 총 32조로 구성된 이 법령을 근거로 우리나라는 현재

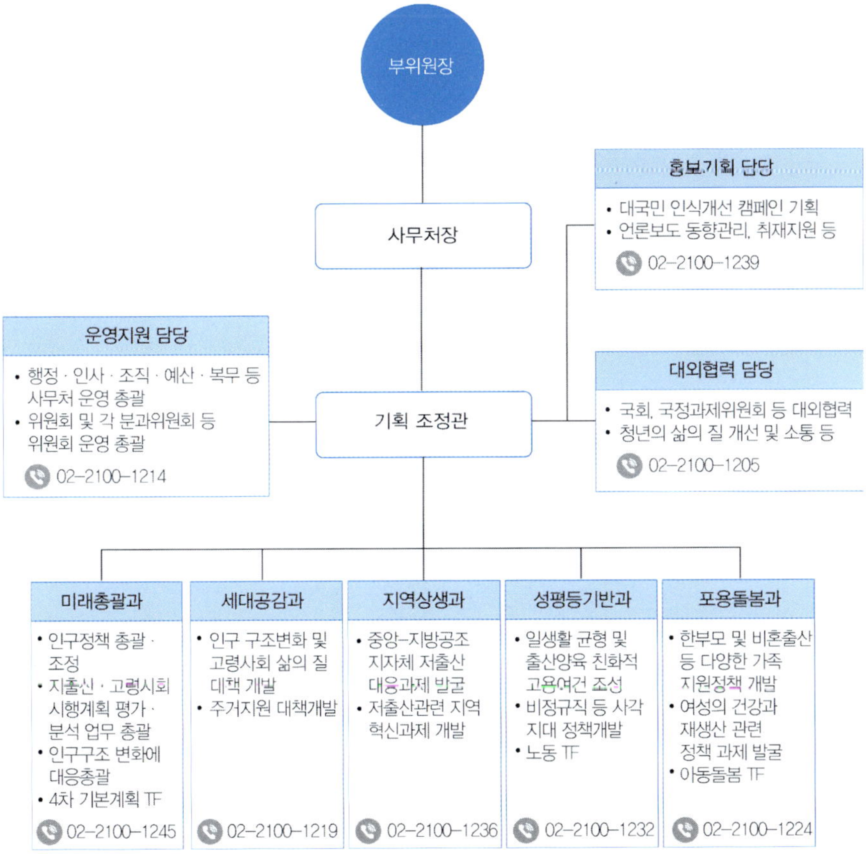

| 그림 4-3 | **대통령 직속 저출산·고령사회위원회의 조직 구성**

출처 : 저출산·고령사회위원회 홈페이지(2019). https://www.betterfuture.go.kr/pc/org/org3.php

저출산·고령사회위원회를 대통령 직속 기관으로 두고 있으며(그림 4-3), 보건복지부가 5년마다 기본계획안을 수립하고 있다.

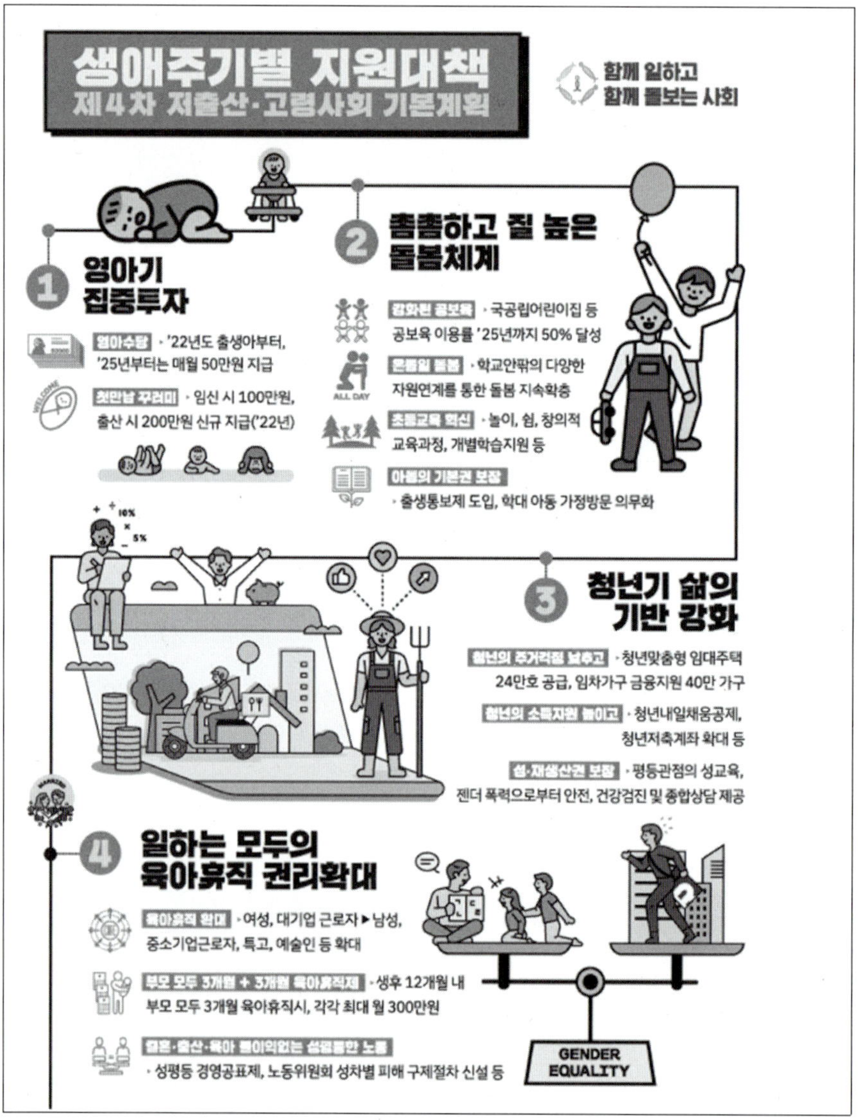

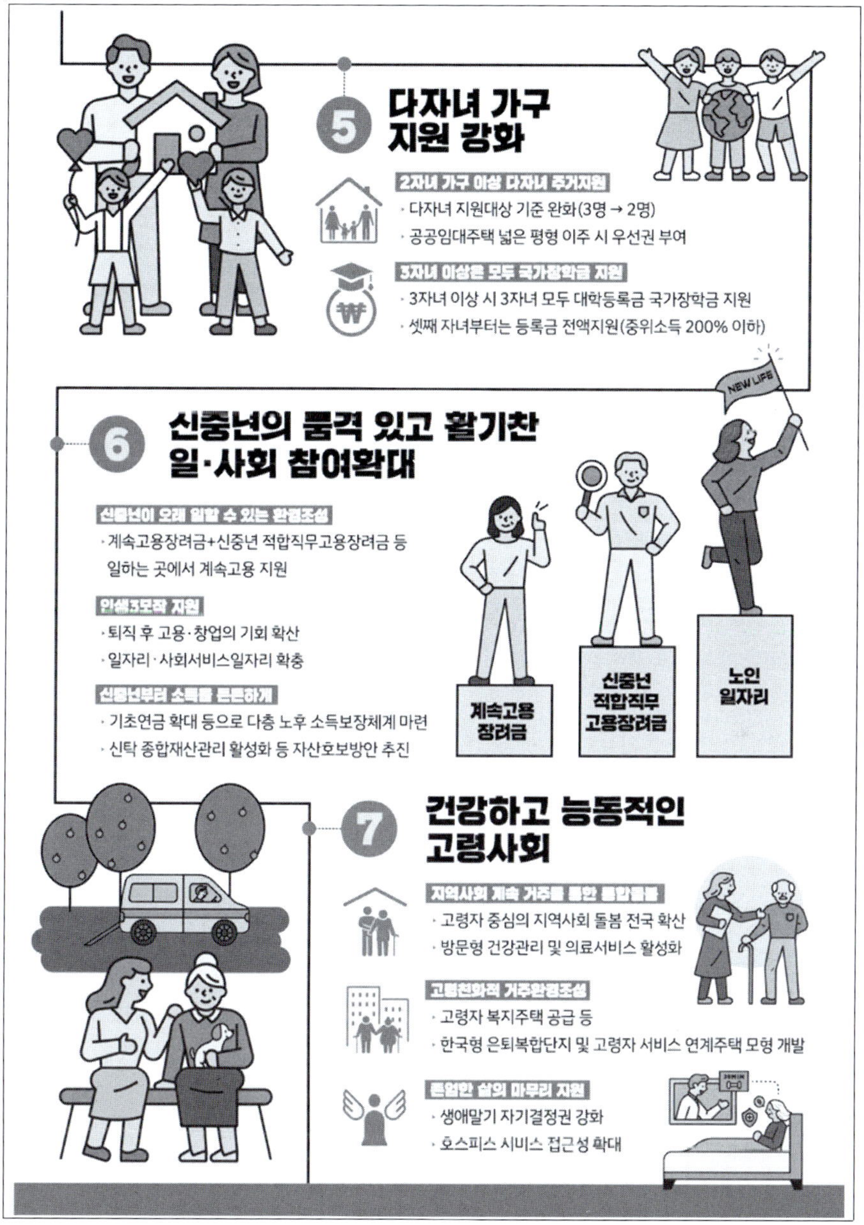

| 그림 4-4 | 제4차 저출산·고령사회 기본계획의 생애주기별 지원대책

출처 : 저출산·고령사회위원회(2020. 12. 15). 제4차 저출산고령사회 기본계획 보도자료(부처합동).

법령에는 출산과 보육의 장려, 고령자의 전반적 삶의 질 향상을 위한 국가와 지방자치단체의 노력, 그리고 민주적이고 평등한 가족관계 형성과 세대 간 교류를 명시하고 있다. 이에 5년마다 수립되는 저출산·고령사회기본계획에도 임신과 출산에 대한 사회책임시스템, 다양한 가족을 위한 지원, 맞춤형 보육과 돌봄을 위한 지원체계, 일과 가정 양립을 위한 지원 등이 구체적으로 제시되어 있다(대한민국정부, 2016). 이에 저출산·고령사회기본법령과 그 계획은 한국의 가족복지정책이 지향해야 하는 내용을 포괄적이며 명시적으로 규정하고 있는 건강가정기본법령 및 시행계획과 같은 맥락을 지닌다. 이 법령은 우리나라의 인구문제 해결을 위한 접근으로 가족에 대한 지원을 중요하게 다루고 있으므로 가족복지정책의 주요 근거로 작용한다.

3) 한부모가족지원법

이전의 모부자복지법의 명칭이 변경되고 내용이 개정되면서 2007년 한부모가족복지법으로 불리게 되었다. 총 31조로 구성된 한부모가족지원법은 특정가족 유형을 대상으로 가족의 기능 유지와 자립을 지원하고, 교육과 고용환경 등 이들이 차별받지 않도록 하는 사회환경 조성을 위해 국가와 지방자치단체가 해야 하는 역할과 의무를 제시하고 있다. 법의 내용 중 제4조와 제5조에서는 범위를 넓혀 청소년 한부모(제4조 제1의2호)와 조손가족(제5조의2)까지 한부모가족에 포함하여 지원대상으로 명시하고 있으며, 이를 위해 여성가족부는 법의 시행을 전담하며, 3년마다 실태조사를 해 정책수립에 활용하도록 해야 한다. 해당 시설로는 모자·부자가족 복지시설과 미혼모자가족복지시설, 일시지원복지시설, 한부모가족복지상담소 등이 있으며, 관련 시설을 비롯해 건강가정지원센터나 사회복지 관 등을 통해 구체적인 사업과 프로그램, 서비스가 제공되는 체계이다. 연도별 한부모가족지원법 시행정책을 개요적으로 정리하면 <표 4-2>와 같다.

〈표 4-2〉 한부모가족지원정책의 시행

연 도	여성가족부 한부모가족지원정책과 사업(개요)
2007~2010년	• 모부자복지법을 한부모가족지원법으로 개정(2007. 10. 17) − 모부자가정을 한부모가족으로 변경, 조손가족을 보호대상으로 포함 • 한부모가족 자녀양육비 이행확보를 위한 무료법률구조사업 실시(2007) • 미혼모부자 거점기관 지원 운영(2009) • 한부모가족 아동양육비 지원대상 12세 미만으로 확대(2010) • 청소년 한부모 자립지원사업 도입·시행(2010. 4)
2011~2014년	• 권역별 미혼모부자 지원기관 운영(2011) • 조손가족 통합지원 프로그램 신규 도입(4개 시·도 시범 실시, 2011) • 한부모가족 복지시설 입소 가구 생활보조금 신규 지원(2012) • 법원 연계 이혼위기가족 회복지원사업 실시(2012) • 수행기관 확대(2014) • 한부모가족 아동양육비 등 지원(2012) • 지원단가 인상(2013) • 조손가족 및 미혼 한부모가족 5세 이하 아동 추가 양육비 신규 지원(2012)
2015년 이후	• 아동양육비 지원연령과 단가 인상 − 지원연령 : 2016년 만 12세 미만 → 2018년 만 14세 미만 − 지원단가 : 2015년 월 10만 원 → 2018년 월 13만 원 • 양육비이행관리원 설치(2015) • 국민기초생활보장사업 맞춤형 급여개편에 따른 기준 중위소득 도입(2016) • 청소년 한부모 아동양육비 지원단가 인상, 자립지원촉진수당 지원대상 확대(2018) • 법원연계 이혼위기가족 회복지원사업의 명칭을 이혼 전후 가족관계 회복사업으로 변경하고 사업수행기관 9개소로 확대(2018)

출처 : 여성가족부(2018e). 2018년 한부모가족지원사업안내.

4) 다문화가족지원법

다문화가족에 대한 사회적 관심이 고조되기 시작한 것은 2005년 전후로, 동남아시아계 여성과 혼인한 한국인 남성으로 이루어진 국제결혼 가정의 증가가 그 시발점이다. 배경에는 농어촌 지역의 미혼 남성 증가와 지역별 저출산·고령화 문제, 외국인 노동자 유입과도 연관되어 있다. 이에 한국사회에서 다문화가족의 적응을 돕기 위해 사회적 지원이 필요하다는 인식과 공감대가 확산됨에 따라 정부는 2008년 3월에 다문화가족지원법을 제정하였다. 법령 내에는 재한외국인 처우 기본법과 국적법 등을 기준으로 다문화가족을 정의하고 있으며(제2조), 다문화가족과 그 구성원이 법령의 주 지원 대상임을 명시하고 있다(이윤정, 2010).

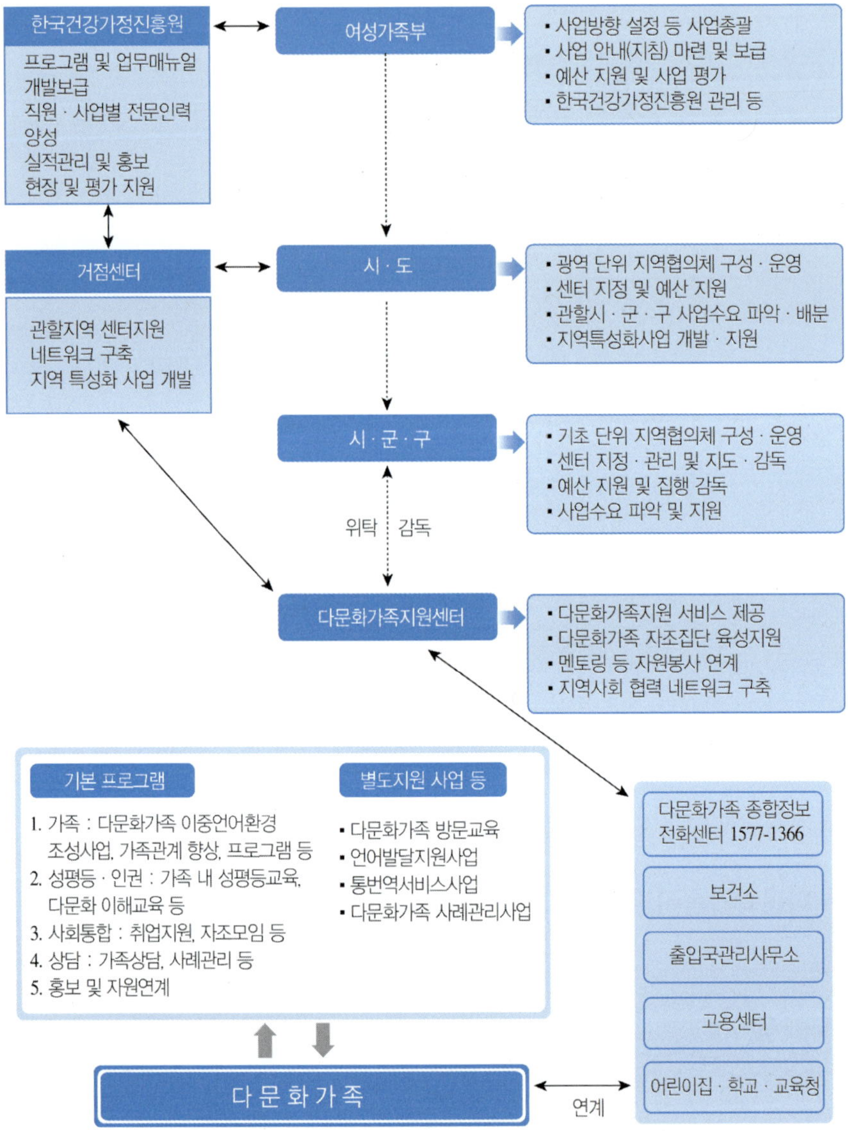

| 그림 4-5 | 다문화가족지원센터의 전달체계

출처 : 여성가족부(2018). 2018년 다문화가족지원사업안내.

법의 목적은 다문화가족 구성원이 안정적으로 가족생활을 영위해 삶의 질이 나아지도록 함과 동시에 사회 구성원으로서의 역할과 책임을 다하도록 하여 궁극적으로 사회통합을 도모함에 있다. 이에 전담부처인 여성가족부는 5년마다 다문화가족정책에 관한 기본계획을 수립해야 하며, 지방자치단체에 다문화가족지원센터를 설치.운영하도록 하고, 각 센터에는 전문 수행인력을 두도록 되어 있다(그림 4-5 참조).

5) 가족친화 사회환경의 조성 촉진에 관한 법률

2007년 12월에 제정된 「가족친화 사회환경의 조성 촉진에 관한 법률」은 일과 가정생활을 조화롭게 병행하기 위한 사회적 책임과 정부의 노력을 명시한 법령이다. 법령은 아동양육과 가족부양 등 가족 돌봄을 위한 직장 환경과 지역사회 환경 조성을 통해 궁극적으로 국민의 삶의 질 향상과 국가의 발전을 지향한다.

이에 법령의 주 대상은 모든 가족 혹은 모든 근로자라 할 수 있으며, 전담부처는 여성가족부이다. 법령에 의거해 5년마다 수립되는 가족친화 사회환경 조성 기본계획은 정부 조직 내 다른 부처의 협조와 지방자치단체, 그리고 공공기관과 각계 기업을 통해 추진된다. 이에 법령에서는 가족친화 직장환경 조성, 가족친화 마을환경 조성, 가족친화문화 조성 및 확산 사업 등의 추진과 기업의 가족친화제도 도입, 그리고 사업주의 책무와 근로자 참여의 노력 등을 명시하고 있다.

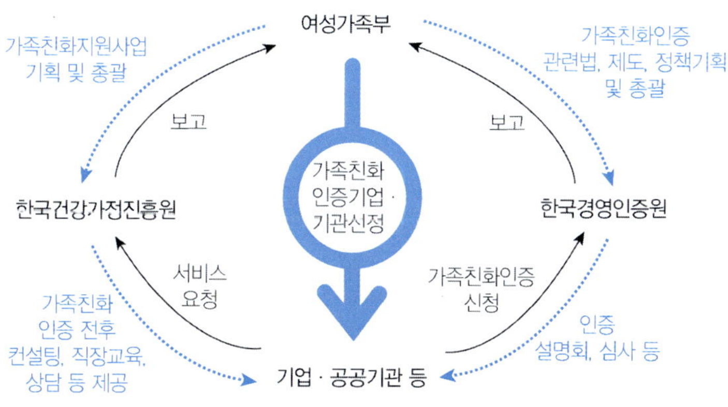

그림 4-6 가족친화사업 운영체계

출처 : 가족친화사업 홈페이지(2019). https://www.ffsb.kr

6) 남녀고용평등과 일·가정 양립 지원에 관한 법률

「남녀고용평등과 일·가정 양립 지원에 관한 법률」은 저출산·고령화 시대에서 여성인력을 적극적으로 활용하고 직장과 가정의 양립을 지원해야 한다는 필요성이 제기되면서, 2007년 12월 남녀고용평등법의 개정과 함께 명칭이 변경된 법령이다. 고용에서 남녀가 평등한 기회와 대우를 보장받고, 모성보호와 여성고용을 촉진하여 남녀고용평등을 실현함과 동시에 근로자의 일과 가정의 양립을 지원하여 모든 국민의 삶의 질을 높이는 것이 법이 지향하는 목적이다.

법령은 총 6장 39조로 구성되어 있으며, 전담부처는 고용노동부이다. 이에 고용노동부는 남녀고용평등과 일·가정 양립에 관한 기본계획을 5년마다 수립해야 한다. 「남녀고용평등과 일·가정 양립 지원에 관한 법률」은 현행의 육아휴직제도를 보완하고 배우자 출산휴가, 취학 전 아동 양육지원과가족돌봄휴직 등을 지원하기 위한 사업주의 노력과 의무 등 새로운 제도 도입을 위해 개정의 과정을 거쳐 왔다. 이에 일-가정 양립이 가능한 근로환경 조성에 기반이 되는 법령이라 할 수 있다.

〈표 4-3〉 가족복지정책의 주요 법령

주요 법령	대상, 목적, 전달체계	제·개정시기 주무부처
건강가정기본법	• 대상 : 모든 국민, 모든 가정 • 목적 : 국민의 권리와 의무로서 건강한 가정생활 영위와 가족문제 해결과 복지 증진을 위한 국가의 건강가정 구현 • 전달체계 : 국가, 지방자치단체, 한국건강가정진흥원, 건강가정지원센터 • 전문 수행인력 : 건강가정사	2004년 2월 여성가족부
저출산·고령사회 기본법	• 대상 : 모든 세대의 국민 • 목적 : 저출산.인구 고령화에 따른 변화에 대응해 국민의 삶의 질 향상, 안정된 노후생활 영위를 지원 • 전달체계 : 국가, 지방자치단체	2005년 5월 보건복지부

한부모가족지원법	• 대상 : 한부모가족(청소년 한부모, 조손가족 포함) • 목적 : 한부모가족의 안정적 기능 유지와 자립 지원을 통해 생활 안정과 복지를 증진 • 전달체계 : 국가, 지방자치단체, 한부모가족복지시설	2007년 10월 여성가족부
다문화가족지원법	• 대상 : 법령 제2조 정의에 따르는 다문화가족과 그 구성원 • 목적 : 다문화가족 구성원이 안정적인 가족생활을 영위하고 사회 구성원으로서의 역할과 책임을 다하도록 삶의 질 향상과 사회통합을 도모 • 전달체계 : 국가, 지방자치단체, 한국건강가정진흥원, 다문화가족지원센터 • 전문 수행인력 : 건강가정사, 사회복지사	2008년 3월 여성가족부
가족친화 사회환경의 조성 촉진에 관한 법률	• 대상 : 모든 가족, 모든 근로자 • 목적 : 가족친화 사회환경 조성 촉진을 통해 국민의 삶의 질 향상과 국가사회의 발전에 기여 • 전달체계 및 시행주체 : 국가, 지방자치단체, 가족친화지원센터, 사업장	2007년 12월 여성가족부
남녀고용평등과 일·가정 양립 지원에 관한 법률	• 대상 : 모든 사업장의 근로자, 사업주 • 목적 : 모성보호와 여성 고용 촉진으로 양성평등한 고용 기회와 대우를 보장하고 일·가정 양립을 지원 • 전달체계 및 시행주체 : 국가, 지방자치단체, 사업장	2007년 12월 고용노동부

3. 한국 가족복지정책의 주요 전달체계

1) 중앙행정기관 : 여성가족부, 보건복지부, 고용노동부

한국은 2005년에 여성부가 여성가족부로 개편되면서 가족복지정책의 주무부처로의 역할을 하게 되었다. 보건복지부는 앞서 근거 법령에서의 명시된 바와 같이 간접적 혹은 직접적으로 가족복지에 영향을 미치는 업무를 담당하고 있으며, 고용노동부 역시 남녀 고용 평등과 일·가정 균형을 위한 환경 조성을 위해 근로자와 사업주 모두를 지원하는 체계로 직간접적으로 가족복지정책을 지원하는 업무를 수행하고 있다.

여성가족부는 가족정책의 수립과 조정, 지원 부서이면서 동시에 여성정책과 청소년복지, 그리고 아동보호 및 폭력피해 예방을 위한 업무를 수행하는 정부 조직이다. 궁극적으로 성평등한 민주사회를 지향하며 여성과 가족, 청소년 정책과 복지를 실현하기 위해 다양한 목표와 실천과제를 수행하고 있다.

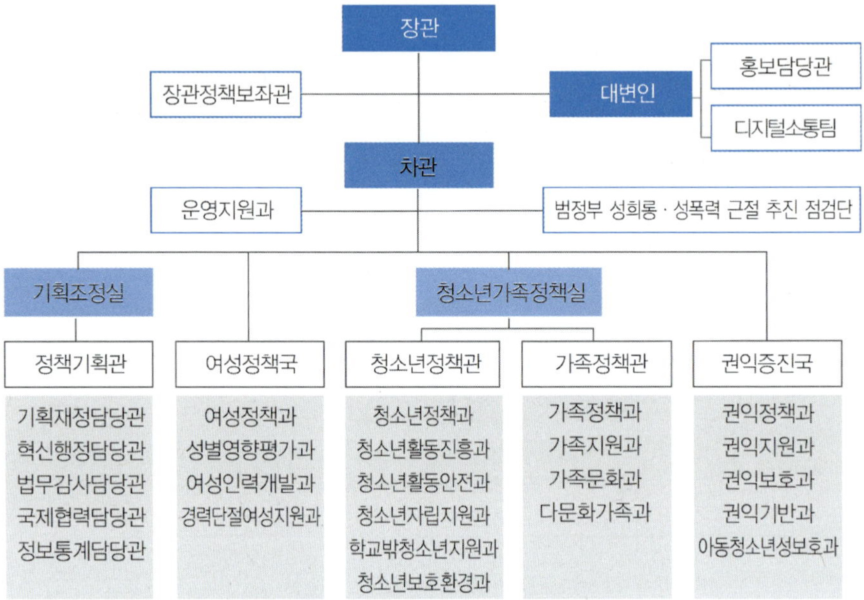

| 그림 4-7 | 여성가족부의 조직도

출처 : 여성가족부 홈페이지(2021). http://www.mogef.go.kr/mi/osg/mi_osg_s001.do

보건복지부는 명시적으로 가족복지를 위한 업무를 수행하지 않지만, 국민이 처할 수 있는 노령, 장애, 질병 등의 사회적 위험으로부터 보호하기 위한 주요 시책을 담당하며, 국민의 삶의 질 향상을 목표로 생애주기별 맞춤형 보건복지정책들을 시행한다. 특히 인구정책실에서 수행하고 있는 업무들은 출산, 아동, 노인, 보육 관련 업무들로 가족복지정책과 직간접적으로 관련된 내용들이라 할 수 있어 인구정책의 관점에서 가족복지를 접근한다고 이해할 수 있다.

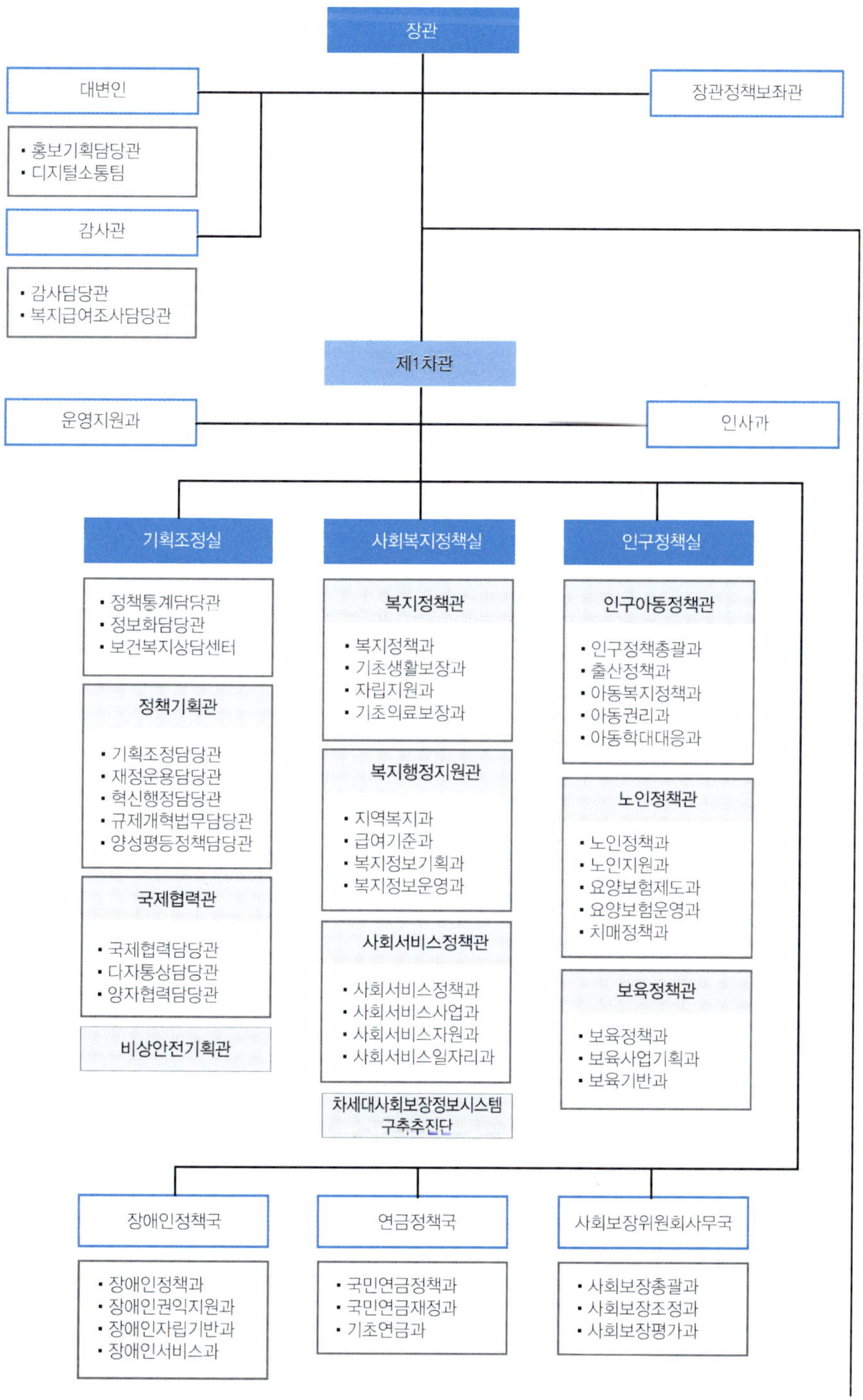
장관
대변인
• 홍보기획담당관
• 디지털소통팀
감사관
• 감사담당관
• 복지급여조사담당관
장관정책보좌관
제1차관
운영지원과
인사과
기획조정실
• 정책통계담당관
• 정보화담당관
• 보건복지상담센터
정책기획관
• 기획조정담당관
• 재정운용담당관
• 혁신행정담당관
• 규제개혁법무담당관
• 양성평등정책담당관
국제협력관
• 국제협력담당관
• 다자통상담당관
• 양자협력담당관
비상안전기획관
사회복지정책실
복지정책관
• 복지정책과
• 기초생활보장과
• 자립지원과
• 기초의료보장과
복지행정지원관
• 지역복지과
• 급여기준과
• 복지정보기획과
• 복지정보운영과
사회서비스정책관
• 사회서비스정책과
• 사회서비스사업과
• 사회서비스자원과
• 사회서비스일자리과
차세대사회보장정보시스템 구축추진단
인구정책실
인구아동정책관
• 인구정책총괄과
• 출산정책과
• 아동복지정책과
• 아동권리과
• 아동학대대응과
노인정책관
• 노인정책과
• 노인지원과
• 요양보험제도과
• 요양보험운영과
• 치매정책과
보육정책관
• 보육정책과
• 보육사업기획과
• 보육기반과
장애인정책국
• 장애인정책과
• 장애인권익지원과
• 장애인자립기반과
• 장애인서비스과
연금정책국
• 국민연금정책과
• 국민연금재정과
• 기초연금과
사회보장위원회사무국
• 사회보장총괄과
• 사회보장조정과
• 사회보장평가과

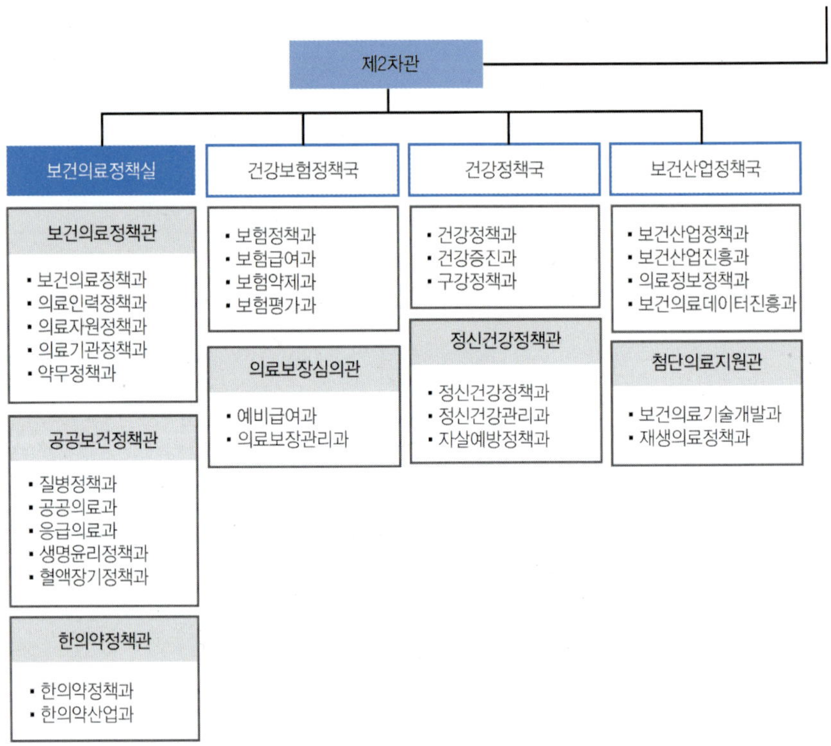

| 그림 4-8 | 보건복지부의 조직도

출처 : 보건복지부 홈페이지(2021).
www.mohw.go.kr/react/sg/ssg0101mn.jsp?PAR_MENU_ID=05&MENU_ID=050201

고용노동부는 고용과 노동에 관한 사무를 관장하는 중앙행정기관으로, 명시적으로 가족복지정책을 시행하지 않지만 고용평등을 위한 일-가정 양립 지원, 근로자의 복지후생 등의 주요 시책을 통해 직간접적으로 가족복지를 위한 업무들을 추진하고 있다. 가족복지와 관련된 업무들은 특히 여성고용지원, 일-가정 균형을 위한 정책들과 관련되며, 주로 근로자와 사업주를 지원하는 제도 운영을 통해 수행된다.

〈표 4-4〉 고용노동부 사업 주요 제도 개선 내용

구 분	지원요건 및 대상	지원수준 및 지원기간	위반시 벌칙
출산전·후 휴가	출산한 여성근로자	• 단태아 : 90일간 통상임금 지급 단, 대규모기업은 30일 • 다태아 : 120일간 통상임금 지급 단, 대규모기업은 45일	2년 이하 징역 또는 2천만 원 이하 벌금
유산·사산 휴가	임신 중 유산·사산한 여성근로자	임신 기간에 따라 5~90일의 보호휴가 부여	2년 이하 징역 또는 2천만 원 이하 벌금
배우자 출산휴가	배우자가 출산한 근로자	우선지원대상기업 5일분 382,770원(상한액)	500만 원 이하 과태료
육아휴직	만 8세 이하 또는 초등학교 2학년 자녀가 있는 근로자	• 첫 3개월 : 육아휴직 첫 3개월 통상임금 80%(상한 150만 원/하한 70만 원) • 나머지 기간 : 나머지 9개월 통상임금의 50%(상한 120만 원/하한 70만 원)	500만 원 이하 과태료
육아기근로 시간단축	만 8세 이하 또는 초등학교 2학년 자녀가 있는 근로자	• (최초 5시간 단축분) 통상임금의 100%를 기주으로 1주 5시간까지의 단축시간을 지원 • (나머지 단축분) 통상임금의 80%를 기준으로 1주 5시간 초과분부터 단축시간에 비례하여 지원	500만 원 이하 과태료
출산육아기고용안정장려금			
육아휴직 등 부여 장려금	육아휴직을 30일 이상 부여 시	우선지원대상기업 최대 1년간 360만 원(대규모기업 폐지) * 1호 인센티브 최대 1년가 120만 원	
	육아기 근로시간 단축을 30일 이상 부여 시	• 우선지원대상기업 : 최대 2년간 720만 원 • 대규모기업: 최대 2년간 240만 원	
대체인력 지원금	출산전후휴가, 육아휴직, 육아가 근로시간 단축을 실시하고 대체인력을 채용한 사업주	• 우선지원대상기업 : 인수인계기간(최대 2개월) 월 120만 원, 채용기간 월 60만 원 • 대규모기업 : 인수인계기간(최대 2개월 월 30만 원 이후 채용기간 월 30만 원	

출처 : 고용노동부(2021. 1). 모성보호와 일·가정 양립 지원 업무 편람.

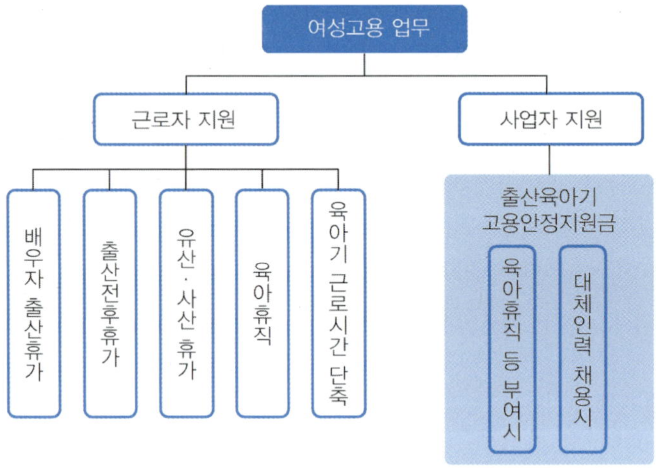

| 그림 4-9 | 고용노동부의 여성고용 업무 구조

출처 : 고용노동부(2021. 1). 모성보호와 일·가정 양립 지원 업무 편람.

아빠육아휴직 보너스제도

같은 자녀에 대해 부모가 모두 육아휴직을 사용하는 경우, 두 번째 사용한 사람은 육아휴직 첫 3개월 급여를 통상임금의 100%(월 상한 250만 원)로 올려 지급하는 제도

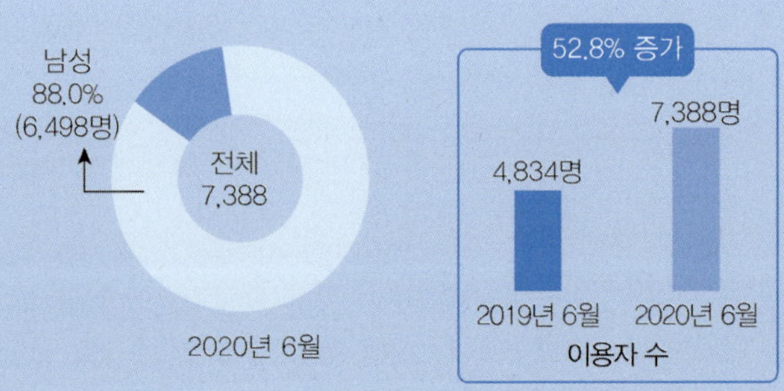

출처 : 고용노동부(2020. 8. 14). "육아휴직자 4명 중 1명은 아빠" 보도자료.

2) 건강가정지원센터와 다문화가족지원센터

건강가정지원센터와 다문화가족지원센터는 건강가정기본법(제35조)과 다문화가족지원법(제12조)을 근거로 전국에 설치된 가족복지정책의 전달체계이다. 건강가정지원센터는 2004년 전국 3개 센터의 시범사업으로 시작되어, 전국에 한국건강가정진흥원을 포함해 152개소가 설치(2018년 1월 기준)되어 있으며(여성가족부, 2018), 다문화가족지원센터는 217개소가 설치(2018년 1월 기준)되어 있다(여성가족부, 2018).

건강가정지원센터에서는 가족문제의 예방과 해결을 위한 가족돌봄 나눔사업, 생애주기별 가족교육사업, 가속상담사업, 가족친화문화조성사업, 정보제공 및 지역사회 네트워크 사업을 추진하고 있다. 일반가족은 물론 한부모가족,

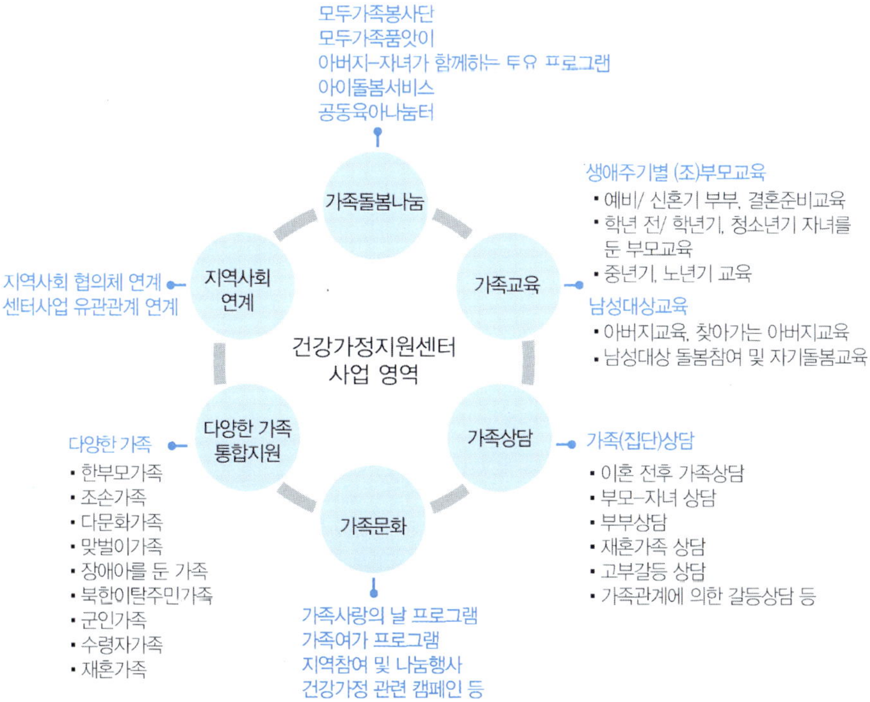

| 그림 4-10 | 건강가정지원센터의 사업영역

출처 : 건강가정지원센터 홈페이지(2019a). 사업운영 및 영역. http://www.familynet.or.kr/index.jsp

조손가족, 다문화가족, 군인가족, 수용자가족, 맞벌이가족, 이혼전후 가족 등 다양한 가족이 지원대상에 포함되며, 이들을 위한 상담, 교육 및 문화 프로그램이 결합된 맞춤형 통합서비스를 제공한다. 또한 아이돌보미 지원, 공동육아 나눔터사업 등의 돌봄지원사업과 취약·위기가족지원사업, 미혼모부자가족지원사업, 기타 타 부처와 유관기관과의 협력사업 등 여러 가족복지사업을 수행하고 있다.

다문화가족지원센터에서는 다문화가족의 안정적인 정착과 가족생활을 지원하기 위한 종합 서비스를 제공한다. 한국어 교육, 통·번역 지원사업, 상담 및 사례관리, 결혼이민자 대상 사회적응교육 및 취업교육 지원사업, 가족교육, 다문화가족 자녀 언어발달 지원사업, 방문교육 사업, 다문화가족 이중언어 환경조성 사업 등을 수행한다.

〈표 4-5〉 다문화가족지원센터 운영사업 개요

사업구분	사업영역	
기본사업	• 가족 영역 • 인권 영역 • 상담 영역	• 성평등 영역 • 사회통합 영역 • 홍보 및 자원 연계
특성화사업	• 다문화가족 방문교육 사업 • 통번역서비스 사업 • 다문화가족 생활지도사 사업 • 다문화가족 자녀성장 지원사업	• 언어발달지원 사업 • 다문화가족 사례관리 사업 • 결혼이민자 멘토링 사업
지자체 한국어 교육 사업	• 한국어 교육	

출처 : 여성가족부(2016). 2016 다문화가족지원사업 결과보고서 Ⅰ, p. 21.

〈표 4-6〉 다문화가족지원센터 운영사업 세부내용

사업 구분	사업영역	내 용	
		공통필수	선 택
기본 사업	가족	• 이중언어 환경조성 프로그램	• 가족의사소통 프로그램 • 가족관계 향상 프로그램 • 결혼과 가족의 이해 • 가족의 의미와 역할 • 아버지교육 • 부모-자녀관계 및 자긍심향상 프로그램 • 자녀교육 프로그램 • 부모역할교육, 자녀건강지도 • 자녀생활지도 등
	성평등	• 배우자 부부교육	• 배우자 이해 프로그램 • 예비·배우자교육 프로그램 • 부부갈등해결 프로그램 등
	인권	• 다문화이해교육 • 인권감수성 향상교육	• 다문화가족 관련법과 제도 • 이주민과 인권 등
	사회통합	• 취업기초소양교육 • 취업훈련 전문기관 연계(워크넷, 새일센터)	-
		• 다문화가족 나눔봉사단 소양교육 • 다문화가족 나눔봉사단 활동	• 한국사회 적응교육 • 소비자·경제교육 • 학업지원반 운영 및 연계 • 다문화가족 자조모임 • 다문화인식 개선 • 결혼이민자 멘토링 프로그램 • 결혼이민자 정착단계별 지원패키지 등
	상담	• 가족상담	• 개인상담 • 집단상담 • 사례관리 • 위기가족 긴급지원 • 외부상담기관 연계 등
	홍보 및 자원 연계	• 지역사회 홍보 • 지역사회 네트워크 • 홈페이지 운영 등	

출처 : 여성가족부(2016). 2016 다문화가족지원사업 결과보고서 I, p. 22.

〈표 4-7〉 건강가정·다문화가족지원센터 통합서비스 사업

사업영역	기본사업	비 고
가족관계	부모역할 지원[임신출산(부모) 지원, 영유아기 부모 지원, 학부모 지원, 혼례가치교육], 노년기 부부 지원, 아버지 역할 지원, 부부갈등 예방·해결 지원, 이혼위기가족 지원, 다문화가족 관계향상 지원, 다문화가족 이중언어환경 조성, 다문화가족 자녀성장 지원, 가족상담	교육, 상담(정보제공 및 초기상담), 문화프로그램 등
가족돌봄	가족역량 강화 지원, 자녀돌봄 지원, 다문화가족 방문서비스	교육, 상담(정보제공+초기상담 → 전문상담) 돌보미 파견, 사례관리 등
가족생활	맞벌이가정 일·가정 양립 지원, 다문화가족 초기정착 지원, 결혼이민자 통번역 지원, 결혼이미자 취업 지원	교육, 상담, 정보제공, 문화프로그램 등
가족과 함께하는 지역공동체	가족봉사단(다문화가족나눔봉사단), 가족품앗이, 공동육아나눔터, 가족사랑의 날, 결혼이민자 정착 단계별 지원 패키지	모임, 활동, 문화프로그램 등

※ 필수사업 : 밑줄의 7개 사업
※ 사업영역별 기본사업 외의 건강 또는 다가사업, 지역특성화 사업 등 운영 가능
* (서비스방법) 영역에 맞는 기본사업은 지역적 여건, 특성, 수요에 따라 운영
- 교육·상담·정보제공·사례관리·문화 프로그램 등을 연계하여 센터에서 자율적으로 선택 가능(단, 단기성 또는 행사성 사업, 직접적인 현금·현물지원 사업 지양)
- 가족의 유형에 상관없이 모든 가족에게 수요에 맞는 서비스를 지원하되, 가족의 특성별로 특화된 별도 프로그램 운영 가능
- 지역 내 유관기관(어린이집, 학교, 기업, 청소년상담센터, 가정폭력상담소 등)과 네트워크 구축·연계 운영 강화
* (서비스기간) 서비스 이용 제고를 위해 서비스 제공시간을 주중, 야간, 주말 등 다양화하여 운영
출처 : 여성가족부(2018a). 2018년 건강가정·다문화가족지원센터 통합서비스 사업안내(Ⅰ).

최근 다양한 가족에 대한 사회 통합과 정책 전달의 효율성을 고려하여 전달체계 개편에 관한 논의가 진행됨에 따라, 가족 유형과는 무관하게 포괄적이며 보편적인 서비스를 제공하자는 취지에서 건강가정지원센터와 다문화가족지원센터는 2014년 통합서비스 시범사업을 시작하고 2016년에 본격화하였다. 이에 통합서비스 운영기관은 각 센터들이 일반·다문화가족 중심이었던 것을 일반가정을 포함해 다문화가족과 한부모가족 및 조손가족, 맞벌이가족 등으로 지원의 대상을 보다 넓히고, 주간·주중 중심에서 야간·주말까지

지원시간을 연장하도록 하며, 지역 여건과 정책 수요자 특성에 맞는 맞춤형 서비스 제공을 강화하겠다는 방향성으로 운영되고 있다(여성가족부, 2018a). 건강가정·다문화가족지원센터 통합서비스 사업을 운영하고 있는 기관은 2018년 1월 기준 전국 152개소로(여성가족부, 2018a), 명시적으로 가족관계와 가족돌봄, 가족생활, 가족과 함께하는 지역 공동체라는 4개 영역의 기본사업을 수행하며, 그 외에 건강가정사업과 다문화가족지원사업, 지역특성화사업 등을 운영한다.

3) 사회복지관

사회복지관은 사회복지를 필요로 하는 모든 지역 주민을 위해 지역사회를 기반으로 일정한 시설과 전문인력을 갖추고 주민의 참여와 협력을 통해 지역사회 복지문제를 예방하고 해결하기 위해 종합적인 복지서비스를 제공하는 시설이다. 사회복지관은 사회복지사업법 제34조에 근거해 전국에 459개소가 설치되어 있는데(보건복지부, 2017), 사회복지관에서 가족복지를 위한 지원 사업을 명시화하기 시작한 것은 2004년 9월로 당시 사회복지사업법 시행규칙 개정을 통해 사회복지관 사업 내용을 신설하면서부터이다. 당시에는 사회복지관 사업 중 가족복지 분야의 단위사업으로 가족관계 증진사업, 가족기능 보완사업, 가정문제해결·치료사업, 부양가족 지원사업이 포함되어 있었으며, 이 내용은 2012년 8월에 사회복지사업법 시행규칙 별표 3으로 개정되면서 지금의 가족기능 강화사업이라는 총칭 내 단위사업들로 수행되고 있다. 사회복지관의 가족기능 강화사업은 사회복지관의 주요 기능(사례관리 기능, 서비스 제공 기능, 지역 조직화 기능) 중 서비스 제공 기능에 포함된다.

〈표 4-8〉 사회복지관의 사업(제23조의2 제3항 관련, 개정 2019. 6. 12)

기능	사업분야	사업 및 내용
사례관리기능	사례발굴	지역 내 보호가 필요한 대상자 및 위기개입 대상자를 발굴하여 개입계획 수립
	사례개입	지역 내 보호가 필요한 대상자 및 위기개입 대상자의 문제와 욕구에 대한 맞춤형 서비스가 제공될 수 있도록 사례개입
	서비스연계	사례개입에 필요한 지역 내 민간 및 공공의 가용자원과 서비스에 대한 정보 제공 및 연계, 의뢰
서비스제공기능	가족기능강화	1. 가족관계증진사업 : 가족원 간의 의사소통을 원활히 하고 각자의 역할을 수행함으로써 이상적인 가족관계를 유지함과 동시에 가족의 능력을 개발·강화하는 사업 - 교육 및 훈련 프로그램, 상담 및 검사 등 2. 가족기능보완사업 : 사회구조 변화로 부족한 가족기능, 특히 부모의 역할을 보완하기 위하여 주로 아동·청소년을 대상으로 실시되는 사업 - 아동·청소년 대상 방과 후 보호 및 보육·교육, 진로탐색 및 지도, 사회성 향상 집단 프로그램, 학교사회사업 등 3. 가정문제해결·치료사업 : 문제가 발생한 가족에 대한 진단·치료·사회복귀 지원사업 - 신체 및 정신장애인 교육·특수치료·사회적응 프로그램, 청소년 및 위기가정, 폭력·학대가정 개입 등 4. 부양가족지원사업 : 보호대상 가족을 돌보는 가족원의 부양부담을 줄여주고 관련 정보를 공유하는 등 부양가족 대상 지원사업 - 치매노인 및 장애인, 만성질환자 등 부양가족 지원 5. 다문화가정, 북한이탈주민 등 지역 내 이용자 특성을 반영한 사업
	지역사회보호	1. 급식서비스 : 지역사회에 거주하는 요보호 노인이나 결식아동 등을 위한 식사제공서비스 2. 보건의료서비스 : 노인, 장애인, 저소득층 등 재가복지사업 대상자들을 위한 보건·의료 관련 서비스 3. 경제적 지원 : 경제적으로 어려운 지역사회 주민들을 대상으로 생활에 필요한 현금 및 물품 등을 지원하는 사업 4. 일상생활 지원 : 독립적인 생활능력이 떨어지는 요보호 대상자들이 시설이 아닌 지역사회에 거주하기 위해서 필요한 기초적인 일상생활 지원서비스 5. 정서서비스 : 지역사회에 거주하는 독거노인이나 소년소녀가장 등 부양가족이 없는 요보호 대상자들을 위한 비물질적인 지원서비스 6. 일시보호서비스 : 독립적인 생활이 불가능한 노인이나 장애인 또는 일시적인 보호가 필요한 실직자·노숙자 등을 위한 보호서비스 7. 재가복지봉사서비스 : 가정에서 보호를 요하는 장애인, 노인, 소년·소녀가정, 한부모가족 등 가족기능이 취약한 저소득 소외계층과 국가유공자, 지역사회 내에서 재가복지봉사서비스를 원하는 사람에게 다양한 서비스 제공

	교육문화	1. 아동·청소년 사회교육 : 주거환경이 열악하여 가정에서 학습하기 곤란하거나 경제적 이유 등으로 학원 등 다른 기관의 활용이 어려운 아동·청소년에게 필요한 경우 학습내용 등에 대하여 지도하거나 각종 기능교육 2. 성인기능교실 : 기능습득을 목적으로 하는 성인사회교육사업 3. 노인 여가·문화 : 노인을 대상으로 제공되는 각종 사회교육 및 취미교실운영사업 4. 문화복지사업 : 일반주민을 위한 여가·오락 프로그램, 문화 소외집단을 위한 문화 프로그램, 그 밖에 각종 지역문화행사사업
	자활지원 등 기타	1. 직업기능훈련 : 저소득층의 자립능력 배양과 가계소득에 기여할 수 있는 기능훈련을 실시하여 창업 또는 취업을 지원하는 사업 2. 취업알선 : 직업훈련 이수자 기타 취업희망자들을 대상으로 취업에 관한 정보제공 및 알선사업 3. 직업능력 개발 : 근로의욕 및 동기가 낮은 주민의 취업욕구 증대와 재취업을 위한 심리·사회적인 지원 프로그램 실시사업 4. 그 밖의 특화사업
지역 조직화 기능	복지 네트워크 구축	지역 내 복지기관·시설들과 네트워크를 구축함으로써 복지서비스 공급의 효율성을 제고하고, 사회복지관이 지역복지의 중심으로서의 역할을 강화하는 사업 - 지역사회연계사업, 지역욕구조사, 실습지도
	주민 조직화	주민이 지역사회 문제에 스스로 참여하고 공동체 의식을 갖도록 주민 조직의 육성을 지원하고, 이러한 주민협력 강화에 필요한 주민의식을 높이기 위한 교육을 실시하는 사업 - 주민복지증진사업, 주민조직화사업, 주민교육
	자원 개발 및 관리	지역주민의 다양한 욕구 충족 및 문제해결을 위해 필요한 인력, 재원 등을 발굴하여 연계 및 지원하는 사업 - 자원봉사자 개발·관리, 후원자 개발·관리

출처 : 국가법령정보센터(2019). 사회복지사업법 시행규칙 별표 3; 보건복지부(2017). 2017 사회복지관 운영관련 업무처리 안내.

토론 및 생각해 보기

1. 교재에서 소개된 가족복지 전달체계 외에 본인이 거주하고 있는 지역에서 가족 관련 사업을 하고 있는 기관이나 센터를 조사해 소개해 보자.

2. 한국의 가족복지정책을 홍보하고 있는 인터넷 사이트, 신문기사, TV 뉴스 등을 찾아 어떠한 내용을 전달하고 있는지 이야기해 보자.

3. 복지로 사이트(http://www.bokjiro.go.kr)를 검색해 복지정보들을 살펴보고, 가족 복지 실천가, 이용 가족의 입장에서 유익한 점과 불편한 점이 무엇인지 이야기해 보자.

볼거리 복지로 사이트

출처 : 복지로 홈페이지(2019). http://www.bokjiro.go.kr

PART 02

가족복지의 실천

CHAPTER 05

가족복지 실천과 가족사정

학습목표

이 장의 학습목표는 가족복지 실천에 대한 이해와 가족사정의 개념 및 방법 학습이다.

- 가족문제 해결을 위한 가족복지 실천과정을 학습한다.
- 가족사례에 적합한 가족사정 방법을 이해한다.
- 가족대상 실천 전문가가 갖추어야 할 자세에 대해 익힌다.

1. 사회복지 실천과 가족복지 실천

사회복지는 사회적 존재로서 인간이 갖는 상호의존성과 상호작용 욕구로 인해 발생하는 개인이나 집단의 사회적 기능을 향상시키는 것이 목적이기 때문에(최선화, 2013), 사회복지 실천이란 사회복지사가 개인과 집단, 가족 그리고 지역사회를 대상으로 이들의 문제와 욕구를 스스로 해결하도록 도와주기 위한 클라이언트와 자원 간의 연결과 상호작용으로 정의할 수 있다(Pincus & Minahan, 1973).

사회복지 실천의 조기에는 개인의 심리 내적인 적응이 문제의 중심이라고 보고, 리치몬드(Richmond, 1922)는 개인 내적인 측면을 강조하였으나 시간이 지나면서 개인과 지역사회 환경의 연결을 통해 클라이언트의 삶의 질 향상을 위한 전문적 활동이라는 개념으로 발전하였다.

결국 사회복지 실천이란 삶의 질을 향상시키기 위해 클라이언트인 개인과 집단, 가족과 지역사회를 대상으로 클라이언트의 욕구와 문제, 위기로부터 사회적 기능을 원활히 수행해 나갈 수 있도록 지원하는 것이다. 즉, 클라이언트와 환경이 보유한 자원을 발견하고 활용하여 클라이언트가 스스로 문제를 해결해 나갈 수 있는 힘을 가지고 위기를 극복하며 욕구를 충족시키고 문제를 해결해 나갈 수 있도록 역량을 강화하는 것을 목표로, 사회복지사와 같은 관련 전문가가 개입하여 원조하는 통합적이고 전문적인 활동이라고 할 수 있다.

가족은 사회복지 실천의 중심토대로 사회복지 실천과 가족은 매우 밀접하게 연관되어 있다. 가족복지 실천이란 사회복지 실천에 포함되는 개념으로 가족을 중심으로 복지증진을 위한 실천과정을 수행하는 것으로 가족중심 실천이라고 할 수 있다.

가족복지 실천서비스란 국가나 사회의 가족복지정책 방향에 따라 가족의 복지 증진을 위하여 구체적인 서비스로 기획, 전환된 일련의 프로그램이나 사업을 말한다(송다영, 2005).

가족을 중심으로 실천서비스를 시행하는 이유는 가족들의 욕구에 알맞게 직접적으로 필요한 도움을 주기 위해서이다. 즉, 가족 구성원 개인이나 가족을 대상으로 당면한 문제를 해결하고, 잠재된 복합적인 문제를 예방하기 위해 교육을 실시하여 가족들이 건강하게 어려움을 극복하여 가족 행복을 높이는 데 목적이 있다.

1) 가족복지 실천의 구성요소

에플리(Epley, 2010)가 제시한 가족복지 실천의 가족중심 구성요소를 살펴보면 관심단위로의 가족, 가족의 선택, 가족강점, 가족과 전문가의 관계, 가족욕구, 개별화된 가족서비스이며 구체적인 내용은 다음과 같다.

첫째, 기본 관심단위로의 가족은 전체 가족에 대한 강조와 함께 사정의 기반을 가족 욕구에 두는 것을 의미한다. 예를 들어, 아동을 위한 서비스를 제공하기 위해서는 가족 전체의 욕구를 염두에 두고 가족사정을 시행하여 가족이 실천과정의 초점이 된다.

둘째, 가족 선택이란 가족을 위한 서비스가 가족이 원하는 것을 토대로 가족의 선택에 의해 이루어진다는 것이다. 가족들이 받을 서비스에 대한 의사결정 시 어느 정도 관여하고 참여하는지는 상황판단과 가족선택에 따라 달라질 수 있다.

셋째, 가족강점(family strengths)은 가족이 보유한 강점을 인정하고 형성하며 발전시켜 나가는 것을 의미한다. 가족강점이란 가족이 인식하는 강점, 역량, 유능감을 포함하는 것으로 가족복지 실천과정에서 부모를 포함한 가족을 원조과정에 참여시켜 가족역량을 강화하는 것으로 볼 수 있다. 강점에 기반한 실천을 가족을 파트너로 참여시키면서 그들의 역량을 강화하기 위해 노력하기 때문에(McWilliam, Tocci & Harbin, 1998, 김인숙, 2004 : 54-55 재인용) 성공적인 결과를 가져올 수 있으며, 이를 통해 향후 일어날 수 있는 문제상황에 대처할 수 있는 기술을 개발할 수도 있다.

넷째, 가족과 전문가의 관계는 초기에는 가족 구성원과 전문가의 동등한 파트너 관계를 의미하고 동등성, 상호성 팀워크를 강조한다. 최근에는 협력적 파트너십, 문화적 반응성, 정보공유, 성공적인 가족과 전문가의 관계 등이 다수의 가족중심 실천연구에서 제시되었다(배영미, 2011).

다섯째, 가족욕구는 가족의 내외적 자원(가족환경, 관심)을 포함한 가족 전체성과 욕구를 기반으로 가족복지 실천서비스를 제공하는 것을 의미한다.

여섯째, 개별화된 가족서비스는 가족욕구에 부합되는 사정, 목표설정, 개입뿐 아니라 서비스의 개별화, 제공되는 가족 대상별로 다양한 서비스들을 포함하는 것이다. 또한 개별화된 서비스는 가족욕구와 유사성이 높은 개념으로 판단하여(Epley et al., 2010) 두 개념 중 가족욕구를 제외한 개별화된 가족서비스만을 선택하여 다섯 가지 개념으로 가족중심 실천의 구성요소를 분석하기도 한다.

이상의 가족중심 구성요소를 근거로 볼 때, 가족복지 실천은 가족 구성원과 전체를 대상으로 가족욕구를 기반으로 가족강점을 파악하여 자원으로 활용하고 가족과 전문가의 협력과 소통을 통해 가족이 받을 서비스를 선택하여 문제를 해결하고 삶의 질을 높이는 데 기여하는 과정이다.

2) 가족복지 실천기술

사회복지 실천기술이란 사회복지사가 특정 프로그램이나 서비스 목적을 달성하기 위하여 과정을 진행할 때 필요한 방법을 사용할 수 있는 능력(이애재, 2006)으로 관련 전문가의 가치, 윤리, 지식으로부터 출발해야 한다. 미국사회사업교육위원회가 제시하는 사회복지 및 가족복지 실천기술은 다음과 같다(금기윤 외, 2013).

① 인지적 기술
- 상황 속의 인간 이해
- 개인과 상황에 대한 이해
- 활용할 지식의 확인
- 개입계획 수립
- 평가 수행

② 상호작용 기술
- 개인, 집단, 가족, 조직 및 지역사회와 협력하는 기술
- 이해를 전달하고 발달시키는 기술
- 함께 계획을 수립하는 기술
- 계획을 실행하는 기술

③ 공통기술
- 정보의 획득과 계획 수립 기술
- 의사소통 기술
- 문제상황 분석기술

- 계약기술
- 과정 점검 및 평가 기술
- 다양한 역할 수행기술 : 옹호자, 교육자, 조력자, 관리자, 중개자 등

④ 개입 차원에 따른 실천기술

㉠ 미시적 차원의 기술

- 대인관계 기술 : 온화함, 공감, 진실성
- 면접기술 : 문제해결 지향

㉡ 중범위 차원 기술

- 집단 역동성의 이해 : 규칙과 기대 형성, 리더 선출, 권한 분배방식
- 미시수준의 관계형성 기술 및 의사소통 기술을 집단에 적용하는 기술

㉢ 거시적 차원의 기술

- 주민조직 기술, 지역사회 지도자 및 정책결정자에게 접근하는 기술, 자금동원 기술, 행동주도 기술, 해결협상 기술, 클라이언트 옹호기술, 대변기술 등
- 계획, 행정, 평가 및 커뮤니티 조직에 적용되는 기술 등

2. 가족복지 실천서비스 과정과 가족사정

가족복지 실천서비스의 제공과정은 크게 접수단계, 사정단계, 개입단계, 종결단계로 구분될 수 있으며(금기윤 외, 2013; 한인영 외, 2015), 이는 사회복지 실천과정과 동일한 과정으로 사회복지사에게 요구되는 실천기술들이 통합적으로 적용된다.

접수 → 가족사정 → 개입 → 종결

1) 접 수

가족대상 사회복지 실천과정에서 사례가 발굴되면 가족이 호소하는 주요 문제, 접촉 목적 및 횟수, 가족과 가족 구성원의 개인력, 가계도 및 생태도 등 가족상황 전반을 파악하기 위한 초기 단계인 접수가 시작된다.

접수(intake)란 문제나 욕구를 가진 가족 구성원이 사회복지기관이나 가족지원기관을 찾아왔을 때 사회복지사와 같은 전문가가 그의 문제와 욕구를 확인하여 기관의 정책과 서비스 방향과 부합되는지 판단하는 과정이다. 서비스가 가능하다고 판단되면 대체로 접수한 대상자가 클라이언트가 되며 다음 실천과정으로 진행될 수 있다.

접수과정은 다음과 같은 구체적인 활동과 결정을 수반한다(이영실 외, 2001).

① 가장 중요한 것은 가족대상 클라이언트의 문제와 욕구를 분명하게 확인하는 것이다.
② 가족대상 클라이언트와 사회복지사는 원조의 목적을 분명히 하고 원조과정에서 기대하는 바가 무엇인지 명확히 한다.
③ 가족대상 클라이언트 욕구가 기관 자원과 정책에 부합되는지 여부를 판단한다.

기관에서 가족의 문제를 해결하지 못할 경우나 더 적합한 기관이 있을 경우, 더 급한 문제를 해결하기 위해 다른 기관으로 보내는 것을 의뢰라고 한다. 의뢰는 클라이언트가 가장 최적의 도움을 받을 수 있는 방법을 선택하는 것으로 신중하게 고려하여야 하며 사전에 클라이언트에게 충분히 설명하고 동의를 받아야 한다. 사회복지사는 의뢰하고자 하는 기관에 대해 명확하고 상세히 파악하고 있어야 하며, 의뢰 시 클라이언트에 대한 구체적인 정보를 해당 기관에 전달해야 한다.

2) 가족사정

현장에서 가족대상 초기 실천과정에서 가족이 보유한 문제에 따라 가족생활교육이나 상담, 가족사례관리 등의 실천방법을 선택하여 진행해야 하는 경우가 발생하는데, 가족의 문제와 관계, 환경을 제대로 파악하지 못하면 잘못된 실천방법을 선택하고 문제해결에 성공하지 못하게 된다.

이렇게 사회복지기관 등에 접수된 가족사례의 경우 문제해결을 실천과정의 최종 목표로 두고 가족의 기본적인 정보부터 가족관계와 환경까지 파악하여 문제해결 목표를 이루기 위한 관련 사항을 구체화시키는 과정을 사정이라고 한다.

(1) 가족사정 개념

가족사정은 가족을 하나의 '단위'로 보고 가족 내부 및 외부 체계, 그리고 이들의 상호작용을 파악하여 체계로서의 가족을 이해하고 그들에게 맞는 개입을 계획하는 일련의 과정이다. 가족을 사정하는 과정을 통해 가족에 대한 자료를 수집하고 분석하고 종합하는 것은 특정 시기에 제한된 것이 아니라 실천의 전 과정을 통해 이루어지는 것이 이상적이다.

가족관계를 파악하기 위해서는 가족 간의 상호작용 탐색 및 분석이 매우 중요한데 표면적으로 가족들의 언어적·비언어적 반응을 주의 깊게 관찰하는 것이 도움이 될 수 있다.

(2) 가족사정 방법

가족사정 방법은 가족과 실천가의 면담과정에서의 대화를 통해 가족체계에 대한 전반적인 사항을 파악할 수 있으며, 관찰을 통해 가족사정을 돕는 도구로 가족 세대 흐름과 관계 및 특징을 파악하여 그림으로 제시한 가계도와 가족과 가족원을 둘러싼 주요 환경을 파악하고 이에 대한 영향력을 제시한 생태도가 있다(권신영 외, 2017).

① 면담

실천가와 가족원의 대화를 통해 서비스 의뢰 이유, 기존에 이용한 서비스 유무, 가족강점 등을 비롯하여 가족항상성, 가족규칙, 가족위계와 경계, 가족의 사회적 관계망 등 가족체계를 파악할 수 있는 체계적이고 다차원적 사정이 이루어진다.

한국사회복지관협회(2012)에서 발간한 '사회복지관 사례관리 매뉴얼'에 의하면 다음과 같은 내용을 사정단계에서 살펴보기를 권장하고 있다. 우선 클라이언트가 해결하기를 원하는 욕구를 확인한다. 이 과정을 실천하기 위하여 '클라이언트에게서 중요한 것부터 시작하기', '클라이언트 참여 우선하기', '척도 질문 사용하기', '표준화 척도 사용하기'를 제시하고 있다. 다음으로 클라이언트의 강점을 확인한다. 이 과정에서는 '강점에 초점을 맞추기', '환경 속의 인간 관점 적용하기', '클라이언트가 자신의 강점을 발견하고 인정하기'를 제시하고 있다. 마지막으로 기록 관리를 통한 서류 작성을 시행한다. 이 과정에서 관련 양식을 기반으로 내용을 어떻게 정리하여 서류화할 것인지 제시한다.

② 관찰

관찰이란 가족의 실제 상호작용을 살펴보면서 언어적·비언어적 교류에 대해 파악하는 방법이다. 관찰은 실천가가 가족원의 행동이나 의사소통 상황을 보면서 가족 내 상호작용 방법 및 정도, 역할 수행 정도와 관계 인지 등 가족의 역동성을 파악하고 차후 서비스 방향을 설정할 수 있는 실천방법이다.

③ 가계도

가계도란 3세대 이상에 걸친 가족원에 관한 정보와 그들 간의 관계를 도표로 나타내는 방법으로, 가족에 관한 정보가 도식화되어 있기 때문에 복잡한 가족유형을 한눈에 볼 수 있는 이점이 있다.

가계도는 가족이 작성하는 과정이나 작성 후에 자신들의 관계를 객관적이며 새로운 시각으로 볼 수 있도록 도와주기 때문에 치료적 효과도 큰 방법이다.

가계도 작성은 기본 기호를 이용하여 사회복지사가 다음과 같은 질문들을 클라이언트에게 하면서 함께 가계도를 완성해 나가면서 가족에 대한 풍부한 정보를 수집하고 이를 토대로 가족의 현재 상황을 파악하는 사정을 수행하게 된다.

㉠ 가계도 작성을 위한 질문

가. 가족이 제시하는 문제에서 출발한다.

- 왜 지금 도움을 원하는가?
- 문제가 언제 시작되었는가?
- 누가 문제를 알았는가?
- 가족 구성원 각자는 문제를 어떻게 보았는가?
- 문제 이전에 관계는 어떠했는가?
- 문제가 변화하였는가? 어떻게?
- 문제가 계속된다면 어떤 일이 일어나겠는가?

나. 가구 맥락으로 이동한다.

- 가구 구성원(이름, 나이, 성별)
- 어떤 관계?
- 이전에 유사한 가족문제가 있었는가?
- 과거에는 어떤 해결책이 시도되었는가?
- 최근의 변화 혹은 스트레스 요인이 있는가?

다. 부모의 가족에 대한 정보를 수집한다.

- 형제의 수, 이름, 출생연도
- 출생순위
- 부모의 결혼(별거, 이혼, 재혼)
- 형제의 결혼(별거, 이혼, 재혼, 자녀)
- 사망원인

라. 다른 세대에 대해 묻는다.

- 부모의 부모(이름, 출생연도, 사망연도, 직업, 건강)
- 사망원인
- 형제(이름, 출생연도, 사망연도, 직업, 건강)

마. 문화적 요인에 대해 탐색한다.

- 죽음을 다루는 의례

- 내세에 대한 믿음
- 죽음 혹은 상실과 관련한 스티그마 또는 외상
- 주요 생애사건, 가족관계와 역할, 개별 기능에 영향을 미치는 문화요인

바. 성(gender)에 관한 태도를 알아본다.

- 성역할이 가족구조, 주요 생애사건 처리, 개별 구성원의 기능에 미치는 영향
- 애도의 표현, 장례, 기념의식 등에서 가족 내 성 규칙

사. 주요 생애사건과 이런 변화에 가족이 어떻게 적응했는지 묻는다.

- 결혼
- 출생
- 사망, 질병, 장애
- 이사
- 직업변동
- 자연재해, 전쟁 등 외상적 사건

아. 가족관계에 대해 묻는다.

- 단절
- 연합
- 결혼유형
- 부모-자녀 관계
- 지배종속적 관계

자. 가족역할에 대해 묻는다.

- 보호자, 병자, 문제?
- 선한 사람? 악한 사람?
- 성공한 사람? 실패한 사람?
- 좋은 사람? 냉정한 사람?

차. 가족강점에 대해 묻는다.

- 적응유연성을 나타내는 행동
- 성원의 성격 특성 : 충성, 용기, 희망, 유머, 지성 등
- 가족자원 : 외부자원과 연결하는 능력, 금전, 사랑, 이웃, 지역사회, 종교, 일 등

카. 개별 구성원의 기능에 대해 묻는다.

- 일(직업, 변화, 실업, 만족)
- 학교(성취, 문제)
- 의료문제

- 정신병(우울, 불안, 공포)
- 중독(알코올, 약물)
- 법적 문제(체포, 전문직 자격의 박탈, 현재 소송상태)

출처 : McGoldrick & Shellenverger(1999), 금기윤 외(2013). 사회복지실천기술론 재인용.

ⓛ 가계도 작성을 위한 기본 기호와 작성 예시

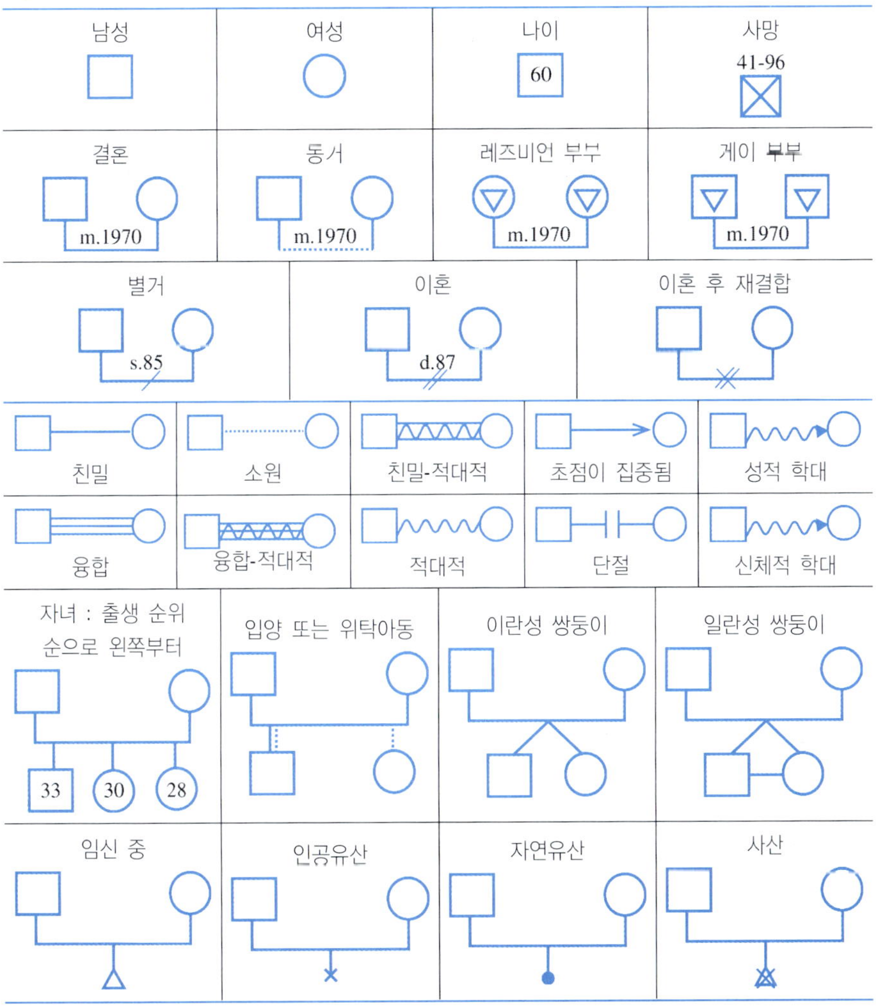

| 그림 5-1 | 가계도 작성을 위한 기본 기호

출처 : 신성자 외(2007). 사회복지실천기술론. 양서원.

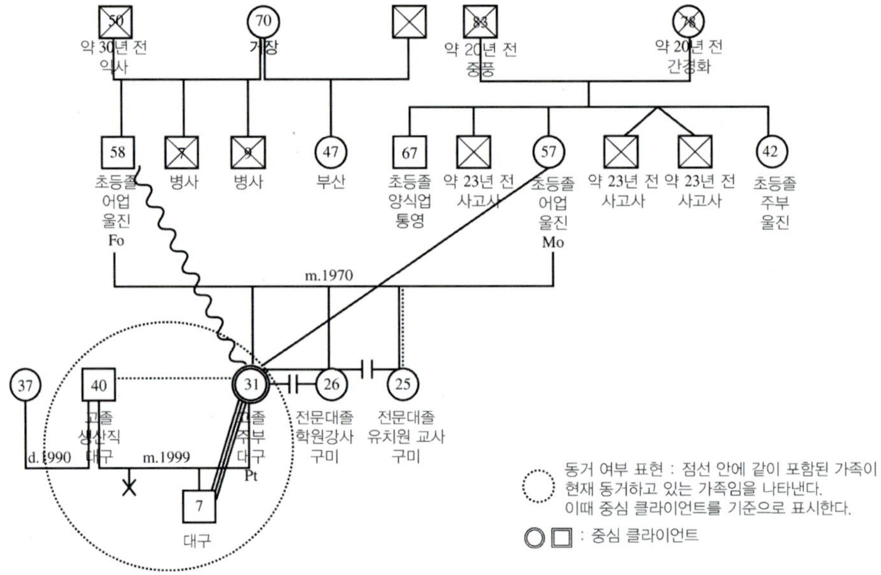

|그림 5-2| 가계도 예시

출처 : 신성자 외(2007). 사회복지실천기술론. 양서원.

|그림 5-2|는 31세의 클라이언트 3세대 가족의 가계도 예시이다. 아버지와는 갈등관계이며, 어머니와는 친밀한 관계이다. 자매들과는 단절된 모습을 보여준다. 남편과는 소원한 관계이며, 한 명 있는 아들과는 융합된 모습을 나타내고 있다.

④ 생태도

생태도(eco-map)는 대상과 환경과의 상호작용을 한눈에 알아볼 수 있도록 그림으로 그린 것으로 가족관계 현황 및 특성과 패턴을 파악하는 가계도에 비해 대상자의 자원 유무와 특성, 그리고 관계 등을 파악할 수 있는 사회복지 서비스를 위한 필수적인 사정도구이다.

가계도와 마찬가지로 생태도도 클라이언트와 초기면담을 비롯한 면담을 진행하면서 완성할 수 있으며 이 과정을 통해 클라이언트에 대한 많은 정보를 확보할 수 있다.

생태도 작성에는 우선 중앙에 가족체계를 나타내는 커다란 원을 그리고 중심원에 가족을 그려 넣는다. 가족과 상호작용하는 체계들은 원 외부에 작은 원으로 표시하고 이들과의 관계를 선으로 표시한다. 밀접한 관계는 두꺼운 선, 보통 관계는 일반 선으로 나타내고, 스트레스가 있거나 갈등관계를 따로 표시하며, 체계들 간에 에너지나 자원의 상호작용 관계는 화살표 방향으로 표시하여 에너지나 자원의 흐름과 두 체계 간의 관계와 상황을 사정한다(이영분 외, 2001).

❙그림 5-3❙은 생태도 작성을 위한 기호이며, ❙그림 5-4❙는 생태도의 예시이다.

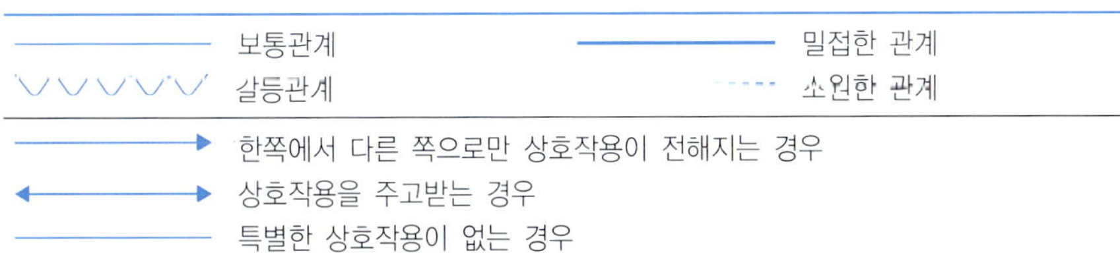

❙그림 5-3❙ 생태도의 상호작용 방향

출처 : 신성자 외(2007). 사회복지실천기술론. 양서원.

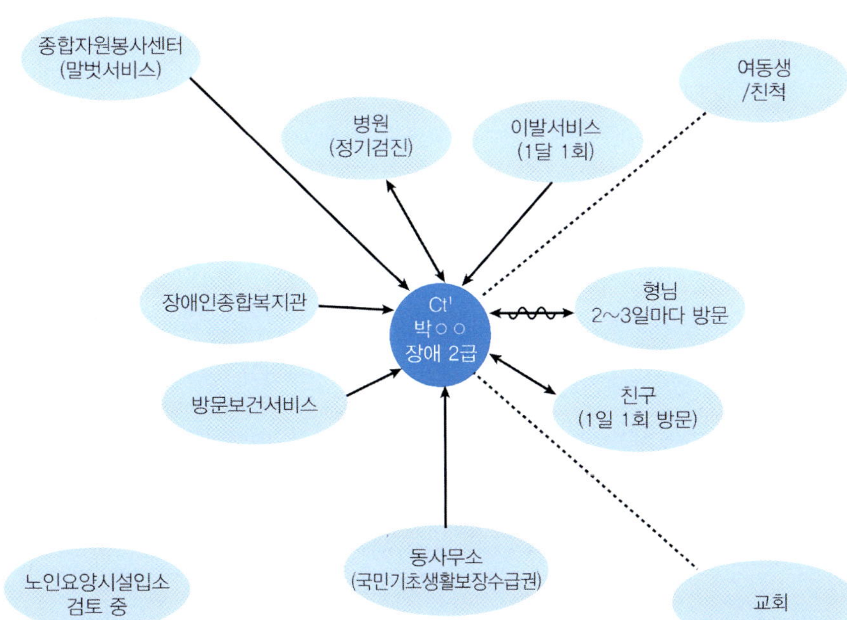

❙그림 5-4❙ 생태도 예시

출처 : 신성자 외(2007). 사회복지실천기술론. 양서원.

3) 개 입

가족사정 후 개입은 사정결과에 따라 나누어진다. 개입방법은 크게 가족문제 예방에 초점을 둔 가족생활교육과 가족문제를 해결하기 위한 실천 접근으로 가족상담이 있고, 가족기능을 강화하기 위한 접근으로 가족사례관리가 있다. 자세한 각각 개입방법에 대한 내용은 6장과 7장에서 다루어질 것이다.

(1) 가족생활교육

가족생활교육은 가족 구성원과 가족을 대상으로 가족의 문제를 예방하기 위하여 접근하는 교육적 방법의 실천이다.

사회복지관이나 건강가정지원센터 등에서 실시하는 결혼예비교육, 부부교육, 부모교육, 은퇴기 가족생활교육 등이 대표적이 가족생활교육이다. 이는 가족생활주기에 따른 가족의 발달과업을 학습하고 건강하게 해당 시기에 생활할 수 있도록 역량을 강화하며, 이를 기반으로 경험할 스트레스를 최소화하고 문제를 예방할 수 있다.

(2) 가족상담

가족상담은 가족이 호소하는 문제를 개인의 문제가 아닌 가족 전체체계의 문제로 보고 가족 상호작용과 역동에 초점을 맞추어 상담가와 함께 문제를 해결해 나가는 실천방법이다. 가족상담은 문제가 발생한 후 해결방법을 상담가가 가족과 함께 찾아가는 대표적인 사후적 실천접근 방법이다. 가족체계, 가족 의사소통에 초점을 맞추며, 가족상담 방법으로 보웬(Bowen)의 다세대 가족상담, 구조적 가족상담, 경험적 가족상담, 해결중심 가족상담 등이 대표적이다.

(3) 가족사례관리

사례관리는 생태체계적 관점을 기반으로 만성적이고 복합적인 문제를 가진 개인 및 가족을 대상으로 그들과 자원제공자들의 기능을 향상시키고, 이를 통해 환경 속에서 자신에게 필요한 서비스와 자원을 스스로 획득하고 사회적 기능을 원활히 수행할 수 있도록 돕는 통합적인 방법이다(권진숙·박지영, 2015). 사례관리자는 두 가지 측면, 즉 임상 및 치료적 측면과 자원의 조정과 옹호라는 행정 측면 모두에 초점을 맞추어야 하며, 관련 기술을 가지고 있어야 한다. 가족사례관리는 사례관리의 개념을 가족체계를 대상으로 시행하는 것으로 가족의 체계적 특성과 상호작용의 특징을 주의 깊게 다루어야 한다.

4) 종 결

가족중심 실천과정에서 종결이란 사회복지사와 클라이언트와의 가족대상 실천과정을 끝내는 과정으로 다양한 경우가 존재할 수 있다. 클라이언트와 사회복지사 양쪽 모두 동의한 사전 약속된 종결인지 여부와 클라이언트나 사회복지사의 상황 변화로 인해 종결되는지 여부 등에 따라 종결방법이 달라질 수 있다.

효과적으로 종결시기를 판단할 때 고려해야 할 점은 첫째, 개입목적 달성 정도, 둘째, 서비스의 시간 내 제공완료 여부, 셋째, 클라이언트 문제상황의 해결 정도, 넷째, 사회복지사와 기관의 투자노력 정도, 다섯째, 목표달성에 대한 사회복지사와 클라이언트의 합의 여부, 여섯째, 클라이언트의 의존성 여부, 일곱째, 클라이언트에 대한 새로운 서비스의 적합성 여부 등이다(Sheafor & Horejsi, 2006).

3. 가족대상 실천 전문가의 역할 및 태도

1) 가족대상 실천가의 역할

건강가정기본법, 사회복지사업법, 한부모가족지원법 등 법적 근거에 의해 목적사업을 효과적으로 실천하기 위해서는 전문가인 가족복지 실천가의 역할이 중요하다. 가족복지 실천가의 역할은 다음과 같다.

첫째, 법에서 제시하는 기본 이념과 철학을 명확히 이해해야 한다. 둘째, 사업의 수행자로서 사업의 목적과 의미를 이해하고, 사업 실행을 위한 역량과 지식을 갖추어야 한다. 셋째, 운영조직을 조직적이고 체계적으로 운영하는 경영자 역할을 한다.

2) 가족복지 실천가가 가져야 할 자질

가족복지 실천가가 가져야 하는 자질은 개인마다 차이가 있으며, 매우 다양하다. 실천가는 무엇보다도 자신에 대한 파악과 인식이 우선시되어야 하며, 이는 실천과정 내에 지속적으로 이루어져야 할 것이다.

다음은 실천가에게 필요한 자질들을 조사해 놓은 문항으로 본인들이 해당 항목을 선택한 이유를 서로 논의하면서 가족복지 실천 시 필요한 요소들과 자신의 특성과 생각에 대해 자연스럽게 파악할 수 있으며, 서로의 차이점에 대해 이해할 수 있을 것이다.

생각 나누기

실천가가 반드시 갖추어야 할 자질은 무엇일까? 우선순위 세 가지를 선정한 후 그 이유를 공유해 보자. 또한 다른 항목들에 대해 같이 이야기를 나누어 보자.

- 긍정적인 힘
- 사람에 대한 기본적인 애정
- 자기분석, 자기성찰
- 명확한 가치철학
- 적극성
- 공감력
- 타인에 대한 존중감
- 경청
- 수용
- 성실함
- 상대방에 대해 편견을 갖지 않는 것
- 당사자의 삶을 궁금해하는 태도
- 당사자와 같이 방법을 찾아가는 태도
- 당사자에 대한 관용과 넓은 이해
- 당사자에 대한 믿음과 지지
- 당사자에 대한 다양성(개별성) 인정

출처 : 송인주 외(2015). 사례관리 성과분석 및 사례관리자 실천지표 개발.

3) 가족복지 실천가의 주요 태도, 지식과 기술

가족복지 실천을 진행하는 데 필요한 지식과 기술은 사례의 내용과 특성에 따라 매우 다양하다.

(1) 지역사회 가족 현황과 가족복지사업에 대한 지적 통찰 능력

가족복지 실천가는 속해 있는 지역사회 내 가족/ 가정의 인구 규모와 특성, 가족생활주기상의 분포와 발달과업 수행 시 경험하는 가족의 문제, 이웃 및 지역사회와의 교류 수준 등의 현황을 파악해 특징을 숙지하여야 하며, 주기적으로 해당 정보들의 변화를 살펴야 한다. 이를 위해 가족복지 실천가 스스로 질문해 보아야 하는 내용은 다음과 같다(이윤정, 2017a).

- 지역 내 일반 인구 및 가족 관련 통계적 수치는 어떠한가?
- 지역 내 가족의 구조는 어떠한 양상으로 파악되는가?
- 지역 내 가족의 구성은 가족생활주기별로 어떠한 특징을 보이는가?
- 가족들은 어떠한 발달과업 수행에 어려움을 경험하고 있는가?
- 지역 내 가족들은 이웃(친구, 학교, 종교단체 등)과 상호 교류하는가?

또한 본인이 속해 있는 기관의 역할과 기능, 연간 및 중장기적 관점의 중점사업을 숙지하고 효과성과 효율성을 살펴야 한다. 더불어 지역사회 내 가족/가정을 위한 관련 기관의 분포와 수, 유관기관들의 가족복지 관련 프로그램과 사업 내용을 파악하고 있어야 한다. 이는 가족복지 실천가가 속한 기관이 더 나은 사업으로 가족을 돕기 위해 협력할 수 있는 지역자원은 무엇인지 파악하기 위함이며, 중복사업이나 서비스를 지양하고, 지역사회의 가족문제를 효율적으로 해결할 수 있는 자원연계와 역할분담을 도모하기 위함이다. 필요한 서비스가 해당 지역의 가족문제 해결과 갈등 예방, 초점을 두는 대상 가족에 중복되어 제공되지 않으며 지역 내 가족들의 다양한 욕구가 충족되도록 가족복지 실천가는 속해 있는 지역의 가족복지사업에 대해 올바르게 이해하고 통찰해야 한다.

(2) 지방자치단체와 정부 가족정책에 기반한 가족사업 수행능력

가족복지 실천가는 속해 있는 지방자치단체의 가족복지에 관한 중장기 비전과 정책방향을 파악하고 있어야 한다. 이는 본인 속한 기관의 올해 중장기적 관점의 중점사업과도 관련되는 것으로 지역사회 가족복지의 성장과 발전을 위한 기초 작업이기도 하다.

우리나라는 정부 근거법령에 기반한 가족복지 전달체계가 존재하고 다양한 가족복지 관련 민간기관과 단체 역시 설립되어 있는데, 각각의 기능과 역할은 다를지라도 궁극적으로 지역사회 가족복지의 성장과 발전을 통한 한국 가족복지의 성장과 발전을 도모하고자 하는 큰 방향성은 동일할 것이다. 이에 가족복지 실천가는 가족과 관련하여 지역사회 내 특정 주제의 사업과 프로그램을 담당해 수행한다 하더라도, 어떠한 정책적 틀 안에서 이루어지는 업무들인지 그리고 각각의 유기적 관계는 어떠한 방향으로 흘러가는지 주기적으로 점검할 필요가 있으며, 현존하는 정부의 가족복지 정책과 제도 등을 살펴보고 그 맥락을 같이함이 바람직하다.

Point Tip

전문 사례관리자들이 제시한 클라이언트 및 지역사회와 관계를 설정할 때 필요한 추가적 내용

■ 클라이언트와의 관계

✔ '내가 하는 과정이 클라이언트에게 부정적인 영향을 미치지 않을까' 하는 두려움을 떨쳐야 한다.

예 당사자 입장이 사라지지 않을까?
클라이언트의 의견이 충분히 반영되지 않은 채 진행되지 않을까?

✔ 클라이언트나 이해당사자에게 거절당했을 때도 이겨낼 수 있는 마음가짐을 가져야 한다.

✔ 도움의 기회를 클라이언트에게 준 것으로 이해하고 받아들여야 한다.

✔ 묻고, 존중하고 감사하고, 인사하는 자세를 클라이언트 및 이해 당사자들에게 가져야 한다.

✔ 사람과 관계에 대한 존중이 밑바탕이 되어야 한다.

✔ 작은 성공의 경험을 자주 갖고 나누어야 한다.

✔ 클라이언트에 대한 의구심과 편견을 낮추려는 노력이 필요하다.

✔ 경우에 따라서 클라이언트에게 사례관리 개념을 쉽게 이해할 수 있도록 전략적으로 간단히 정리할 필요가 있다.

■ 지역사회와의 관계

✔ 지역의 특색을 파악하고 지역에서 일어났던 일을 잘 알고 있으면 상황을 더 잘 공감할 수 있다(지역연계팀과의 협력 필요).

- ✔ 준사례관리자 역할을 해줄 수 있는 지역사회 통반장, 협의체 등과의 긴밀한 교류가 필요하다.
- ✔ 다양한 사람들(예 아이, 노인)의 눈높이에 맞는 언어와 태도가 필요하다.
- ✔ 클라이언트 및 주민에게 지역사회를 배우려는 자세를 갖고 문의하기도 한다.
  예 평소에 지역사회에 오래 거주하시고 지역의 역사와 문화 등에 대해 많이 알고 계신 어르신들과 긴밀한 관계를 유지하면서 지역 정보를 얻을 수 있다. 이는 단순한 역사와 전통에 관한 것을 지식적으로 파악하는 것이 아니라 지역에 대한 공감대를 공유하는 것이다.
- ✔ 주민들을 만나거나 비공식적 자원을 연결할 때의 사전동의와 재확인 과정을 반드시 진행한다.

토론 및 생각해 보기

1. 현대사회 가족이 보유한 문제들의 유형을 구분하여 보자.

2. 가족복지 실천방법별 차이를 탐색하여 보자.

3. 가족사정 방법을 학습한 후 자신의 가족에 적용하고 분석하여 보자.

Tip **다음은 서울복지재단에서 발행한 실천지표 자료 중 실천가에게 필요한 태도, 지식, 기술에 대해 체크하는 문항이다. 학생들끼리 조를 나누어 체크하면서 그 이유를 논의하여 보자.**

실천서비스를 진행하기 위해 필요한 태도, 지식과 기술은 무엇인가? 우선순위를 정하고 그 이유를 나누어 보자.

( ) 인간에 대한 근본적인 이해
- 사회복지사 스스로의 인간다움, 사회나움에 대한 통찰 (인간에 대한 가치, 철학, 기본적인 배려에 대한 충분한 이해)

( ) 사례관리자의 마음가짐
- 클라이언트를 잘 맞이할 수 있는 사례관리자의 심신의 안정성
- 사례관리자 스스로 자신의 감정이나 마음을 성찰하는 자세

( ) 클라이언트를 보는 관점
- 문제 중심으로 보지 않고 클라이언트의 강점을 보고 찾을 수 있는 능력 : 기다려 주는 태도(6개월 정도)
- 클라이언트는 협력하는 사람이고 같이 가야 하는 사람으로 이해하는 태도

( ) 클라이언트의 강점으로 인지한 점들을 클라이언트에게 충분히 잘 표현하는 능력

( ) 클라이언트 당사자에 대해 충분히 이해하는 능력. 개인 및 가족환경에 대한 이해
- 다양한 클라이언트 경험에 대한 탐색

( ) 지역사회에 대한 이해
- 클라이언트가 살아가는 환경에 대한 충분한 파악 및 이해

- 빈곤 등의 주제에 대한 파악 시 개인뿐만 아니라 사회구조적 원인과 연결하여 분석하는 능력

( ) 구체적인 지식분야와 기술방법

- 가족, 아동 및 청소년, 정신분야 등에 대한 지식 습득과 이해
- 상담기술, 면접기술
- 공감, 경청, 개별화, 자기개방, 지지, 클라이언트에 대한 민감성, 역지사지 관점, 면접 시 힘든 상황을 잘 넘길 수 있는 유머러스한 감각

( ) 관련 제도 및 정책에 대한 정보 습득 능력

( ) 돌발상황에 대한 대처능력

( ) 사례를 지역사회 타 기관들과 공유하고 자원 연계 및 협력하는 능력

( ) 사례를 정확하게 기록하고 정리하는 능력

출처 : 송인주 외(2015). 사례관리 성과분석 및 사례관리자 실천지표 개발.

볼거리 영화 '그렇게 아버지가 된다'(そして父になる, Like Father, Like Son)

자신을 닮은 똑똑한 아들과 사랑스러운 아내와 함께 만족스러운 삶을 누리고 있는 성공한 비즈니스맨 료타는 어느 날 병원으로부터 한 통의 전화를 받는다. 6년간 키운 아들이 자신의 친자가 아니고 병원에서 바뀐 아이라는 것이다.

료타는 삶의 방식이 너무나도 다른 친자의 가족들을 만나고 자신과 아들의 관계를 돌아보면서 고민과 갈등에 빠지게 된다.

아버지로 성장하는 모습을 보여주는 영화로, 우리에게 진정한 부모가 무엇인지 생각해 보게 하는 의미 있는 영화이다.

출처 : 네이버 영화. https://movie.naver.com/movie/bi/mi/basic.nhn?code=103719#story

CHAPTER 06

가족생활교육과 가족상담

학습목표

이 장에서는 가족대상 복지 실천서비스인 가족생활교육과 가족상담의 기본 개념을 이해하고 다양한 실천방법을 학습하는 것이 목표이다.

- 가족대상 주요 서비스의 필요성을 이해한다.
- 가족생활교육에 대한 필요성과 접근법을 학습한다.
- 가족상담에 대한 개념 이해와 각 접근의 차이점을 파악한다.

1. 가족생활교육

가족생활교육이란 개인과 가족의 생활을 증진시키고 풍요롭게 하기 위하여 개인이나 가족에게 필요한 지식, 기술, 태도를 습득시켜서 가족 및 가족생활의 문제를 해결하고 예방할 수 있는 잠재력을 키울 수 있도록 고안된 의도적인 교육활동으로 이는 평생교육적인 특성을 갖는 사회교육의 한 영역이다(이연숙, 2003).

정리하면 가족 구성원과 가족을 대상으로 가족의 문제를 예방하기 위하여 접근하는 교육적 방법의 실천이다.

건강가정지원센터 등에서 실시하는 결혼예비교육, 부부교육, 부모교육, 은퇴기 가족생활교육 등이 대표적이 가족생활교육이다.

가족생활교육을 통해 가족생활주기에 따른 가족의 발달과업을 학습하고 건강하게 생활할 수 있도록 역량을 강화하며, 이를 기반으로 경험할 스트레스를 최소화하고 문제를 예방할 수 있다.

1) 가족생활교육의 필요성

우리 모두 가족 안에서 태어나고 생활하면서 가족에 대해 잘 안다고 생각하지만 우리가 인지한 가족에 대한 사항들은 경험에 근거한 경우가 대부분이다. 가족 안에서도 세대와 성별이 다르기 때문에 각자 가족에 대한 경험이 다르며 차이가 날 수밖에 없다. 사회가 변화하면서 가족도 같이 변화하기 때문에 사회변화에 따른 가족변화에 대해 가족 구성원들은 가족생활교육을 통해 관련 지식 습득과 기술 연습이 필요하다.

가족생활교육을 통한 가족에 대한 올바른 이해는 바람직한 결혼관과 건강한 가족관을 갖게 하여, 가족 구성원 개개인의 삶을 건강하고 행복하게 이끌며 건강한 사회를 이루는 초석이 된다(한국가족상담교육연구소, 2011).

2) 가족생활교육의 방향

한국가족상담교육연구소(2011)에서는 가족생활교육의 방향으로 가족에서 가족들로의 정의 변화, 평등한 부부관계 지향, 다양한 가족 수용, 건강가정 실현을 제시하였다. 이는 모두 연결되는 개념으로 건강가정 실현을 최종목적으로 가족생활교육을 시행하는데, 건강한 가정이 구성되면 기초적으로 평등한 동반자적 부부관계가 이루어지며, 사회적으로 가족의 다양성을 인정하게 되기 때문이다.

이 장에서는 가족생활교육의 방향을 다양한 가족 수용, 동반자적 부부관계 형성, 건강한 가족 구성으로 제시하였다.

(1) 다양한 가족 수용

오늘날 가족은 한부모가족, 재혼가족, 무자녀가족 등 다양한 형태의 가족 유형이 출현하여 증가하고 있다.

다양한 가족유형은 정상가족과 비정상가족이라는 이분법적인 구분에서 벗어나야 한다는 시대적 요청이며, 가족에 대한 개념과 관계를 재정립해야 할 필요성을 갖게 한다.

가족생활교육의 방향은 전형적인 핵가족 중심의 가족(family) 개념이 아닌 다양한 가족을 차별 없이 포함하는 포괄적인 시각인 가족들(families)으로 이루어져야 할 것이다.

(2) 동반자적 부부관계 형성

부부중심의 가족관계가 우선시되는 현대사회의 가족 안에서는 부부관계의 질이 매우 중요하다. 전통적인 성역할에 따른 가부장적 사고를 기반으로 한 부부관계가 아닌 두 사람의 파트너십이 요구되는 동반자적 부부관계가 이루어져야 한다.

양성성을 바탕으로 성별에 따른 역할구분이 아닌 개인의 능력과 자질, 흥미에 따라 융통성 있는 성역할을 가질 수 있으며, 서로 합의와 협력이 원활히 이루어질 수 있다. 가사노동의 공평한 분배와 자녀양육의 공동책임이 동반자적 부부관계에서 수행된다.

동반자적 부부관계는 서로를 동등한 인격체로 존중하고 부부간 소통과 자원공유를 동등하게 하여, 부부관계의 질을 향상시켜 건강한 가정을 형성한다.

(3) 건강한 가족 구성

건강가족이란 2005년 건강가정기본법에 근거하여 한국사회에 처음 대두된 가족교육의 목표를 이루는 가족상으로, 해당 법에서는 '가족 구성원들의 욕구가 충족되고 인간다운 삶이 보장되는 가정'이라는 매우 포괄적인 의미를 띠고 있다.

건강가족은 가족의 강점을 중심으로 가족유형에 따라 차별을 두지 않고 가족이 가지고 있는 자원과 역량에 집중하는 관점이다. 가족이 건강하면 사회도 건강해지며, 이러한 순환이 지속적으로 반복되면 가족과 사회의 건강지수가 향상되는 바람직한 사회가 이루어질 수 있다.

건강가족의 요소는 학자들마다 다르지만 강기정 등(2009)은 사랑과 애정, 민주적이고 양성평등한 가족관계, 열린 대화, 바람직한 부모역할, 가족공동의 여가, 헌신, 경제적 안정과 의식주 생활, 건전한 시민의식으로 보고 있다.

결국 이러한 건강가족의 요소들이 가족생활교육의 내용이자 목표가 될 수 있다.

3) 가족생활교육의 내용

가족생활교육의 내용은 평생발달적 접근, 주제중심적 접근, 통합적 접근으로 나누어 볼 수 있는데(송정아·전영자·김득성, 1998), 이 중 가장 포괄적인 접근은 통합적 접근이다.

<표 6-1> 통합적 접근은 가족발달단계와 주제중심적 접근을 통합한 것으로 가족생활교육 내용을 한눈에 알아보기 용이하다.

〈표 6-1〉 통합적 접근에 의한 가족생활교육 내용

단 계	일반영역 중심주제 내용	특수영역 중심주제 내용
미혼기	• 결혼준비교육 - 건강한 자아상 확립 - 자아분화, 가족분화 - 이성교제 - 배우자 선택 - 혼전 성교육 • 의사소통교육 - 말하기 - 듣기 - 갈등 해결하기	• 독신자교육 - 건강한 자아상 확립 - 이성에 대한 이해 - 고독감, 우울감 해소방법 - 배우자 선택 • 미혼모교육 - 건강한 자아상 확립 - 자녀교육 - 이성에 대한 이해 - 용서하기
신혼기	• 신혼생활 적응교육 - 성격적응 - 성역할 및 가사분담 - 부부대화 패턴 • 부부교육 - 부부권력 및 의사결정 - 사랑의 기술 - 대화 기술 • 성교육 - 배우자의 성 이해 - 성 가치관 및 태도 - 성반응 단계 이해 - 가족계획 • 결혼과 직업 - 맞벌이가족의 이해 - 역할 분담 및 가사 분담 - 직장일과 가정일의 조화 • 고부교육 - 시댁·처가와의 관계	• 폭력 및 학대 가족 - 가해자와 피해자의 심리적 특성 - 부부학대 및 자녀학대의 영향 - 학대가족의 예방 및 대처방법 • 알코올 중독자 가족 - 알코올 중독 원인 - 알코올 중독자의 성격 및 환경 - 알코올 중독이 미치는 영향(개인·가족·사회) - 알코올 중독 증세 - 알코올 중독 예방 및 대처방법
자녀 아동기	• 부부교육 - 부부권력 및 의사결정 • 아동기 부모교육 - 의사소통(부부, 자녀) • 아동기 자녀교육 - 가족 규칙 - 자녀 훈육 • 가족놀이교육 - 친밀감 형성 - 원만한 대인관계	• 배우자 외도 - 외도의 원인 - 외도가 부부관계 및 가족관계에 미치는 영향 - 배우자의 외도예방 및 대처방법

자녀 청소년기	• 부부교육 - 육체적 변화 - 심리적 변화 - 정체성 재확립 • 청소년기 부모교육 - 의사소통(부부·청소년 자녀) • 청소년기 자녀교육 - 가족규칙 - 또래집단 압력 - 정체성 확립 • 청소년기 성교육 - 신체 및 심리 변화 이해 - 청소년기 성 이해 - 이성교제	• 이혼가족 - 이혼의 원인 - 이혼이 미치는 영향(개인·가족·사회) - 이혼 후의 충격 감소 - 이혼 후 적응교육 및 상담 - 이혼 후 성장교육 - 이혼 예방 교육 • 사별가족 - 사별의 원인 - 사별의 충격(개인·가족·사회) - 사별 후 적응 및 성장교육
중년기	• 중년기 부부교육 - 중년의 위기 대처방법 - 삶의 재평가(개인·가족·직업) - 빈둥지 증후군 - 부부 의사소통 • 중년기 부부 성교육 - 갱년기 교육 - 성장애 • 은퇴준비교육 - 지역봉사 - 여가활동	• 재혼가족 - 배우자 선택 - 계부모와 자녀와의 관계 적응 - 의붓형제와 자녀와의 관계 적응 • 실직자가족 - 실직의 원인(IMF체제의 국민경제 및 직장의 사정) - 실직의 충격(개인·가족·사회) - 실직 후의 적응교육과 상담(개인·가족) - 실직 후 대처방법
노년기	• 은퇴생활 적응교육 - 인생은 60세부터 - 건강한 자아상 확립 • 치매교육 - 치매증후 및 예방 - 가족 스트레스 대처방법 - 자녀와의 대화 • 죽음준비교육 - 남기고 싶은 이야기 - 유서 작성 - 죽음에 대한 두려움 해소	• 노인 학대가족 - 학대자와 피해자의 성격 특성 - 신체적 학대와 심리적 학대 - 노인 학대 예방 및 대처방법

출처 : 송정아 외(1998). 가족생활교육론.

4) 가족생활교육 프로그램 개발과 운영

(1) 프로그램 개발과 운영 과정

가족생활교육 프로그램 개발과정과 운영의 단계별 상호과정을 제시하면 다음과 같다.

한국청소년개발원(1994) 모형에서는 프로그램 개발과 운영의 단계로 프로그램 계획, 설계, 실행, 평가의 단계로 구분하였으며, 프로그램 작성과 운영은 이 4단계가 주기적으로 순환되면서 진행된다고 하였다.

즉, 가족생활교육 프로그램은 대상자와 지역사회의 요구를 바탕으로 이론적 개념 틀을 정리하여 학습자들의 눈높이에 맞는 프로그램을 기획하고 실행하여, 이에 대한 평가결과를 다음 프로그램에 피드백하는 과정이 지속적으로 진행된다고 할 수 있다.

(2) 신혼기 대상 가족생활교육 프로그램 예시

신혼기 대상 가족생활교육 프로그램 작성과정 및 프로그램 결과를 제시하면 다음과 같다.

가족생활교육 프로그램 작성 진행과정은 본 프로그램을 수행한 후 기대하는 참가자들의 최종 모습을 나타낸 프로그램 목적을 제시하고, 이러한 목적을 수행하기 위한 구체적인 강의와 활동으로 구성된 회기를 구성한다.

다음은 신혼기 가족생활교육 프로그램 논문(박수선, 2013)에 소개된 K시 건강가정지원센터에서 수행된 '알콩달콩 행복디자인'이라는 신혼기 가족생활교육 프로그램의 목적과 주요 회기내용이다.

① 프로그램의 목적

본 프로그램을 통해 자신과 상대에 대한 이해의 폭을 넓히고 부부 개개인의 결혼생활에 대한 긍정적인 인식변화를 유도하여 자아존중감을 향상시키며,

기능적인 의사소통 방법과 적극적인 갈등대처 방법의 학습을 통해 신혼기 부부의 안정된 결혼생활 적응과 결혼만족도 향상 도모를 목적으로 한다.

② 회기별 세부내용

• 1회기 : 나, 너 그리고 우리

목 적	• 자기와 파트너에 대한 이해를 향상시킨다. • 결혼의 의미를 이해한다. • 결혼에 대한 비현실적인 기대를 변화시킨다.	
도 입	20분	• 프로그램에 대한 설명 • 프로그램 서약서 • 강사 및 부부 정보 공유 - 첫 만남에서부터 결혼생활, 파트너의 장점 등
전 개	60분	① (강의) 결혼생활에 대한 설명 결혼생활에 대한 기대, 결혼생활에 대한 의미 ② (활동) 자기와 파트너 확인하기(현실욕구를 확인하기 위한 설문지) ③ (활동) 결혼에 대한 현실적인 기대 확인
마무리	20분	① 요약 ② 사랑 유형 검사 숙제(사랑 유형 검사 설문) ③ Satir 의사소통 유형 설문지 숙제

• 2회기 : 사랑의 대화 I (사랑을 부르는 대화법)

목 적	• 부부의 사랑 접근 방식을 확인한다. • 의사소통 기술(말하기 및 듣기 기술)을 배운다.	
도 입	20분	• 세션 1 이후의 변화한 점 공유 • 사랑유형 검사 숙제 점검 및 점수 채점 방법 학습하기 • Satir 의사소통 유형 검사 숙제 점수 채점 방법 학습하기
전 개	60분	① (강의) 사랑유형 검사 결과 설명 ② (강의) Satir 의사소통 유형 검사 결과로 자신의 유형 특징 확인 ③ (강의) 말하기 기술 및 듣기 기술 ④ (활동) 부부간의 말하기와 듣기 실습
마무리	20분	① 요약 ② 의사소통 기술 실습을 위한 대화주제에 대해 생각해 오기 숙제

• 3회기 : 사랑의 대화 Ⅱ(결혼생활에서의 갈등을 어떻게 다룰 것인가)

목 적	• 자아존중감을 높이는 의사소통 기술을 사용하여 결혼생활에서의 갈등을 대처 하는 방법을 배운다.	
도 입	20분	• 세션 1 이후의 변화한 점 공유 • 부부간의 대화기술에 대한 학습내용 확인
전 개	60분	① (강의) 의사소통의 중요성(학습서, DVD 등) ② (활동) 의사소통 능력을 활용하여 부부의 갈등대처법 실습
마무리	20분	① 요약 ② 의사소통 기술 실습 후 소감 공유

2. 가족상담

가족상담은 대체로 실천현장에서 가족문제 발생 후 이루어지는 사후적 접근으로 가족생활교육과 동전의 양면과 같은 밀접한 연결고리를 가지고 있다.

가족 구성원과 전체를 대상으로 보는 가족체계적 관점을 가진 가족상담은 가족원 간의 상호작용과 역동을 살펴보고 가족의 문제 해결을 통해 가족의 기능을 강화하고 가족의 삶의 질을 높이는 데 목적이 있다.

가족체계이론에서 보면, 가족 구성원들은 서로 영향을 받으므로 가족원의 문제는 개인만의 문제가 아닌 가족 전체의 문제로 확대될 수 있으므로 대부분의 가족상담 이론에서는 다수의 가족원을 상담의 대상으로 삼고 과정을 진행한다.

1) 가족상담의 주요 특성

가족상담의 주요 특성은 다양하지만 가장 중심적인 체계이론을 바탕으로 순환적 인과관계와 사회구성주의를 설명하면 다음과 같다.

(1) 체계이론

1930년대 초 버탈란피(Bertalanffy)가 주장한 이론으로 체계는 서로 영향을 주고받는 요소의 복합체이며, 전체는 부분들의 합보다 크다는 가정을 전제한다.

체계이론과 관련된 기본 개념으로 상위체계, 하위체계, 경계선, 개방체계, 폐쇄체계를 들 수 있다.

(2) 순환적 인과관계(Circular Causality)

가족 구성원의 행동이 어떤 원인이 곧 결과가 된다는 직선적 인과관계라기보다는 원인이 결과가 되지만, 결과도 원인이 될 수 있다는 것이 순환적 인과관계이다.

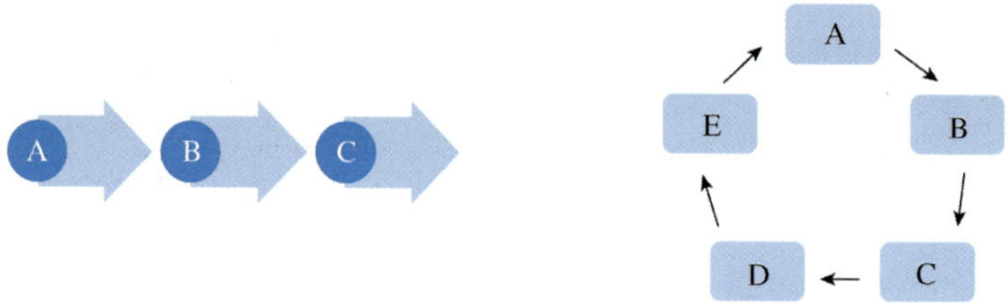

직선적 인과관계 순환적 인과관계

| 그림 6-1 | 인과관계 유형

(3) 사회구성주의

가족상담의 기본 바탕이 되는 사회구성주의는 다음과 같은 특성을 가진다.

첫째, 실재는 사회적으로 구성된다.
둘째, 실재는 언어를 통해 구성된다.
셋째, 실재는 이야기를 통해 조직되고 유지된다.
넷째, 본질적인 진실이란 존재하지 않는다.

사회구성주의의 이러한 시각은 다음과 같은 몇 가지 상담의 함의를 가진다(Nichols & Schwartz, 2002).

첫째, 모든 진리는 사회적 구성물이라는 시각은 상담자로 하여금 내담자의 신념을 키운 문화적 뿌리를 이해하도록 도움을 주었다.

둘째, 상담자가 내담자로 하여금 자신의 문제를 새롭게 구성할 수 있도록 돕는 것은 언어적 상호작용을 통해서다.

셋째, 상담자나 내담자 중 어느 한쪽이 진실을 알고 있는 것이 아니라고 보기 때문에 치료는 협동적 과정으로 이루어진다.

넷째, 사람들은 현재의 관계에 가장 큰 영향을 받기 때문에 상담자가 내담자에게 중요한 사람으로 인식되고, 또 문제를 새롭고 유용한 방향으로 새롭게 구성하게 되면 치료는 종결된 것으로 본다.

2) 가족상담 방법

가족상담 방법으로 보웬(Bowen)의 다세대 가족상담, 구조적 가족상담, 경험적 가족상담, 해결중심 가족상담 등이 있으며, 주요 참고문헌을 토대로 내용을 소개하면 다음과 같다(김유숙, 2014; 송정아·최규련, 2002; Steve de Shazer, et al., 2011).

(1) 보웬의 다세대 가족상담

가족체계이론에서는 원가족의 영향을 강조하여 현재 가족의 상호작용 유형이나 개인의 병리적 증상들을 원가족과의 관계 또는 그 이상의 윗세대 관계망의 맥락에서 이해하려고 한다. 또한 보웬(Bowen)은 개인이 나타내는 부적응적 행동이나 역기능적 증상은 자기가 분화되지 못한 데서 기인한 것으로 보고 가족 구성원들의 자기분화 수준에 따라 기능적인 가족과 역기능적인 가족으로 구별하였다(Bowen, 1982).

① 주요 개념

㉠ 자아분화

보웬 가족치료의 핵심개념으로 자신의 방식으로 기능하는 자율적인 사고와 정서 행동체계를 말한다. 자아분화가 잘 이루어진 사람은 객관적인 사고와 적절한 감정표현이 균형을 이루고 타인과 친밀하고 안정된 관계를 유지할 수 있다.

자아분화 수준은 자아가 분화된 상태 정도를 말하는 것으로 보웬은 원가족 체계에서 개인의 자아분화 수준이 결정될 수 있는데 가족정서가 융합되어 있으면 개인의 자아분화 수준은 낮아지고 균형 있는 자아분화 상태를 갖지 못하게 된다고 하였다.

자아분화 수준은 0~100까지 총 네 가지 단계로 나눌 수 있으며, 0~24 최저분화 수준, 25~49 저분화 수준, 50~74 중분화 수준, 75~100 고분화 수준으로 나눌 수 있다.

㉡ 삼각관계

두 사람의 긴장상태를 해소하기 위해 한 사람이나 대상을 끌어들여 셋 이상의 안정된 관계를 만들어 내는 것으로 오랜 융합관계나 긴장을 일시적으로 완화하는 역할을 담당한다.

삼각관계는 가족의 응집성이 높고 불안이 높을수록 강하게 작용되는 반면, 융합 정도가 낮고 자아분화 수준이 높으면 삼각관계가 형성되지 않을 것이다.

㉢ 핵가족 정서체계

부모가 자녀와 감정적으로 연결되어 있는 상태를 말하는 것으로 자아분화 수준과 연결된다. 부모의 자아분화 수준이 낮으면 가족 내 긴장상태에서 역기능적인 행동을 보이게 된다.

㉣ 가족 투사과정

부모의 자아분화 수준이 낮을 경우 자신의 문제를 가족의 문제에 투사하여 일시적으로 부부의 갈등이 아닌 다른 가족원의 문제로 화제를 바꾸는 것으로 다른 가족원 탓으로 돌리는 것을 말한다.

㉤ 다세대 전수과정

현재 가족의 자아분화 상황은 과거 윗세대 가족으로부터 전수받은 것이며, 이는 다음 세대에게 이어진다는 자아분화 수준의 세대 간 전달을 의미하는 것이다.

② 상담개입

㉠ 상담목표

다세대에 걸쳐 삼각관계를 이루고 있는 사람을 해방시키는 것, 즉 탈삼각관계를 이루는 것이다. 또한 불안을 감소시키고 자아분화를 증가시키는 것으로 자아분화는 치료목표인 동시에 성장목표가 된다.

㉡ 가계도

결혼이나 혈연관계를 그림으로 나타낸 사정도구로 보웬이 가족을 연구하면서 3세대 이상의 가족 흐름을 파악하고자 그린 그림이다.

㉢ 탈삼각화

보웬의 가족치료 목표는 개인이 가족 내에서 삼각화를 끊어버리고 개인의 자아분화 수준을 향상시켜서 정서적 영역과 대인적 영역에서 균형을 이루면서 정체성을 성립하는 것이다. 이러한 삼각관계를 끊어버리는 과정을 탈삼각화라고 한다.

㉣ 코치하기와 나의 자세

코치란 상담자가 대상 가족에게 가족문제를 해결하기 위한 방법과 기술들을 전문적으로 안내하고 제시하는 것을 말하는 것으로, 코칭을 받는 대상자가 마음을 열고 코치의 지시를 잘 받아들일 수 있는 준비가 되어 있을 때 가능하다.

'나의 자세'는 상대방에 대한 생각과 감정을 자신의 입장에서 솔직하게 표현하는 것을 말하는 것이다. '나는 당신이 ~했으면 좋겠다', '당신이 ~을 도와주었으면 좋겠다' 등으로 말하여 솔직한 입장에서 소통이 이루어지도록 시작하는 단계이다.

(2) 구조적 가족상담

미누친(S. Minuchin)이 빈곤가족들을 위해 개발한 것으로 비교적 짧은 시간에 가족의 문제점, 가족 특유의 패턴을 파악하여 가족구조를 변화시키는 접근이다.

① 주요 개념

㉠ 가족구조

미누친은 구조적 가족상담이라는 이름과 같이 가족의 구조를 파악하고 재구조화하는 데 초점을 맞추었는데, 가족구조란 가족의 상호작용 패턴을 말한다.

구체적으로는 가족의 하위체계 구성 및 경계선 설정, 가족의 위계와 권력 정도를 말하는 것으로 구조적 가족치료에서는 상담 중에 각각 개념을 파악하여 가족의 구조를 탐색하고 가족문제를 진단한다.

㉡ 경계선

경계선은 명확한 경계선, 경직된 경계선, 산만한 경계선으로 나누어지며 가장 바람직한 경계선은 명확한 경계선으로 경계선이 견고하고 융통성이 있으며, 가족들 간에 소통이 활발하고 의사소통을 통한 협의와 조정이 가능하다.

② 상담개입

㉠ 상담목표

상담사는 가족의 경계선을 바꾸거나 하위체계를 재정비하기 위해 가족원 각각의 행동과 경험을 바꾼다. 문제행동의 변화와 가족기능의 향상은 서로 연관된 목표로, 문제행동을 변화시키는 가장 효율적인 방법은 문제행동을 유지하는 가족패턴을 변화시키는 것이다. 세부적 인 치료목표는 하위체계 간의 명확한 경계선 설정, 가족위계질서의 강화, 가족이 문제의 근원이라고 지목한 가족원에게 변화를 주기 등이다.

㉡ 합류하기

가족상담자가 상담현장에서 가족들에 합류하여 가족 구성원의 소통패턴 등 구조를 변화시키려는 시도를 말한다. 가족상담자가 합류하기 위해서는 가족들이 상담자를 받아들일 수 있을 정도의 신뢰감이 구축되어 있어야 한다.

㉢ 실연화

가족상담 현장에서 가족들의 교류를 재연하는 것을 말한다. 실제로 일어난 상황을 상담현장에서 재연함으로써 상담가는 가족의 구조를 파악하고 문제를 파악하며 재구조화하는 데 정보를 얻고 방향을 설정할 수 있다.

㉣ 교류의 재구조화

합류하기와 실연화 등 구조적 가족치료 기법을 통해 가족구조의 문제를 파악하고 변화의 방향을 설정하는 과정을 거쳐 상호작용의 변화를 구성하는 것, 즉 가족의 재구조화는 교류의 재구조화로 이야기할 수 있다.

(3) 경험적 가족상담

가족문제를 둘러싼 통찰, 설명을 가족에게 해주기보다는 그들의 특유한 갈등과 행동양식에 맞는 경험을 제공하려 노력한다. 상담자가 제공하는 경험은 가족들이 자발적으로 자신을 열어보일 수 있는 기회, 표현의 자유, 개인의 성장 등을 의미한다. 대표 상담가로는 휘태커(C. Whitaker)와 사티어(V. Satir)가 있다.

① 주요 개념

경험적 가족상담은 개인과 가족의 정서적인 경험을 중요시하며 자아존중감, 의사소통 유형, 가족규칙 등을 중요하게 인식한다. 자신에 대한 스스로의 신뢰와 존중, 애정을 말하는 자아존중감은 경험적 가족상담의 궁극적인 목표로 가족 개개인의 자아존중감이 향상되면 선강한 의사소통을 할 수 있다고 생각한다.

② 상담개입

㉠ 상담목표

모든 가족원들에게 자아존중감을 심어줌으로써 그들이 자신의 개성을 깨닫도록 하며 자신의 견해를 스스로 표현하도록 한다.

ⓛ 가족의사소통 유형

가족의사소통 유형을 역기능 의사소통 유형인 회유형, 비난형, 초이성형, 산만형, 기능적 의사소통 유형인 일치형으로 구분하였다.

의사소통 유형 구분기준은 타인, 자신, 상황으로 모든 것을 다 합리적으로 고려한 경우는 일치형 의사소통을 사용하며, 세 가지 요소 고려 정도에 따라 회유형, 비난형, 초이성형, 산만형으로 나누어질 수 있다.

회유형은 자신을 무시하는 유형이며, 비난형은 타인을 무시하고, 초이성형은 자신과 타인을, 산만형은 타인과 자신, 상황을 다 무시하는 의사소통 유형이다.

ⓒ 가족조각 기법

한 가족원이 자신의 시각으로 본 가족의 한 상황을 조각으로 표현하는 것으로 개인이 인식한 가족원의 상징적인 모습, 상호작용 태도 등이 시각적으로 한눈에 나타나며, 조각에 대한 가족원 간의 소통을 통해 가족들은 가족 내 자신의 모습에 대한 새로운 인식과 경험을 할 수 있다.

ⓡ 원가족 도표

보웬의 가계도와 마찬가지로 가족 구성원의 특징, 의사소통 유형, 가족관계 등을 그림으로 나타낸 것이다.

(4) 해결중심 가족상담

드 셰이저(S. de Shazer)와 김인수에 의해 개발된 가족상담 기법이다. 내담자가 스스로 문제해결 방향과 해결능력을 가지고 있다고 여기므로 상담가는 내담자가 문제중심에서 해결중심으로 의식을 전환할 수 있도록 돕는다. 상담가는 내담자의 문제에 집중하기보다는 가족이 보유한 건강성을 찾으려고 시도한다.

① 주요 개념

상담가는 모든 사람은 이미 자신의 문제를 해결할 능력을 가지고 있다고 믿고 있으며 문제의 원인보다는 해결방법 찾기에 초점을 두었다.

그러기 위해 해결중심 가족상담가는 가능하면 예외적인 상황이나 아주 작은 변화와 같은 가족의 긍정적인 면을 발견하여 거기에 초점을 맞추려고 노력한다.

② 상담개입

㉠ 상담목표

해결중심 가족상담의 목표는 도움을 받으러 온 가족으로 하여금 그들 자신의 생활을 보다 만족스럽게 바꾸기 위해서 현재 하고 있는 것과는 다른 것을 하거나 생각해 내도록 하여 그들이 가지고 있는 문제를 해결하고자 하는 데 있다.

㉡ 주요 상담기법 – 다섯 가지 질문기법

해결중심 가족상담에서는 다섯 가지의 질문기법이 주로 사용되는데 상담 이전의 변화를 묻는 질문, 예외질문, 기적질문, 척도질문, 대처질문이 있다.

- 상담 이전 질문은 상담 신청 후 상담회기 전까지 변화를 묻는 질문이다.
- 예외질문은 문제되는 상황이 이루어지지 않았던 시기를 인지하는 질문으로 '문제가 일어나지 않았을 때는 언제인지' 질문하는 것이다.
- 기적질문은 기적상황을 상상해 보게 하고 그 상황에서 보이는 것들을 다양하게 질문하여 문제해결 상황이라고 이야기할 수 있는 기적이 일어나는 상황을 위해 어떤 변화들이 있어야 할지 인식하게 한다.
- 척도질문은 내담자들의 심리상황을 1~10점 사이 점수를 통해 구체적으로 드러나게 하는 것으로, 명확한 심리적 상태를 파악하는 데

유용한 질문이다.

- 대처질문은 현재까지 내담자가 문제상황을 어떻게 견뎌왔는지 질문하여 내담자 스스로 문제를 해결할 수 있는 자원을 가지고 있음을 확인하는 과정이다.

토론 및 생각해 보기

1. 현대사회에서 가족생활교육이 필요한 이유는 무엇인지 이야기해 보자.

2. 가족생활교육이 꼭 필요한 주제를 생각해 보고 그 이유가 무엇인지 논의해 보자.

3. 가족대상 상담 시 고려해야 할 한국 가족의 특징을 이야기해 보자.

Point Tip 가족사례 분석을 통한 가족생활교육 및 가족상담 실습

- 빈곤, 학대, 폭력 문제가 섞인 가족사례를 제시한다. 클래스 규모에 따라 사례 수를 선정하며, 한 조당 5~7명 정도가 바람직하다.
- 가능하면 가족대상 실천방법인 상담, 교육 계획을 한 반에서 다 해볼 수 있게 선정한다.

1) 사례 선정

제시된 사례는 개요적 특성이므로 사례 선택 후 학생들이 내용을 각색하여 진행하는 것이 가족대상 실천방법을 다양하게 작성하는 데 도움을 준다.

2) 사례 사정

(1) 가계도를 작성한다.

(2) 가족의 문제가 무엇인지 가족대상별로 나열한다.

(3) 조별로 논의하여 문제별 실천방법을 선택한다.

3) 실천기술 선택 및 근거 제시

(1) 실천기술 작성 시

- 생명 및 안전과 관련된 문제는 가장 먼저 시급히 다룬다.
- 폭력 및 자해 상황에 대한 실천방법은 외부와 연결할지 기관 내에서 상담으로

다룰지 논의한다. 폭력 및 자해 해결을 위한 직접적인 접근보다 가족관계 내 문제가 무엇인지 초점을 맞추어 주요 실천목적을 정하는 것이 바람직하다.

- 주요 문제는 사후 실천방법인 상담으로 진행을 논의하고 교육방법이 필요한 내용은 그 후 결정한다.

4) 실천실제 작업

(1) 가족상담 설계

(2) 가족생활교육 기획안 작성

5) 발표 및 피드백

- **실천기술 작성 시**

약 2주에서 3주가 소요되므로 학기 초부터 조별 과제로 제시하고 수업시간에 중간점검 등을 하고 학기 종강 즈음에 발표를 하는 것이 바람직하다.

볼거리

영화 '친애하는 우리 아이'(幼な子われらに生まれ, Dear Etranger, 2018)

평범한 가족을 꿈꾸는 44세 남자 '타나카'는 재혼해 아내, 그리고 그녀의 두 딸과 함께 살고 있다. 그는 출세에 대한 욕심도, 야망도 없이 가족을 위해 모든 것을 헌신하는 가장이다.

그러나 아내가 타나카의 새 아이를 임신하자 타나카와 가족들은 예상하지 못한 변화를 마주하게 된다. 재혼가족이 진정한 가족이 되기 위해 필요한 것들이 무엇인지 생각해 볼 수 있도록 메시지를 던져주는 영화이다. 영화 영어 제목이 이방인인 것도 눈여겨볼 필요가 있다.

출처 : 네이버 영화. https://movie.naver.com/movie/bi/mi/review.nhn?code=162406

CHAPTER 07

가족사례관리

학습목표

이 장의 학습목표는 사례관리 개념 이해와 함께 가족사례관리 필요성 및 과정에 대한 이해이다. 가족사례관리는 가족환경을 중심으로 수행하는 사례관리로서 가족에 대한 특성 이해를 기반으로 사례관리의 개념을 적용한 실천방법이다.

- 사례관리의 개념을 이해한다.
- 가족사례관리의 필요성에 대해 학습한다.
- 사례관리 과정을 이해하고 실제 사례적용 역량을 학습한다.

1. 사례관리 개념과 주요 관점

1) 사례관리 개념과 목표

사례관리란 클라이언트가 최적의 사회적 기능을 강화할 수 있도록 하기 위한 사정, 상담, 교육, 설계 그리고 옹호의 기술을 포함하는 창조적이고 협력적인 과정이다(Woodwide & McClam, 2006). 다시 말하면, 사례관리는 지역단위 복지자원의 효율적인 연계, 조정 등을 기반으로 다양한 제공주체 간의 협력, 욕구에 맞춘 자원확충 계획 및 확대를 시행해 나가는 효율적인 방안이다(류애정, 2011).

사례관리의 출발은 클라이언트의 문제가 중복적이고 복잡해지면서 지역사회에서 클라이언트를 효과적으로 보호하기 위해 다양한 전문기관 간의 협력이 필요하다는 점이다. 단일 기관에서의 치료적 서비스를 제공하던 전문가들이 기관을 벗어나 기관의 외부자원을 활용하여 실천하는 것은 협력과 조정을 통한 광범위한 접근으로의 전환을 말한다(송인주·박수선·신지현, 2014).

2013년에 미국의 NASW에서 발간한 사례관리 가이드에서는 사례관리의 개념과 목표를 제시하고 있다.

사회복지 사례관리(social work case management)의 정의는 '복합적인 문제를 가진 클라이언트에 대하여 서비스를 계획하고, 자원을 구하고, 클라이언트를 옹호하고, 진행된 서비스를 모니터링하기 위한 과정이다. 또한 사회복지 사례관리의 목표는 다층적 복합적 욕구를 가진 개인에게, 가능한 한 가장 효과적이고 효율적인 방법으로 질 높은 서비스를 조정하고 제공함으로써 클라이언트가 기능하도록 하고 그들의 웰빙을 강조하는 것(NASW, 2013)이다.

한편 통합사례관리는 개별 기관단위의 사례관리가 갖는 지역사회 자원 연계와 서비스 조정의 한계를 극복하고, 개별기관들 간의 네트워크 구축 또는 지역기반의 네트워크형 사례관리 체계(홍선미, 2010)와 공공 및 민간 서비스의 통합과 자원조정을 적극적으로 유지하는 수준에서 클라이언트 욕구중심의 통합적인 서비스 연계 효과를 강조하는 방법이다.

통합적인 사례관리의 필요성과 유용성은 기존 사례관리 체제에서 서비스 지역, 기관, 대상별, 영역별 사례관리의 방향을 재조정하며, 연계서비스의 활용과 중복 방지, 정보체계 구축을 통한 효율적인 통합서비스 전달은 궁극적인 사례관리의 목적을 달성하기 위해 매우 중요하다(도광조, 2011).

2) 사례관리 실천의 주요 관점

2012년 사회복지관 사례관리 매뉴얼에 따르면, 사례관리 실천의 주요 관점을 강점 관점으로 채택하고 있다. 클라이언트 체계에서 클라이언트의 역량강화는 사회적 상호작용을 하는 생태환경 속 개인이 병리적 문제보다는 강점에 초점화된 시각에 의해 권한부여(empowerment)를 기반으로 얻어진다(한국사회복지관협회, 2012).

(1) 강점 관점

강점 관점을 소개한 대표적인 학자 샐리비(Saleebey, 1992)는 강점 관점이 사회복지의 전문적 가치를 실천하는 필수적 가치관이라고 주장한다. 왜냐하면 인간의 존엄성 가치, 자기 결정을 증진시키고자 하는 사회복지의 가치가 클라이언트에 내재된 잠재력, 능력, 강점을 인지하여 이를 실현할 수 있도록 하고자 하는 것이 강점 관점이기 때문이다.

강점 관점은 기존의 문제에 초점을 둔 접근이 문제를 해결하지 못하는 것에 대한 반성적 인식에서 출발하여 발전하게 되었다. 이 관점은 만성정신질환을 가진 내담자들이 그들의 생활에서 원하는 것이 무엇인가에 초점을 두고 시작하였다. 클라이언트가 정신질환자라 하더라도 그 문제를 넘어서 자신의 삶을 건설할 수 있다는 전제에 기초한 것으로 병리적인 것에서 강점으로 실천 관점의 전환을 가지고 온 것이다.

(2) 권한부여 관점

강점 관점을 실천하는 하나의 방법으로 권한부여(empowerment)는 대표적인 실천개입의 전략이다. 권한부여를 실천하기 위해서는 협력과 파트너십 유지가 중요하다. 즉, 임상적 치료자가 아니고 클라이언트의 문제해결을 돕는 협력자 또는 파트너로 보는 관점이다. 또한 클라이언트를 소비자로 인식하는 시각이 있다. 즉, 클라이언트의 자기결정권을 강조하는 신념에 의한 실천이기도 하다(NASW, 1993). 클라이언트를 객체가 아닌 주체로 보는 관점이다.

2. 사례관리 실천의 전문성

1) 사례관리 기능

이효선과 남화수(2017)는 사례관리의 기능과 역할을 실천과정에서 혼동하지 말아야 한다고 강조하면서, 역할이란 일정한 자격을 가지고 하는 맡은 바의 일이며, 기능은 일정한 분야에서 어떠한 일을 해낼 수 있는 능력이라고 구분하였다(이근홍, 2015). 이효선과 남화수(2017)가 제시한 사례관리의 기능은 다음과 같다.

① 클라이언트와 서비스의 연결
② 사회적 관계망의 상호작용 촉진
③ 욕구 충족 및 문제해결 역량 강화
④ 서비스 제공기관 상호 간의 조정
⑤ 클라이언트에 대한 옹호

무어(Moore, 1990)는 사례관리의 기능으로 ① 개인의 능력을 사정해서 환경적 도전과 맞닥뜨리게 하는 것, ② 개인의 가족과 1차 집단의 보호능력을 사정하는 것, ③ 공식적인 보호체계 내의 자원들을 사정하는 것, ④ 개인들의 환경적 도전에 맞닥뜨릴 때 그들 개인적인 자원들을 활용할 수 있도록 하는 것, ⑤ 가족들과 1차 집단들의 보호 수행 능력을 확장할 수 있도록 하는 것, ⑥ 개인들로 하여금 공식·비공식 자원 활용을 위한 효과적인 교섭을 촉진하는 것, ⑦ 가족이나 1차 집단과 공식보호 체계 간에 효과적인 상호교환을 촉진하는 것, ⑧ 개인의 욕구를 지속적으로 평가하는 일, ⑨ 개인이 가족이나 1차 집단뿐 아니라 공식적인 보호체계에 의해 적절하게 지원받고 있는 정도를 평가하는 일, ⑩ 가족이나 1차 집단의 노력이 공식적인 보호체계의 노력과 통합되어 있는 정도를 평가하는 것 등을 들고 있다.

2) 사례관리 실천방법

사례관리 실천은 기본적으로 서비스 연결, 서비스 조정, 서비스 협상, 자원동원, 옹호 등이다. 다섯 가지 모두는 서비스나 자원을 연결하기 위하여 이루어지는 것으로 사례관리는 서비스나 자원을 연결하는 것이 핵심이다(한국사회복지관협회, 2012).

① **서비스 연결** : 서비스 연결은 클라이언트를 다른 기관으로 의뢰하여 서비스와 연결하고 관계를 구축하여 주는 것이다.

② **서비스 조정** : 클라이언트가 보유한 복합적인 욕구에 필요한 다양한 서비스나 전문가를 공통된 목표에 달성할 수 있도록 조정하고 통합하는 역할을 수행한다.

③ **서비스 협상** : 서비스 협상은 클라이언트가 서비스/ 자원을 이용하는 데 어려움을 가지게 되는 경우 이를 극복할 수 있도록 돕는 것이다.

④ **자원동원** : 클라이언트가 의식주, 경제적 지원 등 필요로 하는 자원을 획득할 수 있도록 돕는 것이다.

⑤ **옹호** : 옹호는 서비스를 얻을 수 없을 때나 클라이언트의 주장이 받아들여지지 않을 때, 클라이언트의 입장을 대변해 주는 것이다.

3) 클라이언트의 범위

사회복지관 사례관리 매뉴얼(2012)에 의하면, 사회복지관에서 사례관리 대상이 되는 클라이언트의 범위는 일률적인 규정이 거의 불가능하고 각 사회복지관의 내·외부 협의 과정을 통해 규정해 나가야 한다고 하였다(한국사회복지관협회, 2012). 이 중 특별히 사회복지관에서 관심을 기울여야 하는 클라이언트의 일반적인 특성은 다음과 같다.

- 복합적인 문제를 가지고 포괄적이고 체계적인 방법으로의 지원이 필요한 클라이언트
- 경제적·사회적·정서적 위기에 처한 클라이언트
- 질병 및 외적 요인에 의해 가족 구성원의 역할 상실이 진행되고 있는 클라이언트
- 자녀 양육과 보호가 제대로 이루어지고 있지 않은 클라이언트
- 문제해결을 위해 적극적으로 노력하고 참여하는 클라이언트
- 외부 지원 없이 기본적인 생계가 곤란한 클라이언트

- 외부 기관 및 단체에서 의뢰된 클라이언트로 서비스를 제공받기를 원하는 클라이언트
- 기관 내 서비스 이용자 중 사례관리를 요청한 클라이언트

4) 사례관리자의 역할

사례관리자는 지역사회 내 자원 연계와 조정을 중심으로 복합적이고 만성적인 문제를 가진 대상자의 생활기능을 높이기 위한 실천과정을 수행하는 전문가이다. 쉐퍼 등(Sheafor et al., 2006)은 사례관리자가 공통적으로 담당하는 활동으로 다음의 일곱 가지를 제시하였다(한국사례관리학회, 2015).

① 정보수집과 사정 활동
② 서비스 계획
③ 프로그램 배치 및 서비스 제공, 조정활동
④ 사례계획의 수행 정도 점검
⑤ 기관 간, 클라이언트와의 지속적이고 원활한 의사소통
⑥ 클라이언트 옹호 활동
⑦ 지역사회 활동

3. 가족사례관리

1) 가족사례관리의 개념

가족사례관리는 사례관리의 개념을 가족체계를 대상으로 시행하는 것으로 사례관리 방법에 대한 이해와 가족에 대한 이해가 동시에 수반되어야 하는 실천기술이다.

사회복지실천에서 사례관리에서의 가족 관점에 대한 논의가 시작되었고,

그 결과 지역사회의 빈곤, 한부모가족, 조손가족, 심각한 질병이나 장애를 가진 가족원들을 둔 가족들에게는 가족기능을 중심으로 한 가족중심 사례관리 시행이 더 바람직하다는 결과가 나타났다(김성천·박지영, 2012). 또한 영국, 미국, 캐나다 등의 국가에서도 이미 가족중심 사례관리(FFCM : Family Focused Case Management) 또는 가족사례관리(FCM : Family Case Management) 방법이 정부와 민간 차원에서 활발히 시행되고 있어 그 중요성이 인정되고 있다(김미숙 외, 2011).

가족사례관리와 유사한 개념으로 '가족중심 사례관리', '가족대상 사례관리'라는 개념으로 다양하게 쓰이고 있는데, 이 장에서는 가족사례관리라고 통일하여 진행한다.

지금까지 가족사례관리 연구는 주로 한부모가족과 조손가족을 대상으로 진행되었는데, 한부모가족 대상 사례관리 선행연구로는 사회복지실천현장에서 사례관리를 시행한 후 긍정적 효과를 검증한 연구(김수현·박은철·김소임, 2001; 노혜련·유성은, 2007; 박석란, 2008; 박진영, 2002; 손나리, 2006)와 조손가족과 한부모가족을 포함한 취약가족 중심 사례관리실천의 효과를 분석한 연구 등이 있다(강기정, 2008; 강기정·박수선, 2013; 박수선, 2013).

또한 지역사회 사례관리체계 구축과 관련하여 통합사례관리 체계를 주제로 한 위기가족 중심 사례관리 연구(김승권·황성철·김연우, 2012; 홍선미, 2010)가 있는데, 이 중 김승권 등의 연구는 2010년부터 3년 동안 조사된 연구로 취약·위기가족 및 다문화가족의 예방 맞춤형 복지체계 구축을 위해 통합 사례관리 모형을 제시하고 평가하며, 통합사례관리의 효과성 및 효율성을 측정하였다. 그 결과 위기가족에 대한 통합사례관리의 효과성이 입증되었고, 위험 수준이 높은 가족중심의 집중적인 사례관리가 필요하며, 사례관리자의 역량 강화 및 업무부담 감소를 주장하고 있다. 홍선미(2010)의 연구에서는 경기도 통합사례관리 모형을 중심으로 위기가족 지원을 위한 사례관리의 효과성을 도출하였으며, 지역사례관리체계 구축방안을 제시하였다.

2) 가족사례관리 현황

가족사례관리의 필요성과 중요성이 강조되기는 하나, 핵심적인 구성요소, 철학, 사례관리자 자격 등에 있어 사례관리체계에 대한 논의는 다양하다.

도광조(2010)는 클라이언트와 가족, 공식·비공식 자원체계 등에 대한 서비스 상황을 상시 모니터할 수 있는 체계가 필요하며, 기관에서 담당하는 대상자나 사업의 특성에 따라 전문 사례관리자를 배치하여 기관의 서비스 체계를 사례관리 중심으로 전환해야 함을 주장하고 있다. 서혜미(2012)는 사례관리의 효과적인 수행을 위해서는 환경 차원의 구조적 체계가 마련되어야 하며, 이를 위해 사례관리 수행요소가 먼저 확인되어야 하는데, 특히 클라이언트의 특성에 따른 사례관리의 전문적인 접근이 수행되어야 함을 강조하고 있다.

이에 가족복지 대표 전달체계인 건강가정지원센터의 사례관리사업은 가족 및 개인을 포함한 클라이언트의 삶의 질 향상을 위해 내·외부 자원을 발굴, 연계하여 가족중심으로 서비스를 설계하고 연계하고 있다. 즉, 가족중심 클라이언트와 클라이언트 환경 체계의 역량 강화, 그리고 서비스의 효과성 증진을 목적으로 개인을 포함한 가족을 대상으로 사례관리사업을 수행하고 있다.

현재 지역사회의 사례관리 실천에 있어서 가족 대상의 재가복지 및 가족지원 서비스에 사례관리가 필요함을 강조하지만, 가족의 특성에 대한 기본 이해를 포함한 대상자에 대한 폭넓은 이해, 구체적인 개념 및 실천방법을 가지고 있지는 않은 실정이다. 가족사례관리는 실천(practice)과 체계(system) 구축이라는 두 가지 측면이 필요하며, 이를 위해서는 지역사회의 공공, 민간 사회복지 서비스 기관들의 네트워크가 필수적이다.

가족역량 강화를 위한 공공정책인 취약가족을 위한 사례관리로 보건복지부의 2004년 '취약 여성 가구주 사례관리' 사업을 시작으로 하여 2012년 현재 여성가족부의 가족역량 강화사업 중 세부 서비스의 하나로 취약 한부모가족 역량 강화를 위한 사례관리가 시행되고 있다. 31개의 지역별 건강가정지원센터가 지속적인 사례관리를 실시하면서, 지역사회 자원을 발굴·연계하는 과정을 진행 중에 있으며, 2011년 사업 진행 평가 결과 한부모가족의 경제적 자립 기반 조성, 가족기능 강화 면에서 높은 성과를 보이는 것으로 나타났다(김명희, 2012).

또한 다문화가족지원센터는 다문화가족의 복합적이고 다차원적인 욕구 충족을 위한 사례관리 서비스의 필요성에 따라 2012년부터 '다문화가족 사례관리' 시범사업을 17개 지역에서 실시하였으며, 2013년 현재 50개 지역에 확대하여 시행되고 있다. 다문화가족의 초기 정착 및 적응 지원과 가족기능 회복을 목적으로 맞춤형 사례관리 사업이 진행되고 있다.

4. 가족사례관리 과정

사례관리의 단계로는 현재 특정 기능을 수행하는 방법 또는 서비스에 대한 통제나 접근에 따라 다양하게 제시되고 있지만 대체로 사례관리 실천과정은 목슬레이(Moxeley, 1989)가 제시한 사정(assessment), 서비스 계획(service planning), 직접 또는 간접 개입(direct and indirect intervention), 모니터링(monitoring), 재검토 또는 평가(review and evaluation)의 5단계로 이루어지는 것이 일반적이며, 때로 접수상담(intake)이 포함되기도 한다.

가족사례관리는 대상이 가족이라는 점을 중심으로 사례관리가 진행된다. 따라서 사례관리 전에 대상 가족에 대한 이해가 충분히 이루어져야 한다.

〈표 7-1〉 사례관리 과정별 주요 내용

구 분	주요 할 일
접수상담 (초기과정)	• 사례의 확인 또는 발견 - 자발적인 방문, 유관기관 의뢰, outreach에 의한 발견 등 • 심사, 접수 상담 및 등록 - 대상자의 문제 식별, 서비스 자격 여부 확인 등 - 대상자 선별 등을 위한 사례회의 실시
사 정	• 신체적·정서적·사회적 욕구 파악 • 대상자와 그 가족이 동원할 수 있는 자원 사정 • 욕구충족에 방해되는 장애물 사정
서비스 계획	• 계획 수립 : 적절한 서비스 유형, 서비스 제공에 필요한 시간, 지역사회 기관 및 대상자와 그 가족이 취할 역할들을 구체화함. 수립된 계획 점검을 위해 사례회의 또는 통합사례회의를 실시
개 입	• 서비스 전달 및 조정 : 수립된 계획에 근거하여 대상자의 욕구해결에 필요한 사회자원을 연결 및 조정해 줌
점 검	• 연결된 서비스의 적절성, 서비스의 질, 대상자의 욕구 해결 정도 등을 점검 후 필요시 재사정 단계로 환류
평가 및 종결	• 평가를 통해 종결, 재사정 및 개입 계획단계로 환류 • 종결 사례에 대한 기록 정리 후 보관 • 종결 후 사후관리에 대한 동의 확인, 재접촉을 위한 채널 확보

출처 : 한국사례관리학회(2014), pp. 123-129 재구성.

1) 접수상담(인테이크)

접수상담은 지역사회 내 사례를 발견하는 과정과 접수된 사례를 상담하여 대상자 욕구 및 적격성을 파악하는 과정으로 구성된다.

① **사례발견** : 직접방문, 의뢰, 아웃리치

② **접수상담(intake)** : 대상자 욕구 및 정보 수집, 적격성 파악

예 <표 7-3> 접수 상담 기록지, <표 7-4> 사례관리 동의서

<인테이크 시 스크리닝을 위한 필수 요소>

• 이름, 나이, 결혼 여부, 주거상태와 같은 개인 및 가족 배경정보
• 의뢰 및 원조 추구 이유
• 이미 이용하고 있는 지지 내용(공식·비공식적 자원)
• 즉각적인 조처가 필요한지 여부 평가(위기개입 혹은 보호서비스)
• 수입, 연령, 다른 요구조건과 관련하여 수혜자격 여부 결정

출처 : Quinn, J.(1993), 장인협(1995), p. 115 재인용.

2) 사 정

사정단계는 일회성이 아니며 가계도와 생태도를 사용하여 대상자와 가족의 욕구 및 상황 변화에 따라 재사정이 이루어져야 한다. 이에 따라 서비스 계획과 서비스 수행 등 이후 과정이 달라진다.

사정단계에서 파악하게 되는 사회적 자원에 대한 사정은 가족원의 주변 환경에 대해 다방면으로 파악하여 가족원 및 가족을 둘러싼 주요 자원 유무와 정도를 파악하는 것이 중요한데, 그 내용은 다음과 같다.

- 물리적으로 클라이언트의 건강과 안전을 유지할 수 있는 환경인가?
- 친구, 친척, 이웃, 여타의 사회적 기관으로부터 도움을 받을 수 있는가?
- 의미 있고 책임 있게 신뢰하는 지역사회와의 연대가 있는가?
- 정신적·심리적 건강을 유지할 수 있는 적절한 방법과 자원이 있는가?
- 안전하고, 신뢰할 수 있고, 적합한 가족서비스에 접근할 수 있는가?
- 여가를 위한 시설에 접근 가능한가?
- 시민으로서의 권리를 행사할 수 있고 자원을 이용할 수 있는 교통수단이 있는가?
- 경찰 및 소방에 대한 보호와 합리적 범위 안에서의 안정성을 보장받을 수 있는가?
- 안전하고 건강하게 일할 수 있는 조건을 가지고 있는가?
- 삶을 영위하는 데 중요한 자원을 살 수 있는 경제적 자원을 가지고 있는가?
- 만약 아동과 함께 사는 클라이언트의 경우, 아동을 보호할 수 있는 주거환경을 가지고 있는가?
- 자신의 성장과 교육을 위한 기회가 있는가?
- 법적 지원에 접근할 수 있는가?
- 직업을 구할 수 있는 기회를 가지고 있는가?

출처 : 이효선·남화수(2017). 사회복지실천을 위한 사례관리-사례중심실천 접근.

<표 7-2>는 다음 사례관리 사정양식에 기입한 사례관리 사례 사정 내용이다. 표에서 볼 수 있듯이 사정영역은 욕구 사정, 강점 사정, 자원 사정, 장애물 사정 등으로 나누어질 수 있다.

〈표 7-2〉 사례관리 사정영역 사례

<table>
<tr><td>이름</td><td>김○○</td><td>성별</td><td>남</td><td>연령</td><td>2000년 5월 8일(13세 4개월)</td></tr>
<tr><td>사정 일시</td><td>2013. 2. 14.</td><td>유형</td><td>■신규 □재사정</td><td>사례관리자</td><td>장○○</td></tr>
</table>

<table>
<tr><td colspan="6">서비스 이용자 및 가족 사정 영역</td></tr>
<tr><td colspan="6">1. 서비스 이용자 및 가족의 주요 욕구 및 우선순위</td></tr>
<tr><td colspan="5">• 경제적 부담 완화를 통한 자녀들의 안정된 양육과 돌봄
• 하루 종일 자녀를 돌보아야 하는 모의 양육 스트레스와 건강 지원
• 김○○의 기능 향상을 위한 학습 및 정서적 지원</td><td>욕구 사정</td></tr>
<tr><td colspan="6">2. 서비스 이용자 및 가족의 강점과 능력</td></tr>
<tr><td colspan="5">• 어머니와 자녀 간의 안정된 정서적 유대감
• 어머니가 자녀들을 예뻐하고 아이들에 대한 강한 책임감을 가지고 있음 : 아이들의 성장을 위해 자신이 해야 할 일에 대한 수행 의지 강함
• 김○○은 밝고 타인에게 친근하게 굴고 잘 따름</td><td>강점 사정</td></tr>
<tr><td colspan="6">3. 서비스 이용자 및 가족의 지원, 자원(비공식적 자원, 지역사회의 자원, 공식적 자원, 지지망)</td></tr>
<tr><td colspan="3">• 유○○(이모)
• S병원 환우 부모회
• SM 교회
• Y종합사회복지관 결연 후원금
• H장애인종합복지관 재가복지 서비스</td><td colspan="2">• W장애인복지관 활동보조인서비스
• L복지관 휠체어 대여
• 서울J특수학교 순회교사
• S병원 의료사회사업실</td><td>자원 사정</td></tr>
<tr><td colspan="6">4. 서비스 이용자 및 가족의 고려점(장애물 : 내부·외부 장애물)</td></tr>
<tr><td colspan="5">• 희귀 난치성 질환 : 잦은 골절과 이로 인한 고열 등으로 인한 잦은 병원 이용과 활동의 제한성, 이로 인해 사회적 관계를 맺거나 활동 거의 불가
• 형제의 장애 : 큰형이 같은 장애를 가지고 있음
• 중복장애 : 지적 문제
• 모의 갑상선 암 : 주 양육자이며 유일한 보호자인 어머니가 건강이 좋지 않음
24시간 자녀 양육으로 인한 어머니의 스트레스 및 육체적 피로가 증가</td><td>장애물 사정</td></tr>
<tr><td colspan="6">※ 개인 기능 및 잠재적 능력 사정 영역</td></tr>
<tr><td colspan="6">□사회 ■의료 ■심리 □교육 □언어 □직업 □기타( )</td></tr>
<tr><td>영역</td><td>사정 도구</td><td>사정 결과</td><td>차기 과제</td><td>평가자</td><td>비고 및 특이사항</td></tr>
<tr><td>의료</td><td>재활 의학과 진단</td><td>• ADL : 독립적 화장실 사용
• 감각 : 촉각, 통각 고유 수용성 감각 감소
• 항생제 부작용 : 피부염
• 지적장애 : 일상 소통 가능</td><td>• 지속적인 재활 및 장기적 관찰 필요</td><td>S병원</td><td>진단서 참조</td></tr>
<tr><td>심리</td><td>사회 성숙도 검사</td><td>• SA(사회연령) : 2세 6개월
• SQ(사회지수) : 19.05 (요보호 수준)</td><td>• 보호자의 감독 및 보호 없이는 독립적인 활동이 어려움
• 인지발달을 위한 교육 및 도움 필요</td><td>심리치료사</td><td>심리진단지 참조</td></tr>
<tr><td colspan="2">사례관리 수준</td><td colspan="4">□일반 ■집중 □긴급 □잠재적 사례관리</td></tr>
</table>

출처 : 한국장애인복지관협회(2016). (2016년도) 전국장애인복지관 사례관리 고급과정 교육연수, pp. 52-57.

3) 서비스 계획

가족사정 결과를 토대로 기관에서 가능한 서비스의 계획이 수립되는 단계이다. 이 단계에서 클라이언트 가족과 사례관리자의 상호 간 합의된 목표가 수립되며, 목표의 우선순위에 따라 서비스 순서가 결정된다.

예 <표 7-5> 실행계획서

4) 직접 또는 간접 개입-서비스 실행

계획한 서비스를 실행하는 과정으로 직접적인 개입과 간접적인 개입으로 나누어진다. 직접적인 개입에는 교육, 지지, 격려, 위기개입 등이 있으며, 자원의 연결, 중개, 옹호 등은 간접 개입에 해당된다.

5) 모니터링(점검)

모니터링은 서비스의 흐름, 클라이언트, 서비스의 진행과정 등이 사례관리의 목표에 부합되게 잘 진행되고 있는지 점검하고 조정하는 단계이다.

6) 평가 및 종결

진행된 사례관리 과정에 대해 평가하고 재검토하여 현 상황을 확인하고 종결을 준비하는 단계로 클라이언트의 삶에 영향을 미친 사례관리의 성과가 명확히 드러날 수 있는 단계이다.

〈표 7-3〉 접수 상담 기록지의 예시

접수 상담(인테이크) 기록지

<table>
<tr><td>접수 번호</td><td></td><td>상담 일시</td><td></td></tr>
<tr><td>초기 상담자</td><td></td><td>상담 장소</td><td>□자택 □기관 내방
□전화 □기타( )</td></tr>
<tr><td>의뢰 자료</td><td colspan="3"></td></tr>
<tr><td>상담 의뢰 경로</td><td colspan="3">□ 이용자 요청 □ 사례관리자의 발굴
□ 기관 내부( ) □ 타 기관이나 단체( )
□ 이웃주민( ) □ 기타( )</td></tr>
</table>

<table>
<tr><td>이용자 성명</td><td></td><td>주민등록번호</td><td></td></tr>
<tr><td>주소</td><td></td><td>연락처</td><td></td></tr>
<tr><td>보호자(후견인)</td><td>성명 : (관계)</td><td>연락처</td><td></td></tr>
<tr><td>장애 유형/등급</td><td></td><td>건강상태</td><td>□양호 □질환( )</td></tr>
<tr><td>지원 여부</td><td colspan="3">□수급자 □차상위 □의료급여 □건강보험 □장애연금
□노령연금 □장애아동수당 □기타(장애활동보조, 보육료, 국가유공자 등)</td></tr>
<tr><td>주거 상태</td><td>□자택 □영구임대 □무료임대( )
□월세(보증금 원/월세 원)
□전세(원) □기타( )</td><td>종교</td><td>□불교 □기독교
□유교 □가톨릭
□기타( )</td></tr>
<tr><td>개인력</td><td colspan="3"></td></tr>
<tr><td>가족력</td><td colspan="3"></td></tr>
</table>

<table>
<tr><td>이용자 요구</td><td colspan="2"></td></tr>
<tr><td>보호자 요구</td><td colspan="2"></td></tr>
<tr><td colspan="2">가계도</td><td>생태도</td></tr>
<tr><td colspan="2"></td><td></td></tr>
<tr><td rowspan="2">상담자 평가 및 의견</td><td colspan="2"></td></tr>
<tr><td>개입 여부 평가</td><td>□대상 (긴급 여부 : □예 □아니요)
□비대상 (□정보 제공 : □연계 :)</td></tr>
</table>

출처 : 박은미·정익중(2012). 사례관리의 이해–유아보육과 사회복지의 통합적 접근.

〈표 7-4〉 사례관리 동의서 예시

사례관리동의서

접 수 일		주민등록번호	
이 용 자	확인 (인)	연 락 처	
보 호 자	확인 (인)	연 락 처	

○ (기관) 서비스 제공 동의

1. (사례관리) 필요로 하는 복지서비스를 제공하겠습니다.
   본 기관은 통합적인 사례관리를 통해 귀하에게 필요한 복지서비스를 제공하도록 노력하겠습니다.
2. (비밀보장) 개인정보에 대한 비밀을 보장하겠습니다.
   귀하께서 주시는 정보는 사례관리를 위한 목적으로만 사용되며, 그 외에 개인적인 정보는 유출하지 않을 것을 약속합니다.

○ (이용자) 서비스 제공 동의

1. (사례관리 동의) 사례관리 서비스 제공에 동의합니다.
   본인은 귀 기관에서 제공하는 사례관리 서비스 제공 활동에 동의합니다.
2. (상호 협조) 서비스 제공 기관에 협조하겠습니다.
   본인은 서비스 제공 과정에 문제나 어려움이 있을 때 귀 기관에 협의하며, 신상 변동 등 사례관리와 관련하여 귀 기관에서 필요로 하는 것을 적극적으로 협조하겠습니다.
3. (정보 제공) 필요시 본인의 정보를 제공하겠습니다.
   필요한 경우 동의하에 서비스 제공 기관에 본인의 정보를 제공할 것을 허락합니다.

20○○. ○○. ○○.

주　　소 : 대전광역시 중구 문화동
연 락 처 : 042-○○○-○○○○
사례관리자 : ○○○ 확인 (인)

사회복지 OO 직인

출처 : 박미은·정익중(2012). 사례관리의 이해-영유아보육과 사회복지의 통합적 접근.

〈표 7-5〉 실행계획서

실행계획서

대상자명 : ○ ○ ○ 작성일 : 사례관리자 : ○ ○ ○ (인)

영역	CT의 문제 및 욕구	합의된 목표	실행계획	기 간	외부자원 연계 및 자원 확보방안
주거 환경	• 창문에 바람이 많이 들어와 스티로폼으로 창문을 막아 햇빛이 들어오지 않음 • 습기로 인한 곰팡이가 발생	• 창문과 단열시공으로 조경 및 환기 가능 • 도배 등의 주거환경사업 진행	에너지효율개선사업, 창문 단열 진행	1~12월	한국에너지재단
			주거환경개선사업 도배 지원	6월	도봉구청 주택과
경제 및 기초 생활	• 연체된 월세로 퇴거 위기 • 생활필수품에 대한 부족함 • 난방비에 대한 부담으로 보일러를 기동하지 못함	• 연체된 월세 대납으로 거주지 안정 • 생필품 지원으로 경제적 부담 경감 • 난방비 지원으로 겨울철 따뜻한 주거환경 조성	희망온돌 위기기금 지원(연 3회)	3~5월	서울복지재단
			물품 나누기	상시	복지관 자부담 외부지원사업
			KT & G 복지재단 난방비 지원	1~12월	KT & G 복지재단
가족 관계 및 안전 영역	• 5년 전부터 자녀와의 관계 결여로 인한 외로움 증가	• 외로움 해소를 위한 말벗활동 참여 • 외부활동을 통한 외로움 해소	도움의 전화 진행 (주 1회 안부전화)	1~12월	도움의 전화 봉사단
			어르신 나들이 (연 2회)	5월, 10월	복지관 나들이
건강 및 일상 생활	• 원하는 식단을 홀로 준비하는 데 어려움	• 규칙적인 식사생활로 건강 유지 • 일상생활 도움으로 외부활동 가능	도시락 지원 (주 7회)	1~12월	도봉구청 지원
			사랑의 빵 나누기 (분기 1회)	1~12월	나누미 봉사단
			재가관리사 파견 (주 1회)	1~12월	도봉구청 지원
사례관리자의 역할		• 도시락 배달 시 규칙적인 식생활 확인, 매일 안부 확인 • 외부지원사업을 통한 상시적 생필품 지원과 후원자 및 안부전화 봉사자관리			
클라이언트의 역할		• CT 본인이 스스로 영양 있는 식사를 할 수 있도록 정확한 식사시간 지키기 • 부족한 생필품에 대한 욕구를 사례담당자에게 알리고 과도한 생필품 소비 줄이기 • 봉사자 및 재가관리사에 대한 기본적 예의 지키기			

출처 : 최영대(2014). 사례관리의 이론과 실제-창동종합사회복지관 사례를 중심으로.

토론 및 생각해 보기

1. 현대 가족의 특징에 따른 바람직한 실천방법에 대해 이야기해 본다.

2. 현대사회에서 가족대상 사례관리에 적용 가능한 최근 사례를 선택하여 사례관리 틀에 적용하여 작성해 보자.

읽을거리 송파 세 모녀 사건 뒤 5년… '복지 사각지대' 여전, 왜?

송파 세 모녀 사건 이후 이른바 '복지 위기 가구'를 발굴하는 노력은 확대되었으나 복지사각지대는 여전히 존재한다. 복지사각지대에 살고 있는 93만 명에 추산되는 사람들은 복잡한 도시에서 여전히 '외딴 섬'처럼 고립된 삶을 살고 있다. 그 이유는 무엇이고 해결책은 무엇일까?

출처 : KBS 뉴스(2019. 1. 23). https://news.naver.com/main/read.nhn?mode=LPOD&mid=tvh&oid=056&aid=0010664016

PART 03

가족복지의 주요 이슈와 실제

CHAPTER 08

빈곤과 가족복지

학습목표

이 장에서는 빈곤가구를 규정하는 기준을 살펴보고, 우리나라 빈곤가구의 현황과 특성을 파악해 빈곤계층에 속하는 가족들의 주요 문제점을 정리해 본다. 빈곤계층에 속하는 가족들을 위해 연계 지원할 수 있는 정책과 실천현장에서의 사회서비스를 학습해 실무자로서의 역량을 강화하도록 한다.

- 빈곤의 개념과 현황을 이해한다.
- 빈곤가족의 특성과 문제점을 파악한다.
- 빈곤가족을 위한 지원정책과 서비스를 이해할 수 있다.

1. 빈곤의 개념과 현황

1) 빈곤의 개념

빈곤은 인간이 생물학적 생존을 유지하는 데 필요한 최소한의 물질적 자원이 결핍된 상태를 의미하며, 나아가 교육과 의료 혜택, 문화적 생활에 대한 욕구를 충족시킬 수 없는 상태를 포함하는 개념으로까지 이해되고 있다. 즉, 빈곤의 개념은 사회적 불평등을 포함하며, 동시에 개인의 열망과 성취, 자아실현 등 심리적 차원의 박탈과 문화적 가치로부터의 소외 등을 포함하는 의미로 해석되기도 한다(문혁준 외, 2014). 따라서 빈곤은 해당 국가의 사회경제적 상황이나 시대문화적 특성, 그리고 학자들의 관점에 따라 다양한 기준이 적용될 수 있다.

빈곤가족이란 물질적 결핍, 심리정서적 손상, 사회문화적 소외와 제도적 배제로 인해 가족 전체 혹은 가족 구성원들이 생활을 영위하는 데 기본적 욕구가 충족되지 못하여 안녕이 깨어진 상태의 가족으로 정의할 수 있다(김혜경 외, 2014).

사회적 빈곤 현상을 이해하거나 정책과 서비스 지원을 위해 일반적으로 개인이나 가구 단위의 빈곤율을 활용하는데, 적용되는 빈곤의 개념으로 경제학자들이 빈곤선 개발에 주로 이용했던 절대적 빈곤이나 상대적 빈곤, 주관적 빈곤에 대한 개념이 이용된다. 이 개념들은 가족복지 실천현장에서 만나는 대상 가족의 종합적인 기초 생활을 파악할 때 적용된다.

(1) 절대적 빈곤

절대적 빈곤은 객관적으로 결정한 절대적 최저한도보다 미달되는 상태를 의미한다. 즉, 의·식·주 등 인간의 기본적인 생존욕구를 충족하는 데 필요한 최소한의 자원이 부족한 상태로, 최저 생활 유지에 요구되는 생계비나 영양을 충족하지 못하는 상황을 말한다(이성희 외, 2012). 절대적 빈곤선은 인간에게 요구되는 최소한의 1일 칼로리 섭취량을 기준으로 한 식료품비, 식품비가 가계지출에서 차지하는 비율(엥겔지수), 최소한의 생필품을 구입하는 데 드는 비용 등으로 정해진다. 과거 우리나라는 2014년까지 국민기초생활보장제도의 급여기준을 절대적 빈곤 개념의 전물량 방식의 최저생계비로 하였다(보건복지부·국토교통부·교육부, 2017).

<전물량 방식(market basket 방식, Rowntree 방식)>

인간생활에 필수적인 모든 품목에 대해 최저한의 수준을 정하고, 이를 화폐가치로 환산(가격 × 최저 소비량)한 총합을 구하는 방식으로, 과거 우리나라는 2014년까지 이 방식으로 최저생계비를 산정하였다.

(2) 상대적 빈곤

상대적 빈곤은 속해 있는 사회 내에서 타인과 비교해 적게 가진 상태를 의미한다. 상대적 빈곤은 그 사회의 전반적인 생활 수준과 비교해 언급되므로 사회경제적 발전에 따른 상대적 박탈이나 불평등의 개념과도 관련되어 설명될 수 있다. 따라서 상대적 빈곤선은 그 사회 내 개인이나 가족의 평균소득 혹은 중위소득, 지출과 같은 경제지표를 이용하여 특정 수준을 정하고 이를 기준으로 일정 수준 이하일 경우로 빈곤 여부를 판단한다(이진영, 2017). 이에 한국은 중위소득의 50%를 빈곤 기준선으로 두고 이에 미치지 못하는 인구의 비율을 상대적 빈곤율로 제시하고 있다(통계청, 2018). 그 외에도 기준 영역을 확장해 교육이나 노동시장에서의 기회 박탈 등을 논할 때 타인 혹은 타 계층과의 비교를 통해서도 상대적 빈곤이 논의되기도 한다.

우리나라는 2015년부터 국민기초생활보장제도의 운영을 맞춤형 급여제도로 개편하면서(보건복지부·국토교통부·교육부, 2015) 중위소득과 연동한 상대적 빈곤 개념의 급여별 선정기준을 도입하여 최저보장 수준으로 삼고 있다.

<국민기초생활보장제도의 기준 중위소득 및 급여별 선정기준과 최저보장 수준>

※ 보건복지부장관과 소관 중앙행정기관의 장은 매년 8월 1일까지 법령에 의거해 중앙생활보장위원회의 심의·의결을 거쳐 다음 연도의 수급자 선정기준 및 최저보장 수준을 공표해야 한다.

- 최저보장 수준 : 국민의 소득지출 수준과 수급권자의 가구 유형 등 생활실태, 물가 상승률 등을 고려하여 급여의 종류별로 공표하는 금액이나 보장 수준
- 기준 중위소득 : 국민기초생활보장법에 따라 급여의 종류별 최저보장 수준의 기준이 되는 소득

<예> 2020~2021년 기준 중위소득(단위 : 원/ 월)

가구원 수		1인	2인	3인	4인	5인	6인
기준 중위소득	2020년	1,757,194	2,991,980	3,870,577	4,749,174	5,627,771	6,506,368
	2021년	1,827,831	3,088,079	3,983,950	4,876,290	5,757,373	6,628,603

<예> 2021년 급여별 선정기준 및 최저보장 수준(단위 : 원/ 월)

가구원 수		1인	2인	3인	4인
교육급여 (중위 50%이하)	2019년	853,504	1,453,264	1,880,016	2,306,768
	2021년	913,916	1,544,040	1,991,975	2,438,145
주거급여	2019년(중위 44% 이하)	751,084	1,278,872	1,654,414	2,029,956
	2021년(중위 45% 이하)	822,524	1,389,636	1,792,778	2,194,331
의료급여 (중위 40%)	2019년	682,803	1,162,611	1,504,013	1,845,414
	2021년	731,132	1,235,232	1,593,580	1,950,516
생계급여 (중위 30%)	2019년	512,102	871,958	1,128,010	1,384,061
	2021년	548,349	926,424	1,195,185	1,462,887

생계급여의 최저보장 수준은 생계급여와 소득인정액을 포함하여 생계급여 선정기준 이상이 되도록 한다.

출처 : 국민기초생활보장법(2021); 보건복지부.

(3) 주관적 빈곤

주관적 빈곤은 각 개인이 스스로 느끼는 상태에 주목하는 개념이므로 체감 빈곤이라고 지칭하기도 한다. 예를 들어, 동일한 소득 수준이어도 해당 가족의 욕구와 소비 선택에 따라 부족함을 느끼는 정도가 달라 객관적으로 중산층에 속하지만 자신의 가족이 빈곤층에 속한다고 생각할 수 있는데, 이러한 체감 정도를 반영한 개념이다. 주관적 빈곤은 복지 수혜자가 체감하는 빈곤이라는 점에서 복지정책의 실효성을 평가하는 지표로 사용되기도 하며, 본인이 예상하는 미래 소득 수준 등이 응답에 반영될 수 있어 현재 소득 수준만이 반영되는 상대적 빈곤율보다 장기적인 관점의 빈곤율이라 볼 수 있으므로 상대적 빈곤율을 보완하는 지표로 이용되기도 한다(이진영, 2017). 그러나 주관적 빈곤에 대해 조사한 자료가 드물고, 설령 존재하더라도 본인의 빈곤 여부를 판단할 때 실제 생활형편보다 응답 당시의 기분이나 지역경제 상황, 주변 사람들의 경제적 수준 등에 비추어 판단할 수 있어 지표의 이질적 특성이 강해 부차적으로 활용되고 있다.

<유사 용어 알아보기>

■ 차상위계층이란?
국민기초생활보장 수급자에는 해당되지 않지만 경제적 어려움을 겪고 있는 계층으로, 소득인정액(개별가구의 소득평가액과 재산의 소득환산액을 합산한 금액)이 기준 중위소득의 100분의 50 이하인 계층을 말한다(국민기초생활보장법 시행령 제3조).

■ 취약계층이란?
소득기준에 의해 사회서비스 구매능력이 부족한 저소득층과 노동시장 여건상 취업하기 어려운 취업취약계층을 말한다. 가구 월 평균 소득이 전국 가구 월평균 소득의 60% 이하거나, 55세 이상의 고령자, 장애인, 실업기간이 6개월 이상의 장기실업자, 신용불량자, 노숙자 등이 이에 속한다(한경 경제용어 사전).

■ 취약위기가족이란?
한부모가족, 조손가족, 미혼모부자가족, 다문화가족, 북한이탈가족 등 가족기능 및 역량강화를 위해 지원이 필요한 가족 중 기준 중위소득 72% 이하이면서 (손)자녀를 둔 가족을 말한다(한국건강가정진흥원 홈페이지, 2019).

■ 긴급위기가족이란?
가정폭력, 이혼, 자살, 사망, 사고, 경제·사회적 위기사건들에 직면한 가족을 말한다(한국건강가정진흥원 홈페이지, 2019).

2) 빈곤가구 현황

한국의 빈곤계층은 어느 정도나 될까? 그 규모를 살펴보기 위해 먼저 OECD 국가들의 수준과 비교해 보면(보건복지부·한국보건사회연구원, 2017), 가처분소득 기준 상대적 빈곤율이 OECD 국가의 평균은 11.1%인데, 한국은 14.6%로 하위권에 속한다.

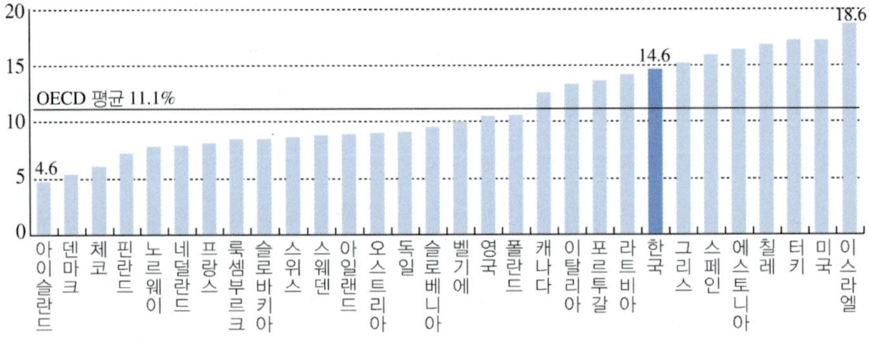

| 그림 8-1 | OECD 국가 가처분소득 기준 상대적 빈곤율 비교(2013)

출처 : 보건복지부 · 한국보건사회연구원(2017). 통계로 보는 사회보장 2016, p. 320.

인구유형별로 살펴보면 두드러진 특징은 빈곤의 노령화와 여성화 현상이라 할 수 있다. 즉, 빈곤율이 노인가구와 1인 가구에서, 그리고 여성가구주와 한부모가구에서 높게 나타난다는 것이다. 이러한 현상은 급속한 인구고령화로 노인 1인으로 구성된 독거노인 가구의 비중이 빠르게 증가하고 있는 것과 가족해체 및 이혼율이 증가하면서 여성노인과 여성 한부모가구의 빈곤이 심화되고 있는 것으로 이해할 수 있다. 남성의 빈곤은 상대적으로 노동시장의 위기와 밀접한 반면, 여성의 빈곤은 이혼이나 별거, 사별 등과 같은 개인의

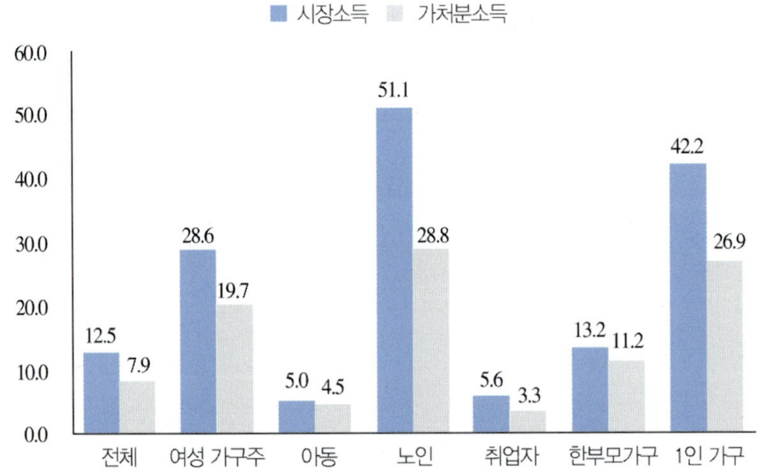

| 그림 8-2 | 인구 유형별 최저생계비 기준 빈곤율(2015)

출처 : 한국보건사회연구원(2016). 2016년 빈곤통계연보, p. 12.

생애과정 및 가족 차원의 요인과 고용불안정성, 성차별 및 여성의 주변화 현상과 같은 노동시장적 요인들이 복합적으로 연결되어 빈곤의 만성화가 우려되기도 한다(김혜경 외, 2014).

한국 정부는 국민의 최저생활 보장을 위해 국민기초생활보장제도를 운영하고 수급권자를 선정해 빈곤가구를 지원하고 있다. 그 지원 규모를 통해 현황을 살펴보면, 2017년 수급자 수는 1,582,000명으로 3.1%에 달하는 것으로 파악된다(통계청 홈페이지, 2019).

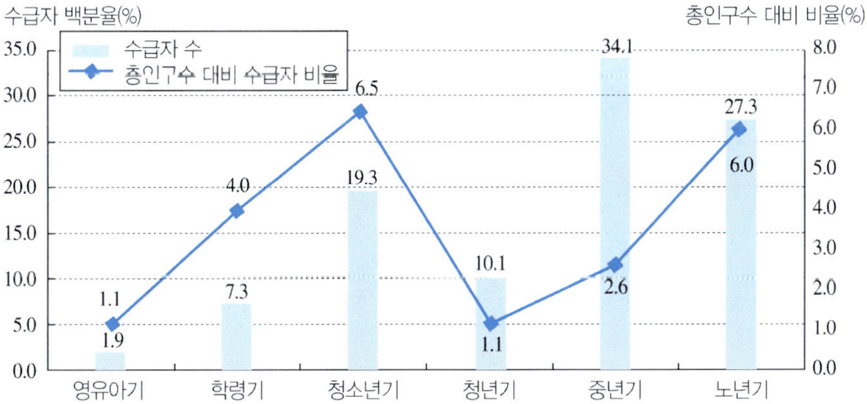

Ⅰ그림 8-3Ⅰ 생애주기* 일반 수급자 분포

* 생애주기는 영유아기 (0~5세), 학령기(6~11세), 청소년기(12~19세), 청년기(20~39세), 중년기(40~64세), 노년기(65세 이상)로 분류함

출처 : 보건복지부(2017. 6). 2016 년 국민기초생활보장 수급자 현황, p. 22.

Ⅰ그림 8-3Ⅰ에서 볼 수 있듯이 생애주기별로는 중년기의 수급자 비율이 가장 높아 34.1% 의 비율을 보이고 있고 그 다음은 노년기 27.3%, 청소년기 19.3%, 청년기 10.1% 순이다. 급여의 종류별로 수급자 및 수급가구 현황을 살펴보면(표 8-1 참조), 시설 수급자를 포함한 상황에서 중복 수급을 제외하였을 경우 의료급여, 주거급여, 생계급여, 교육급여 순으로 수급받는 것으로 나타나고 있다(보건복지부, 2017).

〈표 8-1〉 급여별 수급자 및 수급가구 현황

(단위 : 명, 가구)

구 분	계*	생계급여	의료급여	주거급여	교육급여
수급자 수	1,630,614	1,240,677	1,409,548	1,387,915	381,200
가구 수	1,126,510	896,221	977,216	945,348	262,903

* 총수급자 수 및 가구 수는 시설 수급자 포함. 각 급여별 중복을 제외한 숫자임

출처 : 보건복지부(2017. 6). 2016년 국민기초생활보장 수급자 현황, p. 21.

2. 빈곤가족의 특성 및 문제점

1) 주거환경

빈곤계층 주거환경의 열악함은 최저주거 기준을 토대로 한 계층별 비교를 통해 알 수 있다. 보건복지부와 한국보건사회연구원(2017)에 의하면, 한국의 최저 주거 기준 미달가구의 비율은 저소득층에서 가장 높게 나타나 65.1%에 달하며, 그중 필수 설비를 갖추고 있지 않은 경우의 비율과 면적기준 미달 비율은 86.9%, 48.5%로 다른 계층과 비교해 시설이 미흡한 과밀한 환경에서 거주할 가능성이 높다. 이러한 소득계층별 차이는 1997년 외환 위기 이후 더욱 커지고 있다(이태진, 2005).

또한 기초생활 수급자를 대상으로 주거 점유 형태를 살펴보면 자가의 비율이 낮고 임차가구의 비율이 높아 약 90% 이상으로 나타나는데, 특히 보증부 월세 및 월세의 비율이 40%에 가깝다(보건복지부·한국보건사회연구원, 2017). 소득 5분위별 월소득 대비 임대료 비율이 소득 1분위의 경우 35.30%이고 소득 5분위는 4.51%라는 수치와 비교해 볼 때(오지현·여유진, 2009), 실제 빈곤가족은 부적절한 주거환경과 더불어 과도한 주거비로 인한 경제적 부담을 안고 있을 가능성이 높다는 것을 알 수 있다.

이 같은 빈곤가족의 열악한 주거환경은 종종 갈등으로 이어지며, 갈등의 대처방식에 따라 가족생활 만족도에 영향을 미치는 것으로 나타나고 있다.

임재현(2011)은 실제 연구를 통해 주거환경이 열악할수록 가족갈등에 잘 대처하지 못해 가족책임에 대한 부담감이 증가하고, 가족생활에 만족하지 못하며 가족 구성원 간의 관계 역시 좋지 않음을 언급하고 있다. 또한 주거 불안정으로 인해 자녀교육 등 가족 구성원의 생활 제약도 이어져 빈곤을 심화시키는 요인으로 작용한다고 지적하였다.

〈표 8-2〉 최저 주거 기준 미달가구 비율(2014)

(단위 : %)

구 분		최저 주거 기준 미달	면적 기준 미달	시설 기준 미달	침실 기준 미달
소득계층	저소득층	65.1	48.5	86.9	17.6
	중소득층	30.1	44.6	12.3	67.0
	고소득층	4.8	6.9	0.8	15.4
	계	100.0	100.0	100.0	100.0

〈표 8-3〉 주거유형별 현황

(단위 : 가구, %)

<table>
<tr><th rowspan="3">구분</th><th rowspan="3">계</th><th rowspan="3">자가</th><th colspan="10">무주택</th></tr>
<tr><th colspan="5">임 차</th><th colspan="4">위 탁</th><th rowspan="2">기타</th></tr>
<tr><th>소계</th><th>전세</th><th>월세</th><th>보증부 월세</th><th>영구·전세·매입·국민임대주택</th><th>소계</th><th>가정 위탁</th><th>보장 기관 제공 거주자</th><th>그룹홈 거주자</th></tr>
<tr><td>가구 수</td><td>814,184</td><td>82,068</td><td>485,299</td><td>62,185</td><td>114,909</td><td>128,148</td><td>180,057</td><td>15,074</td><td>1,033</td><td>11,319</td><td>2,722</td><td>231,743</td></tr>
<tr><td>구성비</td><td>100</td><td>10.1</td><td>59.6</td><td>7.6</td><td>14.1</td><td>15.8</td><td>22.1</td><td>1.9</td><td>0.1</td><td>1.4</td><td>0.3</td><td>28.3</td></tr>
</table>

※ 기타 : 부분무료임차(19.6%), 전체무료임차(6.4%), 움막비닐하우스(0.7%), 무허가주택(0.7%) 등
출처 : 보건복지부(2015). 2014년 국민기초생활보장 수급자 현황, p. 24.

2) 건강문제

소득수준이 낮거나 빈곤한 가족의 경우 주관적으로 자신의 건강상태를 좋다고 인지하는 비율이 중상층 이상의 사람들과 비교해 낮은 편이다. 실제 영양권장량이나 만성질환 예방을 위해 필요한 칼슘이나 철, 비타민 A 등의 주요

영양분 섭취에 있어서도 중상층 이상과 비교해 부족자의 비율이 높은 것으로 나타나고 있다. 더불어 비만율 역시 중하 이하의 소득계층에서 높게 나타나는데(보건복지부·한국보건사회연구원, 2017), 이러한 상황은 빈곤가족이 일반 가족과 비교해 만성질환과 장애를 경험할 가능성이 높다는 사실과도 관련된다. 통계청 자료에 의하면(2018), 2015년 만성질환율은 일반 가족에 비해 저소득층은 4배 이상, 수급자의 경우는 5배 이상 높게 나타나고 있으며, 장애율도 일반 가족에 비해 저소득층은 3배 이상, 수급자의 경우는 12배 이상 높은 것으로 나타나 있다(표 8-4, 표 8-5 참조).

주 소득원이었던 가족 구성원이 사고나 질병으로 인해 근로능력을 상실할 경우, 건강문제로 인해 경제적 어려움이 초래되고 경제적 어려움은 다시 의료비 부담이나 불충분한 식사와 영양공급으로 이어질 수 있으며, 이는 다시 만성질환이나 장애와 같은 건강의 문제로 연결된다. 이러한 가족의 건강상의 문제나 경제적 어려움이 반복되면 가족의 기능은 약화되기도 하며, 경제적·심리적 자원이 고갈되면서 빈곤이 지속되거나 심화되는 원인으로 작용하기도 한다(김혜경 외, 2014; 이혜숙·임은이, 2009).

〈표 8-4〉 소득계층별 가구 수 만성질환율

만성질환 여부별	2015년			
	전 체	수 급	저소득	일 반
있음	17.7	67.5	56.5	13.9
없음	82.4	32.6	43.6	86.1
합계	100.0	100.0	100.0	100.0

출처 : 통계청(2018). 소득계층별 가구주 만성질환 여부 비율.

〈표 8-5〉 소득계층별 가구수 장애 여부

만성질환 여부별	2015년			
	전 체	수 급	저소득	일 반
장애인	3.6	30.8	8.4	2.4
비장애인	96.4	69.2	91.6	97.6
합계	100.0	100.0	100.0	100.0

출처 : 통계청(2018). 소득계층별 가구주 장애 여부 비율.

3) 취업활동의 어려움

실업과 취업상태가 불안정한 가구는 빈곤의 위험률이 높게 나타난다(노대명, 2013). <표 8-6>에서 볼 수 있듯이 실제로 국민기초생활 수급자들은 93.1%가 경제활동 인구에 속하지 않으며, 경제활동 인구에 속한다 하더라도 구직자로 미취업 상태에 있거나 실직 상태에 속하는 비율이 3.2%, 일일 고용의 상태가 2.3%에 불과하며, 상시고용이나 자영업, 농수산업이나 축산업에 종사하고 있는 비율을 합하여도 1%에 미치지 못해 빈곤가족의 취업상황은 매우 열악한 것으로 나타나고 있다(보건복지복, 2017).

중위소득 50% 이하의 근로능력 빈곤층에 있어 취업 특성을 살펴보더라도 이들은 대개 불안정한 취업상태인 것으로 나타난다(노대명, 2013). 이 같은 저소득층의 취약한 상황은 장기화되면 빈곤 상태에 빠지고, 결국 빈곤이 지속되는 현상으로 이어질 수 있다. 특히 빈곤가족이 지닌 인적자원(교육수준이나 건강상태 등)이 취약할수록 노동시장에서의 구직과 취업 활동은 더욱 어려워지므로 이들의 취업지원은 인적자원의 개발, 고용 연계 등과 연동되어야 한다.

〈표 8-6〉 수급자의 경제활동 유무 및 고용형태 현황

(단위 : 명, %)

구 분	계	경제활동인구							비경제활동인구
		소계	상시고용	임시고용	일일고용	자영업	농수축산업	실직 및 미취업	
수급자 수(일반)	1,539,539	106,922	3,718	6,596	35,947	8,167	3,439	49,055	1,432,617
구성비	100	6.9	0.2	0.4	2.3	0.5	0.2	3.2	93.1

출처 : 보건복지부(2017. 6). 2016년 국민기초생활보장 수급자 현황, p. 27.

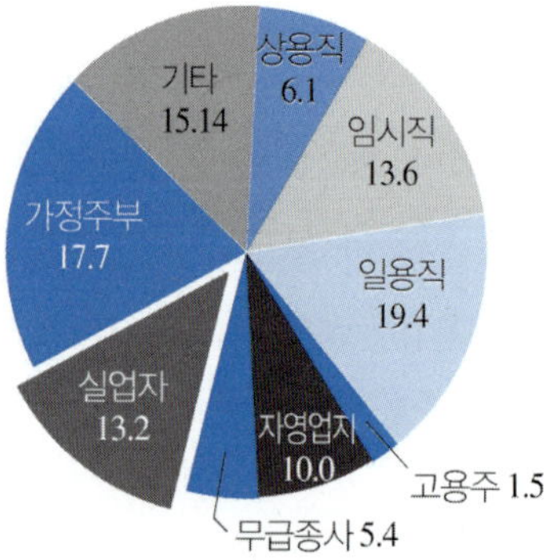

| 그림 8-4 | 근로능력 빈곤층의 취업 특성(단위 : %)

출처 : 노대명(2013. 6. 7). 근로 빈곤층 실태진단과 향후 정책과제. 보건복지 ISSUE & FOCUS 제328호, p. 5.

한편 <표 8-7>와 같이 수급자를 가구원 수와 소득구간별로 살펴보면(보건복지부, 2017), 소득이 없는 경우가 26.8%이고, 소득이 있다 하더라도 그 수준이 100만 원 이하인 경우가 60% 이상이며 이러한 현상은 가구의 규모가 작은 경우 더욱 높게 나타난다. 더불어 수급자들은 재산규모 역시 1,000만 원 이하인 경우가 과반수 이상이고 가구 규모가 작을수록 그 비율이 높게 나타나, 1인 가구나 노인가족, 한부모가족 등 취약계층의 겪는 경제적 어려움도 예측할 수 있다.

〈표 8-7〉 수급자의 가구·소득구간별 현황

(단위 : 가구, %)

구 분	계	1인 가구	2인 가구	3인 가구	4인 가구	5인 가구	6인 가구	7인 이상 가구
가구 수	1,035,435	630,037	186,329	116,251	67,080	26,613	6,762	2,363
계	100	100	100	100	100	100	100	100
소득 없음	26.8	32.0	22.3	18.5	13.3	10.2	9.8	10.6
0원 초과~10만 원 이하	12.1	15.6	9.2	5.6	4.0	2.8	1.8	1.9
10만 원 초과~30만 원 이하	27.3	38.1	15.1	8.3	5.6	4.3	3.9	3.3
30만 원 초과~60만 원 이하	13.8	12.1	24.4	11.5	8.6	6.8	5.7	5.4
60만 원 초과~100만 원 이하	9.5	2.0	20.1	24.5	20.3	16.6	15.4	17.1
100 만 원 초과	10.5	0.2	8.9	31.6	48.2	59.2	63.4	61.7

출처 : 보건복지부(2017. 6). 2016년 국민기초생활보장 수급자 현황, p. 56.

4) 가족 및 자녀와의 관계

빈곤가족이 경험하는 주거환경, 건강문제, 취업활동의 어려움은 가족 갈등과 문제에 대처할 수 있는 자원 부족으로 이어져 가족의 기능을 약화시키기도 한다. 실제로 보건복지부(2017)가 조사한 내용을 토대로 국민기초생활 수급자의 가구원 수를 살펴보면, 소가족인 경우가 많아 2인 가구 이하의 가구 비율이 78.8%에 달한다. 가구 유형은 일반 가구를 제외하면, 노인가구와 장애인가구, 한부모가족이 약 60%에 달한다(보건복지부, 2017). 즉, 빈곤가족은 경제적 어려움과 더불어 가족의 구조로 인해 기능적으로 취약한 상황일 가능성이 높다.

한편 수급자들의 부양의무자들의 상황을 살펴보면(표 8-8 참조), 이들에게는 부양의무자가 있는 경우가 많아 77%에 달하지만, 대부분 부양의무자의 부양능력이 없다고 판단되어 수급대상이 되고 있으며, 그 내용을 구체적으로 살펴보면 관계적 어려움을 경험했거나 경험하고 있을 가능성도 예측할 수 있다. 수급자의 부양의무자가 부양능력이 없다고 판단되는 경우, ❙그림 8-5❙에서 볼 수 있듯이 그 사유가 행방불명(47.2%)되었거나 해외로 이주(34.5%) 한 경우가 많고, 부양을 거부하거나 회피하고 있는 경우에는 가족관계 해체 등의 사유가 대다수(95.9%)여서 수급자의 가족 및 자녀와의 관계가 부정적 양상일 가능성이 높다.

〈표 8-8〉 부양의무자·부양능력 판정현황

(단위 : 가구, %)

구 분	부양의무자 유무			부양의무자의 부양능력 판정			
	계	부양의무자 있음	부양의무자 없음	계	부양능력 있음	부양능력 미약	부양능력 없음
가구 수	907,184	698,195	208,989	1,516,635	871	85,150	1,430,614
구성비	100	77.0	23.0	100	0.1	5.6	94.3

* 시설 수급자 제외

출처 : 보건복지부(2017. 6). 2016년 국민기초생활보장 수급자 현황, p. 111.

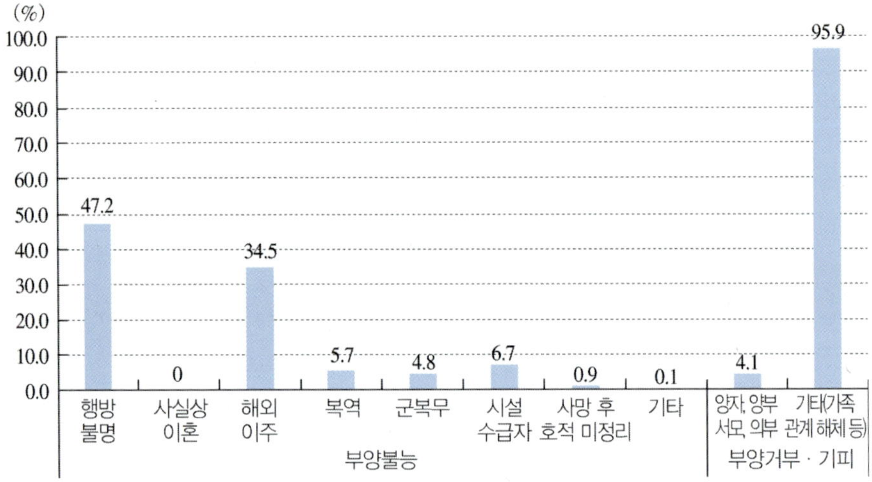

그림 8-5 부양불능, 부양거부 기피

출처 : 보건복지부(2017. 6). 2016년 국민기초생활보장 수급자 현황, p. 112.

실제 연구에서는 저소득층의 부부들이 부부간의 갈등과 불화가 잦아 부부 만족도가 낮고 이혼을 고려하는 비율이 높다고 보고되어 있다(변화순 외, 2002), 이상균·유조안(2015)은 빈곤가족이 모두 그런 것은 아니지만, 소득빈곤, 물질적 결핍, 사회적 배제 등 여러 빈곤 관련 위험요인에 노출되어 가족체계의 기능이 저하되면서 아동에게 부정적 영향을 미칠 가능성이 높다고 하였다. 즉, 부모의 양육효능감과 양육행동 실천을 감소·저하시키고 아동의 문제행동을 증가시킬 수 있다는 것이다. 특히 청소년기의 자녀에 대해 오경자·문경주(2006)는 빈곤가족의 다중적 위험요인과 부모-자녀와의 관계가 특히 빈곤 가족 여자 청소년의 우울에 영향을 미치고 남자 청소년들의 문제행동에 영향을 미친다고 하였다. 즉, 빈곤가족의 열악한 정서적 환경과 특히 부모의 정신건강 문제 및 부부갈등, 그리고 가족관계에서의 부정적 요인은 부모의 심리적 자원을 고갈시킴으로써 자녀양육 행동 및 부모-자녀 관계에 부정적 영향을 미친다는 것이다. 또한 빈곤가정의 부모들이 권위적이고 강압적인 훈육방식을 사용하는 경향이 있을 뿐 아니라 자녀에 대한 애정표현이 적고 자녀의 정서적 욕구에 민감한 양육을 하지 못하는 등 빈곤가족 부모의 양육방식에서 취약성이 보고되어 있다(Conger, Ge, Elder, Lorenz, & Simon, 1994). 이에 오경자·문경주(2006)는 빈곤가족 청소년들의 부적응 문제를 예방하기 위해서는 단순한 경제적 지원 외에 빈곤의 이차적 결과로 나타나는 가족문제, 즉 부모의 불화, 문제성 음주, 우울, 가정 폭력 등에 대한 적절한 개입이 필요하다고 하였다. 또한 빈곤가족 부모들이 청소년 자녀들과 지지적 관계를 맺을 수 있도록 부모역할 훈련이나 의사소통 훈련 등이 필요하다 하였다.

3. 빈곤가족을 위한 지원정책과 서비스

1) 국민기초생활보장제도

한국은 국민기초생활보장제도를 통해 국민기초생활보장 수급자를 선정해 빈곤가족을 지원하고 있다. 국민기초생활보장제도는 국민기초생활보장법에 의거해 생활이 어려운 사람에게 필요한 급여를 실시하여 최저생활을 보장하고 자활을 돕고자 운영되고 있는 정책이다. 급여의 종류는 생계, 주거, 의료, 교육, 해산, 장제 급여로 나누어지며, 별도 기준에 따라 중위소득을 토대로 적용된다. 이때 소득인정액 기준과 부양의무자 기준을 동시에 충족하도록 한다. 단, 교육급여와 주거급여의 경우 부양의무자 기준이 적용되지 않는다.

- 중위소득이란?
  전국의 모든 가구를 소득별로 순위를 매겼을 때, 한 가운데 위치하는 가구의 소득, 예를 들어 전 국민을 100명이라고 가정 시 소득 규모순 50번째 사람의 소득으로 통계청에서 표본조사를 통해 발표
- 소득인정액 = 소득과 재산을 소득으로 평가·환산한 금액

수급자는 부양의무자가 없거나 부양의무자가 있어도 부양능력이 없거나 부양을 받을 수 없는 경우를 말하며, 이때 부양의무자는 수급권자의 1촌 직계혈족 및 그 배우자가 범위에 속한다. 다만, 배우자가 사망한 경우 사위, 며느리, 계부, 계모는 제외된다.

생계급여는 현금으로 지원되며 가구별 생계급여 선정기준액에서 소득인정액을 뺀 금액을 지원하고, 의료급여는 질병, 부양, 출산 등의 상황에서 필요한 의료서비스를 낮은 본인부담으로 이용할 수 있도록 하고 있다. 의료급여는 근로능력 유무에 따라 1종과 2종으로 나뉘어 지급되는데, 이때 1종에는 근로무능력가구, 희귀난치성, 중증질환 등록자, 시설 수급자가 속하며, 2종에는 기초생활보장제도에 따른 의료급여 수급자 중 1종 수급대상이 아닌 가구가 속한다. 주거급여는 임차가구의 경우 전월세 비용을 지원하고, 자가가구의 경우 주택의 노후도에 따라 도배, 난방, 지붕 등의 종합적인 수리를 지원한다. 교육급여의 경우 수급자 가구에 속하는 초등학생, 중·고등학생 가구원에 대해 입학금, 수업료, 교재비나 부교재비, 학용품비 등을 지원한다(보건복지부·국토교통부, 2015).

〈표 8-9〉 국민기초생활보장 제도의 내용

<table>
<tr><th colspan="2">구 분</th><th>내 용</th></tr>
<tr><td colspan="2">지원대상</td><td>• 근로능력 여부·연령 등에 관계없이 국가의 보장을 필요로 하는 급여종류별 최저보장 수준 이하의 모든 가구
※ (원칙) 가구단위 보장, 필요한 경우 개인단위 보장</td></tr>
<tr><td rowspan="3">신청</td><td>신청인</td><td>• 신청권자 : 수급(권)자·친족·기타 관계인, 공무원 직권신청(동의 필요)
• 신청장소 : 읍·면사무소 및 동주민센터</td></tr>
<tr><td>신청서</td><td>• 신청서식
- 사회보장급여 제공(변경) 신청서(공통서식)
- 금융정보 등 제공동의서 등
• 구비서류(해당자에 한함)
- 임대차계약서, 제적등본, 외국인등록사실증명서 등</td></tr>
<tr><td>처리기한</td><td>• 30일(60일까지 연장 가능)</td></tr>
</table>

선정 기준	소득 인정액 기준	• 보장가구의 소득인정액이 다음의 급여종류별 선정기준 이하인 경우 - 생계급여 : 기준 중위소득 30% 이하 - 의료급여 : 기준 중위소득 40% 이하 - 주거급여 : 기준 중위소득 43% 이하 - 교육급여 : 기준 중위소득 50% 이하 ※ 소득인정액=소득평가액+재산의 소득환산액
		• 소득평가액=실제소득－가구특성별 지출비용－근로소득공제 - 실제소득 : 근로소득, 사업소득, 재산소득, 사적이전소득, 부양비, 공적이전소득, 보장기관 확인소득
		• 재산의 소득환산액=(일반·금융재산의 종류별가액－기본재산액－부채+자동차 재산가액) × 재산의 종류별 소득환산율 - 재산의 종류 : 일반재산(주거용재산), 금융재산, 자동차, 기타 산정되는 재산 - 기본재산액 : 대도시(5,400만 원), 중소도시(3,400만 원), 농어촌(2,900만 원) - 소득환산율 : 주거용재산(월 1.04%), 일반재산(월 4.17%), 금융재산(월 6.26%), 자동차(월 100%)
	부양 의무자 기준	• 범위 : 수급권자의 1촌의 직계혈족 및 그 배우자(단, 사망한 1촌의 직계혈족의 배우자는 제외) • 부양능력 판정 기본원칙 - 부양능력 없음 : 수급자로 보장결정 - 부양능력 미약 : 부양비 부과를 조건으로 수급자로 보장결정, 단, 부양비부과로 수급권자 소득인정액이 급여종류별 선정기준을 초과하는 경우 급여종류별 선정 제외 - 부양능력 있음 : 수급자로 보장 불가
조사	조사내용	• 수급권자·부양의무자의 소득·재산 • 부양의무자 유무, 부양능력, 실제 부양 여부 • 수급권자의 근로능력·취업상태·자활욕구·주택조사(LH 시행) 등
급여	종류 및 지원액	• 생계급여 : 기준 중위소득 30%에 해당하는 금액과 가구의 소득인정액과의 차액을 지급 • 의료급여 : 근로능력 유무에 따라 1종, 2종으로 구분하여 지급 • 주거급여 : 국토교통부 장관이 정하는 기준에 따라 지급 • 교육급여 : 교육부 장관이 정하는 기준에 따라 입학금, 수업료, 교과서대, 부교재비, 학용품비 지급 • 해산급여 : 수급자가 출산 시 1인당 60만 원 지급(단, 교육급여만 받는 수급자는 제외) • 장제급여 : 수급자 사망시 75만 원을 장제를 실제 행하는 자에게 지급 (단, 교육급여만 받는 수급자는 제외)

출처 : 보건복지부(2018a). 2018년 국민기초생활보장사업안내, pp. 6-7.

2) 자활사업제도

자활사업은 근로능력자의 기초생활을 보장하는 국민기초생활보장제도를 도입하면서 근로역량을 배양함과 동시에 일자리 제공을 통한 탈빈곤을 지원하는 제도이다. 자활사업을 통해 근로능력이 있는 저소득층이 스스로 자립할 수 있도록 자활능력을 기르고, 기능과 기술을 습득하며, 동시에 근로기회를 제공함에 목적을 두고 있다.

주체	역할	기능
보건복지부	• 국민기초생활보장제도 총괄 • 종합자활지원계획 수립(매년 12월) • 자활 프로그램 개발 · 추진 • 지역자활센터 지정 · 관리	자활정책 · 사업 총괄관리
시 · 도 시 · 군 · 구	• 지역자활지원계획 수립(매년 1, 2월) • 자활기금의 설치 · 운영 • 급여 실시 여부 및 내용결정, 지급 • 자활기관협의체 운영 • 조건부 수급자 책정 및 생계급여 중지 여부 결정 • 참여자자활지원계획 수립 · 관리	자활사업 총괄시행
읍 · 면 · 동	• 조건부 수급자 확인조사(자산조사 제외)	조건부수급자 관리
중앙 · 광역 · 지역자활센터	• 중앙자활센터 – 자활지원을 위한 조사 · 연구 · 교육 및 홍보사업 – 자활지원을 위한 사업의 개발 및 평가 등 • 광역자활센터 – 광역단위의 저소득층에 대한 취 · 창업 지원 – 지역특화형 자활 프로그램 개발 · 보급 등 • 지역자활센터 – 자활의욕 고취를 위한 교육, 참여자 사례관리 – 자활을 위한 정보제공 · 상담 · 직업교육 및 취업알선 – 기타 자활을 위한 각종 사업 등	자활사업 수행
고용노동부	• 종합취업지원계획 수립(매년 12월) • 취업지원 프로그램 개발 · 추진	취업지원 관리
고용센터	• 개인별 취업지원계획 수립 · 관리 • 취업알선 등 취업지원 프로그램 시행 • 취업대상자의 조건이행 여부 확인	취업지원 시행

| 그림 8-6 | 추진 주체별 역할

출처 : 보건복지부(2018). 2018년 자활사업안내 (I), p. 4.

자활사업의 대상자는 조건부 수급자를 포함하여 자활급여 특례자, 일반 수급자, 급여특례가구원, 차상위자, 시설 수급자 등으로, 자활역량평가 결과에 따라 사업 배치 기준에 의해 참여하도록 지원한다.

자활역량평가 결과 집중취업지원 대상인 사람은 고용센터에 의뢰되며, 집중취업지원 대상이 아닌 사람은 자활근로, 자활기업 취업, 지역봉사, 생업자금 등 보건복지부와 시·군·구 자활사업에 배치된다.

■ 자활사업의 참여 자격

자활사업 대상자 = ❶ 조건부 수급자 + ❷ 자활급여 특례자 + ❸ 일반수급자 ❹ 급여특례가구원 ❺ 차상위자 ❻ 시설 수급자

- 의무참여 : ❶, 희망참여 : ❷~❻
- 수급자 : ❶❷❸
- 참여우선순위 : ❶ → ❷ → ❸❹❺❻

① 조건부수급자 : 자활사업 참여를 조건으로 생계급여를 지급받는 수급자
※ 조건부과 여부 판단은 생계급여수급(권)자만을 대상으로 함

② 자활급여특례자 : 생계·의료급여 수급자가 자활근로, 자활기업 등 자활사업 및 취업 성공패키지(고용노동부)에 참가하여 발생한 소득으로 인하여 소득인정액이 기준 중위소득의 40%를 초과한 자(「국민기초생활보장사업안내」 참조)

③ 일반수급자 : 참여 희망자(만 65세 이상 등 근로무능력자도 희망 시 참여 가능)
단, 정신질환·알코올질환자 등은 시군구청장의 판단 하에 참여 제한 가능
일반수급자는 다음의 경우로 구분됨
i) 근로능력 없는 생계급여수급권자 및 조건부과유예자
ii) 의료·주거·교육급여수급(권)자
※ 기타수급유형(의료·주거·교육급여)은 별도 차상위 책정 절차 없이 수급권 자격 받는 동시에 바로 자활사업 참여 가능

④ 특례수급가구의 가구원 : 의료급여특례, 이행급여특례가구의 근로능력 있는 가구원 중 자활사업 참여를 희망하는 자

⑤ 차상위자 : 근로능력이 있고, 소득인정액이 기준 중위소득 50% 이하인 사람 중 비수급권자
- 소득인정액이 기준 중위소득 50% 이하인 자로서 한국 국적의 미성년 자녀

를 양육하고 있는 국적 미취득의 결혼이민자 포함
만 65세 이상 등 근로능력이 없는 차상위자가 자활사업 참여를 원할 경우 시·군·구의 자활사업 및 지원예산·자원의 여건을 감안하여 시군구청장 결정에 따라 참여 가능

⑥ 근로능력이 있는 시설수급자
시설수급자 중 생계·의료급여 수급자 : 행복e음 보장결정 필수(조건부수급자 전환 불필요)
일반시설생활자(주거·교육급여 수급자 및 기타) : 차상위자 참여 절차 준용

출처 : 보건복지부(2018b). 2018년 자활사업안내(Ⅰ)

3) 가족역량강화지원 사업

가족역량강화지원 사업은 여성가족부 관할 전국 건강가정지원센터에서 수행하는 사업으로, 경제적, 심리·정서적, 자녀양육 등의 문제로 어려움을 겪고 있거나, 위기사건에 직면한 가족이 초기상담을 통해 서비스 계획에 준하여 사례관리나 부모교육, 가족관계, 자녀양육 등의 프로그램, 자녀학습이나 정서 지원을 받을 수 있는 사업이다. 이 사업에 의하면, 빈곤가족은 취약·위기가족이나 긴급 위기가족에 해당되어 직접 또는 간접 서비스를 제공받을 수 있다.

취약·위기가족에는 한부모가족, 조손가족, 미혼모부자가족, 다문화가족, 북한이탈가족 등 가족기능 및 역량 강화를 위해 지원이 필요한 가족 중 기준 중위소득 72% 이하 (손)자녀를 둔 가족이 속하며, 자립의지가 있는 비수급 가구와 저소득 가구를 우선 지원한다.

긴급 위기가족은 가정폭력이나 이혼, 자살, 사망, 사고, 경제적·사회적 위기사건들에 직면한 가족을 말하며, 법적 이혼 발생 전에 생계비 중단 등으로 가정이 위기상태여서 아동을 부양할 수 없는 상황에 놓이거나 심리·정서적 불안이나 건강 악화 등의 위기 상태에 처한 가족이 해당된다(한국건강가정진흥원, 2019).

| 그림 8-7 | 가족역량강화지원 사업의 해당 사례

출처 : 한국건강가정진흥원 홈페이지(2019). http://www.kihf.or.kr/

가족역량강화지원 사업의 내용에는 <표 8－10>과 같이 취약가족을 위한 사례관리와 프로그램 및 자조모임, 지역사회 자원 연계, 자녀학습 및 정서 지원, 생활도움 지원 등이 있으며, 위기가족을 위해서는 긴급 심리·정서 지원과 긴급 가족 돌봄 지원, 가족역량 증진을 위한 교육이나 집단 프로그램 등이 있다(표 8－11 참조).

빈곤가족의 부부갈등 해결, 부모－자녀와의 관계 증진 등 가족관계 회복을 위해서는 해당 지역 건강가정지원센터에서 관련된 프로그램을 신청하여 참여하면 된다. 자녀학습 및 정서 지원에는 배움지도사가 파견되어 초등·중학생 자녀(또는 이에 상응하는 연령)에게 학습지도 및 정서적 지지가 제공되며, 생활도움 지원에는 키움보듬이가 파견되어 (조)부모의 건강 악화 등으로 인해 일상생활이 어려운 가구를 돕게 된다.

〈표 8-10〉 취약가족을 위한 가족역량강화지원 사업의 내용

구분	내용
사례관리	• 심리적·경제적 자립과 가족역량 강화를 위해 지속적으로 사례관리를 실시
프로그램 및 자조모임	• 프로그램 운영 및 자조모임 지원 • 부모교육, 가족관계, 자녀양육 등에 관한 프로그램 및 자조모임을 지원
지역사회 자원 연계	• 자립서비스 연계 - 자립·자활을 위한 직업훈련, 창업컨설팅 및 돌봄서비스와 연계 • 기관연계 - 고용지원센터, 후원단체, 신용회복위원회, 법률상담소, 학교 등의 기관과 연계 • 물적자원 연계 - 생계비, 창업자금, 장학금, 의료비 등의 물적자원과 연계 • 인적자원 연계 - 후원자, 자원봉사자, 법률전문가, 학습교사 등의 인적자원과 연계 • 정보제공 - 건강, 법률, 직업교육, 보육서비스, 아이돌보미, 사회적 일자리 등의 정보 제공
자녀학습·정서 지원	• 배움지도자 파견 - 기준 중위소득 72% 이하 (손)자녀를 둔 취약·위기가족 초등·중학생 자녀(또는 이에 상응하는 연령)에게 학습 지도 및 정서적 지지를 제공
생활도움 지원	• 키움보듬이 파견 - 기준소득 72% 이하 취약·위기가족 (조)부모의 건강 악화 등으로 일상생활이 어려운 가구를 지원

출처 : 한국건강가정진흥원 홈페이지(2019). http://www.kihf.or.kr/

〈표 8-11〉 위기가족을 위한 가족역량강화지원 사업의 내용

구분	내용
긴급 심리·정서 지원	• 지지리더 파견 - 지지리더 또는 상담기관의 전문상담사가 가족 및 심리상담을 진행
긴급 가족 돌봄 지원	• 키움보듬이 파견 - 양육돌봄, 노인돌봄, 가사돌봄, 동행, 병원돌봄 등의 서비스를 제공
가족역량 증진 지원	• 가족역량 증진 지원 - 교육 및 집단 프로그램, 가족치유캠프, 자조모임 운영을 지원 - 법률, 의료, 복지서비스 등 도움이 필요한 가정과의 연계를 지원

출처 : 한국건강가정진흥원 홈페이지(2019). http://www.kihf.or.kr/

토론 및 생각해 보기

1. 학교나 센터, 복지관 등에서 제공하는 빈곤가족의 자녀를 위한 서비스에는 무엇이 있는가? 그 서비스는 어떠한 절차를 통해 제공되고 있는가?

2. 빈곤가족을 위해 연계할 수 있는 기업의 가족복지사업에는 어떠한 것들이 있는지 알아보자.

읽을거리

라이프 프로젝트

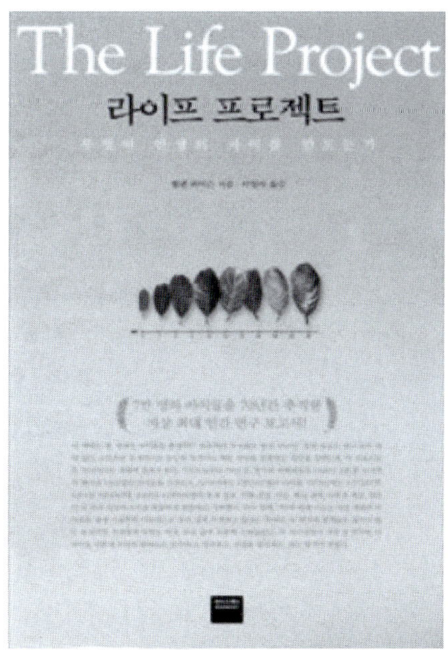

이 책에는 1946년에 시작된 한 세대 아이들의 출생부터 죽음까지 추적하는 종단 연구의 내용이 실려 있다. 출산환경의 불평등이 이후 삶에 어떠한 영향을 미치고 있는지, 노동계급 출신의 아이들과 중상류층 아이들의 삶을 분석하고, 부모의 이혼이 자녀에게 미치는 지속적인 영향도 밝혀냈다. 또 태아기의 성장과 발육이 수십 년 후 질병 발생과 수명에 영향을 미칠 수 있다는 점도 보여주었다.

이 연구로 밝혀진 가장 중요한 사실은 인생 초기의 몇 년이 이후 인생을 크게 좌우한다는 것으로, 가난한 부모, 비좁은 집 등 불우한 환경에서 힘겹게 인생을 시작한 아이들에게 계층 이동의 사다리가 정말 존재하는 것인지, 타고난 불리한 조건을 극복할 방법은 없는지, 인생의 차이를 만들기 위해 개인과 사회는 무엇을 해야 하는지 그 답을 생각해 보게 한다.

출처 : 헬렌 피어슨 지음, 이영아 옮김(2017). 라이프 프로젝트.

CHAPTER 09

한부모 가족복지

학습목표

이 장의 학습목표는 한부모가족에 대한 개념 이해와 한부모가족지원법상의 한부모가족의 정의 및 특징, 현황과 문제, 정책 및 서비스를 이해하는 것이다.

- 한부모가족의 개념과 유형에 대해 설명할 수 있다.
- 한부모가족 현황 및 문제에 대해 설명할 수 있다.
- 한부모가족 정책 및 서비스를 이해할 수 있다.

1. 한부모가족의 개념과 현황

1) 한부모가족의 개념

한부모가족지원법에 근거해 한부모가족의 정의를 살펴보면, 한부모가족은 '배우자와 사별 또는 이혼하거나 배우자로부터 유기(遺棄)된 자', '정신이나 신체의 장애로 장기간 노동능력을 상실한 배우자를 가진 자', '교정시설·치료감호시설에 입소한 배우자 또는 병역복무 중인 배우자를 가진 사람', '미혼자[사실혼(事實婚) 관계에 있는 자는 제외한다]' 등으로서 아동을 양육하는 자로 정의하고 있다(한부모가족지원법 제4조). 이에 모자가족은 모가 세대주[세대주가 아니더라도 세대원(世代員)을 사실상 부양하는 자를 포함한다]인 가족을 말하며(한부모가족지원 법 제4조 제3항), 부자가족은 부가 세대주(세대주가 아니더라도 세대원을 사실상 부양하는 자를 포함한다)인 가족을 말한다(한부모가족지원법 제4조 제4항).

여기에 지원대상으로 제4조 제1의2호에는 청소년 한부모를 명시하고 있으며, 그 연령기준을 24세 이하로 두고 있다. 또한 제5조의2에 의하면, '부모가 사망 하거나 생사가 분명하지 아니한 아동', ' 부모가 정신 또는 신체의 장애 질병으로 장기간 노동능력을 상실한 아동', '부모의 장기복역 등으로 부양을 받을 수 없는 아동', '부모가 이혼하거나 유기하여 부양을 받을 수 없는 아동' 등을 양육하는 조부 또는 조모를 지원대상으로 명시하고 있어, 넓은 의미로 한부모 가족에 포함시키고 있다.

2) 한부모가족의 유형

한부모가족은 발생원인, 양육자와의 관계, 가족 구성원의 특성, 사회계층적 특성에 따라 아래의 ┃그림 9-1┃과 같이 그 유형을 구분지어 볼 수 있다.

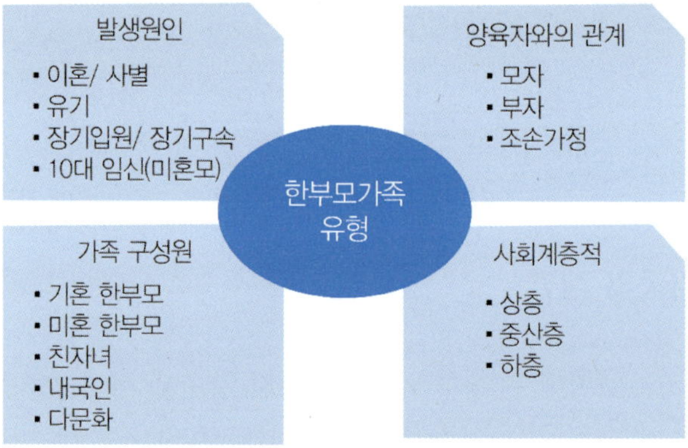

┃그림 9-1┃ 한부모가족 유형

발생원인에 의해서는 이혼 및 사별한 경우, 유기된 경우, 장기입원이나 장기구속에 의한 경우, 10대 임신으로 인한 경우로 나누어 볼 수 있으며, 양육자와의 관계에 따라서는 모자가족, 부자가족, 조손가정으로 구분 지을 수 있다. 그 외 부모의 혼인 경험 유무나 가족 구성원의 출생국가, 혈연 여부 등 가족 구성원의 특성에 따른 유형과 사회계층적 유형으로 구분해 볼 수 있다.

먼저 이혼의 경우 2015년 기준 평균 이혼연령은 남자 46.9세, 여자 43.3세이며, 2005년과 비교 시 2012년부터는 혼인 지속기간이 길수록 이혼건수가 증가하고 있으며, 미성년 자녀가 있는 부부의 이혼은 2015년을 기준으로 볼 때, 전체 이혼의 48.4%로 지속적인 감소를 보이고 있다(통계청, 2017).

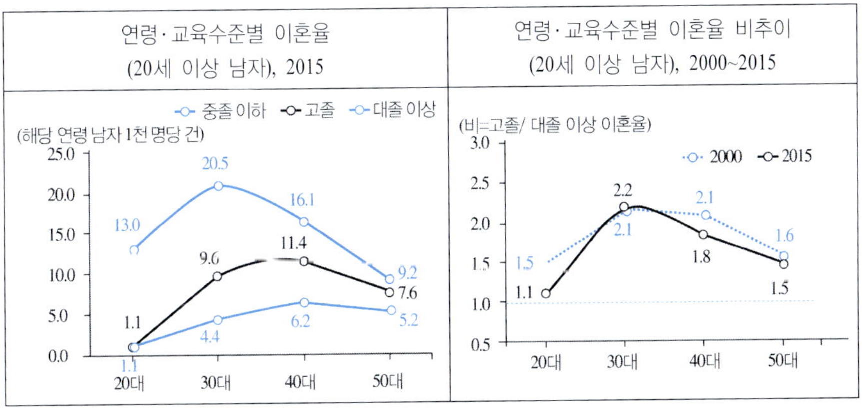

| 그림 9-2 | 교육수준별 출생·사망혼인·이혼분석

출처 : 통계청(2017. 5. 23). 교육수준별 출생·사망혼인·이혼분석 보도자료.

또한 | 그림 9-2 | 에서 볼 수 있듯이 15년간의 20세 이상 인구 중 연령과 교육수준별 이혼율 추이를 살펴보면, 전 연령대에서 남자 중졸 이하의 이혼율 이 가장 높다. 2015년 기준 남자 고졸과 대졸 이상의 이혼율 차이는 30대는 증가(2.1 → 2.2배)한 반면, 20대는 1.5 → 1.1배, 40대 2.1 → 1.8배, 50대 1.6 → 1.5배 등 다른 연령대에서는 감소하는 추세를 보인다.

사별의 경우 2015년을 기준으로 볼 때 여성 한부모와 중졸 이하의 낮은 학력 수준의 한부모가정의 경제적 어려움이 매우 큰 것을 알 수 있다. 사망률의 경우, 30~50대 여성이 남성보다 배우자와 사별을 많이 경험하는 것으로 나타나 이는 여성 한부모가족의 경우에 경제적인 어려움과 자녀양육에 따른 문제들을 가질 수 있음을 시사한다. 교육수준별로 살펴보면, 남녀 모두 전 연령에서 중졸 이하의 사망률이 가장 높고, 대졸 이상이 가장 낮다. 이는 낮은 학력이 경제적 활동과 연관된다는 점에서 낮은 학력층의 사별 가정이 경제적인 어려움에 따른 문제들이 따라올 수 있음을 시사한다(그림 9-3 참조).

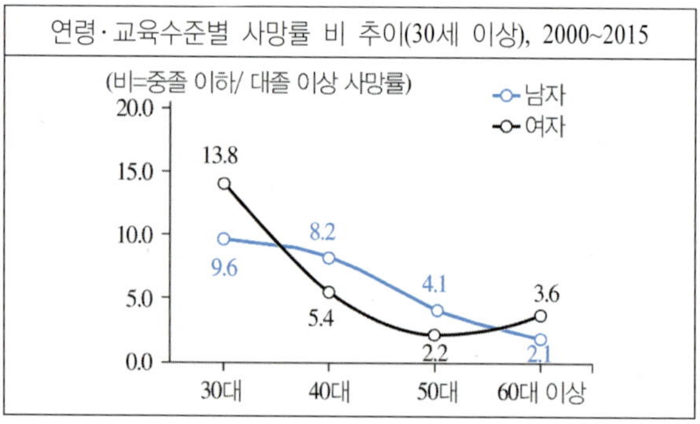

| 그림 9-3 | 연령·교육수준별 사망률 비 추이

출처 : 통계청(2017. 5. 23). 교육수준별 출생·사망·혼인·이혼분석 보도자료.

3) 한부모가족의 현황

(1) 한부모가족의 규모

<표 9-1>에 의하면, 한부모가족은 2010년 17,339천 가구에서 2016년 18,948천 가구로 전체 가구 대비 9.6%로 2010년에 비해 0.4%나 증가하였다. 한부모가구 유형별로 보면, 2010년 모자가구 1,247천 가구, 부자가구 347천 가구에서 2016년 모자가구 1,395천 가구, 부자가구 421천 가구로 꾸준히 증가하고 있는 추세임을 알 수 있다.

저소득 한부모가족은 2019년 기준 182,606세대로, 이는 한부모가족지원법 대상자와 국민기초생활보장법 대상이 포함된 것으로, 여러 가지 이유로 인해 지원대상에서 제외되는 일이 빈번하다(표 9-2 참조).

〈표 9-1〉 한부모가구의 비율 (단위 : 1,000가구, %)

연 도	총가구 수	한부모가구		
		계	모자가구	부자가구
2010	17,339	1,594(9.2)	1,247	347
2014	18,457	1,749(9.4)	1,352	397
2015	18,705	1,783(9.5)	1,374	409
2016	18,948	1,816(9.6)	1,395	421

출처 : 여성가족부(2018e). 2018년 한부모가족사업안내; 통계청. 장래가구추계 전체 가구 대비 한부모가구 비율임.

〈표 9-2〉 저소득 한부모가구의 비율

(단위 : 세대, 명)

연도별	계		모자가족		부자가족		조손가족	
	세대	세대원	세대	세대원	세대	세대원	세대	세대원
2016	187,841	468,414	145,258	362,137	41,627	103,966	956	2,311
2017	181,023	449,469	141,207	350,674	38,880	96,575	936	2,220
2018	182,703	455,433	144,156 (78.5%)	357,539 (78.5%)	38,629 (20.8%)	95,744 (20.8%)	918 (0.5%)	2,150 (0.5%)
2019	182,606	453,045	143,740 (78.7%)	356,895 (78.8%)	37,969 (20.8%)	94,064 (20.8%)	897 (0.5%)	2,086 (0.5%)

기준 : 한부모가족지원법에 따른 지원대상자(국민기초생활보장 동시보장결정가구 포함).
자료 : 사회보장정보시스템(행복e음) 연도말 기준.
출처 : 여성가족부(2021). 2021년 한부모가족사업안내.

(2) 자녀 돌봄

여성가족부(2018)의 실태조사에 의하면, 가장 어린 자녀의 평균 연령은 11.8세로, 2012년 및 2015년 실태조사와 비교할 때 초등 이하 자녀를 둔 비중은 커지고 가장 어린 자녀의 연령은 대체로 낮아진 것으로 나타났다.

미취학 자녀의 경우 2018년 기준, 보육시설·어린이집, 유치원 등 시설보육을 통해 자녀를 돌보는 사례가 86.1%로, 학원까지 포함하면 86.6%가 시설보육을 이용하고 있어 그 비율이 상당히 높다는 것을 알 수 있다. 한부모가 직접 돌보는 경우는 9.1%, 조부모가 돌보는 경우는 3.7%에 그치고 있다. 초등학생 연령대의 자녀를 둔 경우에는 초등돌봄교실이나 방과 후 교실, 지역 아동센터, 학원 등에 보낸다는 응답이 80.6%로 가장 많았고, 본인 또는 조부모·친인척이 돌보는 경우는 16.6%였으며 아이돌봄서비스를 이용한다는 응답은 0.5%에 불과했다. 2015년 실태조사와 비교 시 '초등돌봄교실, 방과후교실'을 이용한다는 응답은 크게 증가한 반면, '본인이 직접 돌본다'는 응답이 상당히 감소한 것으로 나타났다.

한부모들이 자녀와 함께 보내는 시간은 초등학생 자녀의 경우 하루 평균 '30분~1시간 미만(33.3%)'인 비율이 가장 높았고, 중학생 자녀를 둔 경우에는 하루 '30분 미만(29.4%)'이 가장 많아 자녀의 연령이 증가할수록 자녀와 함께 보내는 시간은 감소하는 것으로 파악되고 있다.

2015년 및 2018년 실태조사를 비교해 볼 때, 자녀가 어느 연령대에 있든 한부모들의 가장 큰 어려움은 '양육비·교육비용 부담'으로 거론되고 있으며, 특히 2018년 실태조사에서는 '양육비, 교육비용의 부담이 크다', 미취학 자녀를 둔 경우에는 '자녀를 돌볼 시간의 부족', '미취학 자녀를 돌봐줄 사람을 구하는 어려움'을 가장 많이 호소하고 있는 것으로 나타났다. 취학 자녀를 둔 경우에는 '진로 지도의 어려움', '학업성적' 등 교육과 관련된 어려움을 호소하고 있었다.

(3) 소득과 지출, 경제활동

2018년 기준 한부모가구의 총소득은 월 219.6만 원 수준(세금, 사회보험료 등 제외)으로, 2018년 전체 평균(2018년 가계금융·복지조사) 가구가처분 소득(389.0만 원)의 절반을 겨우 넘는 56.5% 수준이다. 2018년 기준 한부모가구의 월평균 지출은 총 166.3만 원 수준으로 총 소득의 약 75.7%를 지출하고 있는 것으로 나타났으며, 지출에서는 식료품비 지출액의 비중이 가장 높았으며, 정부의 지원을 받는 가구일수록 교육비 지출이 낮게 나타났다.

2015년 실태조사와 비교 시 2018년 실태조사에서는 한부모의 학력수준은 다소 높아졌고, 종사상 지위가 안정적이지 않은 것으로 보고되고 있다. 자료에 의하면, 2018년 기준 한부모가족이 된 당시의 취업자 비율은 66.8%, 한부모가족이 되기 1년 전의 취업자 비율은 61.1%로 한부모가 되고 나서 취업한 비율이 높게 나타나 있다.

이들의 평균 근로·사업소득은 2018년 기준 202만 원 수준으로 2015년 기준 173만 7천 원 수준과 비교할 때 다소 개선된 것으로 나타나고 있으며, 모자가구는 169.4만 원, 부자가구는 247.4만 원인 것으로 나타나 부자가구와 모자가구의 경제적 상황의 차이가 명확한 것을 알 수 있다.

(4) 전 배우자와의 관계 및 양육비

이혼 후 자녀를 양육하는 한부모가구는 자녀양육비로 인한 경제적 어려움을 경험하기도 한다. 이로 인해 자녀를 양육하지 않는 비양육부모에게 자녀 양육비를 청구하기도 하는데, 2018년 실태조사에 따르면, 한부모가구의 자녀 양육비 청구소송 경험은 2018년 기준 7.6%인 것으로 나타났다. 또한 양육비 이행확보절차를 이용해 본 경험은 8.0%로 2015년 조사 결과보다는 높아졌지만 여전히 양육비 관련 법 대응 경험을 한 경우는 적게 나타나고 있다.

자녀양육비 이행 확보 절차는 법적으로 강화되어 가는 추세이나 적용에 있어서는 여전히 어려운 현실이 존재한다.

2018년 기준 자녀와 비양육부모와의 교류 정도를 살펴보면, 2015년 실태조사와 유사하게 여전히 이혼 후 자녀를 양육하지 않는 부모와 교류가 되지 않고, 소재 파악이 되지 않는 비율이 여전히 높게 나타났다(그림 9-4).

(단위 : %, 2012년 : n=2,059, 2015년 : n=2,038, 2018년 : n=2,039)

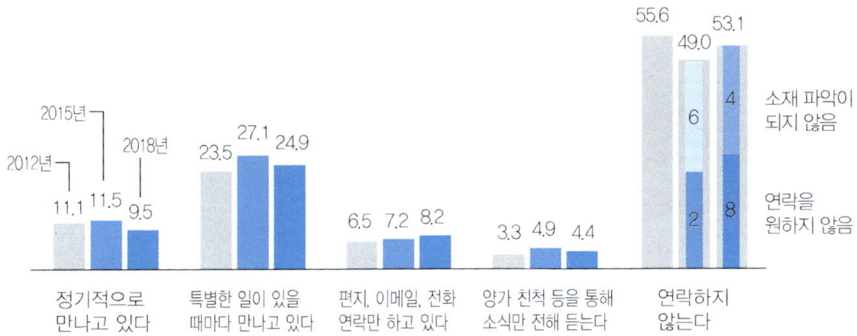

┃그림 9-4┃ 자녀와 비양육부모와의 교류 정도

주 : 2015년부터 '소재 파악 안 됨'을 보기에 추가
출처 : 여성가족부(2018). 2018년 한부모가족 실태조사.

(5) 건강 및 주거실태

① 건강

2018년 실태조사에 따르면, 2015년 실태조사에 비해 현재 건강상의 문제를 긍정적으로 응답한 수치가 소폭 증가하였으나 한부모 중 다수가 우울증상을 경험하는 등 한부모들의 신체·정신건강 상태는 상당히 열악한 수준이라 할 수 있다(여성가족부, 2018). 집단별로는 학력과 소득 수준이 낮은 취약계층일수록, 가구형태상 모자가구인 한부모일수록 주관적 건강상태가 나쁘고 우울감을 경험하는 비율이 더 높은 것으로 나타났다.

반면에 이들의 건강관리는 제대로 이루어지지 못하고 있는데, 우울증상을 경험하는 한부모의 반 이상이 혼자서 참는다고 응답한 반면, 의료기관의 치료 나 지역사회 전문가와의 상담 등 전문적인 서비스를 받는 비율은 매우 낮은 것(5.4%)으로 나타났다(그림 9-5 참조).

(단위 : %, 2012년 n=617, 2015년 n=515)

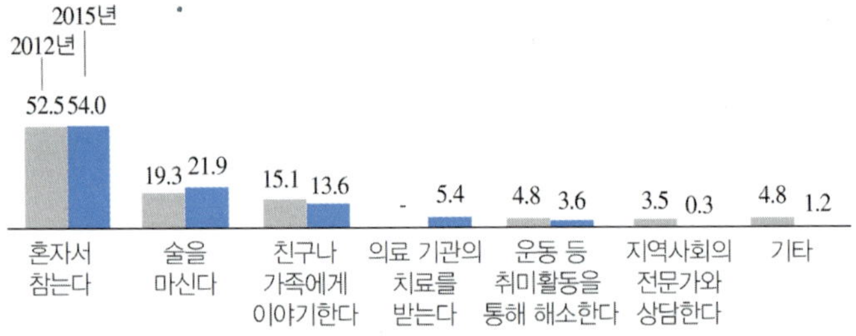

그림 9-5 우울감 해소 방식

출처 : 여성가족부(2015). 2015년 한부모가족 실태조사.
http://www.mogef.go.kr/mp/pcd/mp_pcd_s001d.do?mid=plc503

② 주거

2018년 실태조사에 따르면, 한부모가구의 주거안정성은 상당히 낮은 수준임을 알 수 있다. 주거의 경우 거주지의 형태가 '자가'인 경우는 24.1%, '전세'는 22.6%, '보증부월세'인 경우는 26.4%, '무상으로 가족·친지집에 산다'는 경우는 15.2% 순으로 나타나 한부모가족의 다수가 불안정한 주거상태에 놓여 있다(여성가족부, 2015). 특히 30대 이하, 저학력, 모자가구, 미취학 자녀를 둔 경우, 임시/ 일용근로자이거나 비취업인 경우, 소득수준이 낮은 경우에 '자가 소유' 비율이 현저히 낮은 것으로 나타나고 있다.

(단위 : %, 2012년 n=2,522, 2015년 n=2.552)

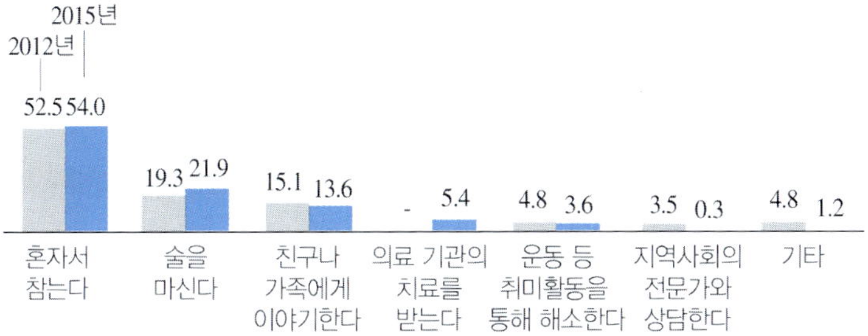

| 그림 9-6 | 거주 형태

출처 : 여성가족부(2015). 2015년 한부모가족 실태조사.
http://www.mogef.go.kr/mp/pcd/mp_pcd_s001d.do?mid=plc503

2. 한부모가족의 문제

1) 경제적 문제

한부모가족의 소득은 일반가구에 비해 현저히 낮은 편이며, 정부의 지원수준 또한 미흡하여 전체 한부모 중 5%에도 미치지 못하는 비율의 한부모가족만이 지원받고 있는 실정이다.

앞서 2018년 한부모가족의 실태에서 제시된 바와 같이 저소득 한부모가족 지원을 받는 가구는 증가하고 있으며, 특히 저소득 한부모가구 중 어린 자녀가 있는 모자가족의 비중이 매우 높다. 저소득 한부모가구 비율 중 모자가구가 많다는 점은 배우자 상실로 인한 소득의 감소와 자녀양육으로 인해 안정된 취업을 하기가 어렵고, 경력단절여성과 같이 우리나라 고용시장에서 여성 한부모 가장의 취업 어려움이 클 수밖에 없음을 시사한다.

2018년도 기준 한부모가족이 필요로 하는 정책적 지원으로 2015년도와 마찬가지로 '생계비, 양육비 등 현금지원(66.1%)'을 가장 필요로 하며, 다음으로 '주거지원'을 필요로 하는 것으로 나타났다(여성가족부, 2015).

2) 심리정서와 건강문제

한부모가족은 한부모가족이 형성되는 과정에서 경험하게 되는 이혼, 사별, 별거 등으로 심리적으로 혼란스러운 상태에 놓이며 분노감, 상실감, 배신감, 좌절감, 우울감, 실패감 등과 불안, 높은 스트레스, 사회적 고립감, 자존감 상실 등의 문제를 경험한다. 상실감과 소외감은 주변 사람들과의 인간관계를 원만히 지탱하기 어렵게 하고 폐쇄적으로 만들기도 한다.

특히 여성 한부모의 경우 이중역할에 대한 긴장과 스트레스가 높다고 볼 수 있다. 배우자의 부재로 인해 단독으로 부양자로서 부의 역할을 해야 함은 물론 자녀에게 아버지의 역할까지도 해내야 하는 과정에서 이들 여성 한부모는 정서적·심리적 부담을 매우 크게 경험한다. 이러한 정서·심리적 부담이 가중될 경우 무력감과 세상에 대한 자신감의 결여, 절망감, 사회로부터의 거부감, 부양자로서 자신의 역할에 대한 부정적인 평가, 무능력하고 부적절한 존재 로 간주하게 되는 과정을 통해서 우울과 불안, 소외감에 빠져들 수 있다.

한부모가족의 심리적·정서적 문제는 이들의 사회적 지지체계의 부족에서도 비롯된다. 결혼과 동시에 시댁 중심의 관계망을 형성하는 전통적인 한국 가족문화가 여전히 존재하고 있는 현실에서 이혼이나 사별 등으로 한부모가 됨으로써 친인척 등과의 관계망도 단절되기도 한다. 게다가 한부모가족은 생계유지나 생활고 등의 이유로 사회적 관계망의 상실을 경험하게 된다. 그동안 정서적인 면에서 여성가구주는 친척보다는 주로 친구 및 이웃으로부터 정서적 지원을 받는 경우가 많았다는 것을 나타낸다(중앙건강가정지원센터, 2008).

반면에 한부모가 된 여성이 삶에 대한 의욕을 가지고 자녀와 친밀한 관계를 유지하게 되면 경제적 자립뿐만 아니라 여성과 자녀 모두 스트레스 상황에 잘 적응하는 경우도 있다(도미향 외, 2018).

3) 사회의 편견과 부정적 인식

우리 사회는 핵가족을 정상가족으로 규정하고 그 범주에서 벗어나는 가족에 대해 비정상적인 가족으로 보는 시각이 여전히 존재한다. 이로 인해 한부모가족은 비정상가족으로 사회의 편견과 부정적 인식, 사회적 낙인으로 어려움을 경험한다. 한부모가족의 대다수가 한부모가족이라는 이유만으로 편견이나 차별을 경험하고, 주변 사람들이 자신을 '인생 실패자', '낙오자' 등으로 보는 것 같아 스트레스를 경험하기도 한다(동아닷컴, 2018. 5. 18). 한부모가족으로서 경험한 차별과 편견의 내용을 보면, 학교에서 가족을 주제로 하는 과제, 군대에서 한부모가족 자녀라는 이유로 관심사병으로 분류, 취업 면접에서 한부모가족이 된 사유에 대한 집중적인 질문 등 일상생활에서 차별과 편견에 부딪힘으로써 받는 스트레스가 많다. 정부에서는 2018년부터 5월 10일을 '한부모가족의 날'로 제정하고 차별근절을 위한 노력을 지원하고 있다.

4) 자녀돌봄(양육) 및 역할 재조정 문제

2015년도 한부모가족 실태조사에 따르면, 자녀가 어느 연령대에 있든 한부모들의 가장 큰 어려움은 '양육비·교육비용 부담'을 들고 있다. 이들은 경제적 활동으로 인해 자녀들과 함께하는 시간이 적으며, 미취학 자녀를 둔 경우에는 '자녀를 돌볼 시간의 부족', '자녀를 돌봐줄 사람을 구하는 어려움'을 가장 많이 호소하고 있는 것으로 나타났다. 취학 자녀를 둔 경우에는 '진로 지도의 어려움', '학업성적' 등 교육과 관련된 어려움을 호소하고 있었다. 한부모들은 '부와 모의 역할을 혼자서 감당'하기가 힘들고, '집안일 부담 증가'와 '미래에 대한 부담 증가', '경제적 어려움' 등 돌봄과 가사로 인한 역할 과중과 경제적 부담 등 생활에서의 어려움을 호소하고 있는 것으로 보고되고 있다. '집안일 부담 증가'의 경우 부자가구가 어려움을 상대적으로 크게 느끼는 반면, 나머지 영역은 모자가구의 어려움이 더 큰 것으로 파악되고 있다. 한부모들의 과반수가 집안일, 돈이 필요할 때, 본인과 아이가 아플 때, 생활과 관련한 도움이 필요할 때 등 일상생활에서 부모 및 친인척의 도움 을 얻고 있는 것으로 나타나고 있다(여성가족부, 2015).

한부모가족의 부나 모의 부재와 같은 가족구조 자체가 가족기능의 역기능과 연결되지는 않는다. 전통적인 가족구조 관점에서는 한부모가족이라는 가족구조 자체가 부나 모의 결손으로 인해 가족문제를 경험하며, 자녀들에게 심리적으로 부정적인 영향을 미치고, 자녀들의 부적응을 일으킨다고 본다. 한부모가족은 가족해체로 인한 소득의 감소로 경제적 스트레스와 압박을 경험하는데, 특히 자녀를 적절히 양육하는 데 필요한 물질적·비물질적 제한을 경험한다. 이와 같이 경제적 부담으로 인한 한부모가족 가장이 받는 스트레스는 부모 양육행동에도 영향을 미쳐 자녀양육에 부정적으로 영향을 주게 된다(양세정, 2013).

그러나 최근에는 한부모가족이라는 가족구조나 경제적 요인 자체보다는 한부모-자녀 간의 관계와 한부모의 양육행동, 가족응집력 등에 따라 자녀의 우울, 적응, 비행 등 부정적인 문제를 약화시킨다는 보고가 있다(정소희, 2006; 홍순혜, 2004, 양세영, 2013 재인용). 실제로 한부모가족은 한부모가족이 되는 과정에서부터 생활의 변화와 자녀양육에 대한 심리적 부담감 등으로 자녀와의 의사소통이 줄어들게 되며 이로 인해 자녀들의 생활적응에도 영향을 미치게 된다(하정옥, 2010).

여성 한부모는 자녀의 양육방식을 통제하고 지지하고 의논할 대상의 상실과 가사와 육아 및 생계 담당자로서의 과중한 역할을 감당하면서 자녀와 대화할 시간이 부족하고 양육에 있어서 어려움을 가진다. 이들은 가족부양자로서의 역할수행과 자녀에게 아버지의 역할까지도 감당해야 하는 역할 과중으로 인한 긴장과 스트레스를 경험한다. 이 경우 과중한 역할수행으로 인해 자신이 지칠 뿐만 아니라 자녀를 충분히 돌보아 주지 못한다는 죄책감때문에 자녀양육에 있어 감정적으로 흐르기 쉽고 일관성을 기대하기가 힘들다. 이와 같은 한부모가족에게 있어서 역할의 혼란은 가족 전체의 결속력을 붕괴시킬 위험이 있어 모의 자아존중감 회복과 부모역할 효능감 및 역량강화가 중요하다(도미향 외, 2018).

3. 한부모가족의 지원정책 및 서비스

2019년 기준 중위소득에 따라 한부모 및 조손 가족의 경우, 한부모가족지원 법에 따른 지원대상은 <표 9−3>과 같다. 한부모가족('부' 또는 '모'의 연령이 만 25세 이상인 경우) 선정기준은, 기준 중위소득의 60% 이하, 아동양육비 등 복지급여 지급기준은 기준 중위소득 52% 이하가 대상이 된다. 청소년 한부모 가족('부' 또는 '모'의 연령이 만 24세 이하인 경우)의 선정기준은 기준 중위소득 72% 이하, 아동양육비 등 복지급여 지급기준은 기준 중위소득 60% 이하가 대상이 된다.

〈표 9−3〉 2019년도 한부모가족지원법 지원대상 가구 소득인정액 기준

구 분		2인	3인	4인	5인	6인
2019년 기준 중위소득		2,906,528	3,760,032	4,613,536	5,467,040	6,320,544
<참고> 생계급여수급자 (기준 중위소득 30%)		871,958	1,128,010	1,384,061	1,640,112	1,896,163
한부모 및 조손 가족	기준 중위소득 52%	1,511,395	1,955,217	2,399,039	2,842,861	3,286,683
	기준 중위소득 60%	1,743,917	2,256,019	2,768,122	3,280,224	3,792,326
청소년 한부모가족	기준 중위소득 60%	1,743,917	2,256,019	2,768,122	3,280,224	3,792,326
	기준 중위소득 72%	2,092,700	2,707,223	3,321,746	3,936,269	4,550,792

출처 : 여성가족부(2019). 2019년도 한부모가족지원사업안내.

한부모가족지원사업은 한부모가족지원법에 따라 저소득 한부모가족·미혼가족·조손가족 등이 가족기능을 유지하고, 건강하고 문화적인 생활을 영위할 수 있도록 내실 있는 지원사업을 수행함으로써 한부모가족의 생활안정 및 자

립기반 조성과 복지증진 기여를 목적으로 시행되고 있다.

한부모가족지원법에 따라 한부모가족지원사업은 크게 한부모가족 자녀 양육비 지급, 청소년 한부모 자립지원, 한부모가족복지시설 지원, 한부모가족 무료 법률구조 등이 지원된다. 다음 <표 9-4>는 2019년 한부모가족지원사업을 정리한 것이다. 이 절에서는 한부모가족지원사업과 관련하여 경제적 지원, 자녀돌봄 지원, 건강 및 가족상담 서비스, 사회적 편견과 부정적 인식 감소를 위한 지원으로 구분하여 살펴보았다.

〈표 9-4〉 2019년 한부모가족지원사업 요약

사업명 및 개요	사업대상	수행기관
한부모가족 자녀 양육비 등 지원 • 아동양육비 : 만 18세 미만 자녀, 월 20만 원 • 추가 아동양육비 : 조손 및 만 25세 이상 미혼 한부모가족 5세 이하 자녀, 월 5만 원 • 학용품비 : 중학생·고등학생 자녀, 연 5.41만 원 • 생활보조금 : 시설 입소가구, 월 5만 원	소득인정액 기준 중위소득 52% 이하 한부모 및 조손 가족	자치단체
청소년 한부모 자립지원 • 아동양육비 : 월 35만 원 • 검정고시학습비, 고등학생교육비, 자립촉진수당 등 지원	소득인정액 기준 중위소득 60% 이하 만 24세 이하 한부모가족	자치단체
• 권역별 미혼모·부자 지원기관 운영 - 미혼모·부의 임신·출산·자녀양육을 위한 초기 지원, 교육·문화 프로그램, 자조모임, 상담 및 정보제공 등	미혼모·부자 가족	지방자치단체 17개 지원기관
한부모가족복지시설 지원 • 시설 기능 보강 : 신축, 개보수, 기자재 구입 등 • 시설 입소자 상담·치료 지원 • 시설 아이돌봄서비스 지원 • 공동생활가정형(매입임대주택) 주거 지원 • 한부모가족복지단체 지원 • 시설배치 사회복무요원 인력경비 지원	저소득 한부모가족 등	지방자치단체, 한부모가족 관련 시설·단체
한부모가족 무료 법률구조 • 한부모가족 대상 법률상담, 소송대리, 기타 법률사무 등 무료 법률구조 지원	한부모가족지원법 제5조, 제5조의2 제2항 한부모가족	대한법률구조공단

출처 : 여성가족부(2019). 2019년 한부모가족지원사업안내.

1) 경제적 지원

(1) 양육비 이행 지원

여성가족부는 한부모가족지원법에 근거해 2007년부터 양육아동을 둔 이혼 가족·미혼모부자 가족 등 한부모가족을 대상으로 자녀양육비 청구소송 이행 확보를 위한 무료 법률지원서비스를 시행해 왔으며, 2012년에는 대한법률구 조공단 등 유관기관과 협력해 법률구조단을 운영하였다(여성가족부, 2012).

이와 같이 법·제도의 도입과 개선으로 자녀양육비 이행제도가 점차 강화되고 있으나, 여전히 법원의 이행결정이 제대로 지켜지지 않아 양육비 이행관리를 전담하는 기관의 필요성이 제기되었다. 이에 따라 2014년에는 「양육비 이행확보 및 지원에 관한 법률」이 제정되어 2015년 3월 25일부로 시행되면서 여성가족부 산하 양육비 이행 전담기구인 양육비이행관리원이 신설되어 관련 업무를 총괄하고 있다(여성가족부, 2015).

(2) 주거지원

경제적으로 취약한 한부모가족의 건강한 자녀양육 등 다양한 욕구 충족 및 사회경제적으로 자립할 수 있도록 한부모가족시설, 주거비 지원 등의 정책을 실시하고 있다.

① 한부모가족시설

한부모가족지원법에 근거한 생활시설은 무료숙식 혹은 무료로 주거공간이 제공된다는 특성이 있으며, 시설에 거주하면서 기초생활보장급여와 한부모가 족지원법에 근거한 복지급여를 받을 수 있다(여성가족부, 2015). 2018년 12월 기준 총 128개소(생활시설 123개소, 이용시설 5개소)를 운영하고 있다. 이 시설은 만 18세 미만(취학 시 만 22세 미만)의 아동을 양육하는 무주택 저소득 모자, 부자가족이 입소 가능하며 모자가족복지시설(기본생활지원형, 자립생활지원형), 부자가족복지시설(기본생활지원형)로 운영하고 있다. 지원내용은 방과 후 아동 지도, 아동급식비 지급, 심리정서적 전문상담 및 심리치료 지원, 직업교육 연계, 양육가사교육 등 자립 지원 등을 지원한다.

② 주거비 지원 정책

주택 수요자에 대한 주거비 지원 정책으로는 주거급여제도와 주택 전월세 자금 지원제도가 있다. 최근 개편된 주거급여제도는 임차 수급자에게는 임차급여를 지급하고, 자가 수급자에게는 주택 노후도에 따라 맞춤형 주택 개보수가 가능하도록 수선 유지 급여를 지급하는 방식으로 운영되어(국토교통부, 2015), 현물급여로서의 성격이 한층 강화되었다. 주거급여 외에도 주택 전월세 자금 지원으로 버팀목대출과 주거안정 월세 대출 등 대출지원제도가 있다(여성가족부, 2015). 그 외에도 관련 기관에서는 한부모가족의 주거 안정화를 위한 주거 지원 정보를 제공하고 있다(서울특별시 한부모가족지원센터 홈페이지, 2018).

(3) 직업훈련·교육 및 고용 지원

한부모가족을 위한 취업 및 교육 훈련에 관한 지원으로 고용노동부 사업으로는 고용디딤돌(청년취업인턴제), 취업성공패키지, 국가기간·전략산업 직종훈 련, 근로자 직업능력 개발훈련, 내일배움카드제(직업능력계좌제) 등이 있다. 또 한 여성가족부의 새로일하기센터를 통해 실시하는 각종 경력단절 여성 대상 직업훈련 프로그램 및 고용지원 프로그램도 이용할 수 있다.

〈표 9-5〉 한부모가족을 위한 취업 및 고용 지원 요약

(1) **취업성공패키지** : 저소득 취업취약계층에 대하여 개인별 취업활동계획에 따라 '진단·경로 설정 → 의욕·능력 증진 → 집중 취업 알선'에 이르는 통합적인 취업지원 프로그램을 제공하고, 취업한 경우 '취업성공수당'을 지급함으로써 노동시장 진입을 체계적으로 지원하는 종합적인 취업지원체계, 국민기초생활보장법에 의한 기초생활 수급자 중 조건부 수급자는 취업성공패키지 중점 서비스 대상임. 취업성공패키지 Ⅰ(만 18~64 세), 취업성공패키지 Ⅱ(청·장년층)로 나뉘며, 패키지 Ⅰ 참여대상자는 만 18~64세 이하의 기초생활 수급자(조건부 수급자), 차차상 위(최저생계비 150%) 이하 저소득층 구직자가 원칙. 다만, 노숙인, 북한이탈주민, 결혼이민자, 여성가장, 장애인 등의 취약계층은 정책상 소득 여부와 관계없이 참여를 허용, 『취업성공패키지』 지원대상자로서 1단계(진단·경로 설정) 과정에서 집단상담 프로그램을 거쳐 '개인별 취업활동계획'을 수립한 자에 대하여 1단계 참여수당(최대 25만 원)을 지급. 취업성공패키지 Ⅱ 참여자는 최대 20만 원을 지급
(2) **근로자직업능력개발훈련** : 근로자의 직무능력 향상 및 경쟁력 강화를 도모하기 위하여 근로자가 자율적으로 직업능력개발훈련에 참여할 경우 훈련비용의 일부를 지원하는 제도로 보험연도에 200 만 원 이내에서 1년간 지원
(3) **국가기간·전략산업직종훈련** : 국가기간 및 전략산업 중 인력부족 직종과 산업현장의 인력수요 증대에 따라 인력양성이 필요한 직종에 대하여 기술·기능 인력의 양성·공급으로 기업의 인력난을 해소하기 위해 실시하는 훈련제도로, 훈련과정 수강료는 전액 무료이며, 대상자에 따 라 훈련장려금 (월 최대 116 만 원) 지급 가능
(4) **내일배움카드제(직업능력개발계좌제)** : 구직자(신규실업자·전직실업자)에게 일정한 금액을 지원, 그 범위 이내에서 자기주도적으로 직업능력개발훈련에 참여할 수 있도록 하고, 훈련이력 등을 개인별로 통합관리하는 제도. 1인당 계좌한도는 200만 원, 유효기간은 발급일로부터 1년, 발급횟수는 취업 전 2회(원칙), 훈련비의 70~50% 는 정부가 지원, 30~50% 는 훈련생 본인이 부담(공급 과잉 훈련분야의 경우 50%는 정부, 50% 는 본인이 부담). 교통비, 식비 등 지원
(5) **여성가족부의 경력단절 여성, 청년 여성, 한부모가족 대상 고용지원 및 직업훈련서비스** : 새로일하기센터의 각종 경력단절 여성 대상 직업훈련 프로그램 및 고용지원 프로그램이 이에 해당, 여성가족부에서 지정하는 공모하는 직훈사업이 대부분 무료 직업훈련사업들이며, 새로일하기센터에 직접 수강등록을 하고 과정을 선택하여 훈련 수강함

자료 : 1) 고용노동부, http://www.work.go.kr/pkg/content01/busiInfo.do
(검색일 : 2015. 11. 26)
2) 직업능력지식포털, http://www.hrd.go.kr/popup/incumbentTrain/trainInfoC.jsp
(검색일 : 2015. 11. 26)
3) 고용노동부, http://www.moel.go.kr.policyinfo/reclamation/view.jsp?cate=3&sec=2
(검색일 : 2015. 11. 26)
4) 직업능력지식포털, http://www.hrd.go.kr/jsp/HRDP/popup/popTrainInfoF_2.jsp#
(검색일 : 2015. 11. 26)
5) 여성가족부홈페이지, http://www.mogef.go.kr/korea/view/policyGuide/policyGuide02_02_05.jsp
(검색일 : 2015. 11. 26)

출처 : 여성가족부(2015) 재인용.

2) 자녀돌봄 지원

(1) 보육·유아교육 서비스 지원

정부는 아동보육 지원과 관련하여 다양한 차원의 서비스를 제공하고 있다. 지원대상의 확대로 어린이집과 유치원에 다니는 만 0세에서 5세까지의 아동이 있는 가구는 소득 수준에 관계없이 보육료를 지급받을 수 있게 되었다. 정규근로 시간과 관련된 보육뿐만 아니라 야간과 24시간 보육 관련해서도 지원 하고 있다(보건복지부, 2015). 이 외에도 만 12세 이하 취학아동의 방과 후 보육료를 지원하는 제도도 이용할 수 있다.

(2) 양육수당 지원

엄밀한 의미에서 서비스 지원은 아니지만 서비스를 대체하는 현금급여로 양육수당이 있다. 양육수당은 보육시설, 유치원, 종일제 아이돌봄 서비스를 이용하지 않는 아동에게 현금으로 지급하는 수당으로, 아동의 개월 수에 따라 월 10~20만 원의 수당이 지급된다. 2012년까지 차상위 이하 36개월 미만 아동에 한하여 지원되었으나 2013년부터는 만 5세(취학 전)까지 소득수준에 관계없이 전(全) 계층에 지원되고 있다(여성가족부, 2015). 2019년도 기준 저소득 한부모 및 조손 가족의 아동양육비는 만 18세 미만 아동을 대상으로 월 20만 원이 지급되며, 추가 아동양육비로 조손가족 및 만 25세 이상 미혼 한부모가족의 만 5세 이하 아동에게는 월 5만 원이 지급된다. 또한 중학생 및 고등학생 자녀에게는 연 5.41만 원이 지급된다(여성가족부, 2019).

청소년 한부모가족의 경우 아동양육비는 월 35만 원, 청소년 한부모가족의 모 또는 부가 검정고시 학원 수강시 연 154만 원 이내에서 지원이 되며, 청소년 한부모가족의 모 또는 부가 고등학생인 경우 수업료 및 입학금을 지급하고 있다.

〈표 9-6〉 취약 한부모가족 역량강화 서비스

- 사업개요
  - 취약 한부모가족이 복합적 문제해결 및 욕구해소를 위해 지속적인 사례관리(상담, 정보제공, 지역사회 자원 활용·연계 등)를 통해 가족기능 회복과 정서·경제적 자립역량 강화 도모
- 지원대상
  - 최저생계비 180% 이하 한부모가족(미혼모부자가족, 조손가족 포함)
  - 긴급위기가족 : 가정폭력, 이혼, 자살, 사망, 사고 경제적 및 사회적 위기사건을 직면한 가족

  ※ 자립의지가 있는 비수급·저소득 가구 우선 지원
- 지원내용
  - 심리·경제적 자립, 역량강화를 위한 지속적인 사례관리
  - 부모교육, 가족관계, 자녀양육교육 등 프로그램 및 자조모임
  - 정보제공 및 지역사회 자원 활용·연계
  - 자녀 학습·정서 지원(배움지도사 파견 지원, 통합시범센터는 12세 이하 손자녀 및 한부모가족의 자녀의 경우 방문서비스로 연계)
  - 생활가사 지원(키움보듬이 파견 지원, 한부모 생활가사는 아이돌보미 서비스 연계)
  - 긴급 위기지원

자료 : 여성가족부(2015a). 2015 년도 건강가정지원센터 사업안내, pp. 205-281.
출처 : 여성가족부(2015) 재인용.

3) 건강 및 가족상담 서비스

(1) 임신·출산·초기양육기 병원비·건강서비스 지원

한부모가 임신·출산 시 이용할 수 있는 사업으로는 영양플러스 사업과 출산 및 양육 시 위기지원이 대표적이다. 먼저 영양플러스 사업은 대상자에게 영양교육 및 상담, 보충식품 공급, 정기적 영양평가 등을 제공하는 사업으로, 사업운영 보건소별 관할지역 내 거주하는 가구 규모별 최저생계비 대비 200% 미만인 만 6세 미만의 유아, 임신부, 출산부, 수유부가 지원대상이다. 수혜대상 선정 시 영양이나 의학적인 측면에서 위험요인이 고려되고, 한부모가구일 경우에도 우선권이 주어진다.

(2) 심리·정서지원 상담서비스

취약 한부모가족의 경우 역량강화서비스 및 상담서비스를 이용할 수 있다. 먼저 최저생계비 180% 이하 한부모가구의 경우 가족역량강화지원사업의 지

원대상이 될 수 있으며, 전국 31개소의 사업수행기관을 통해 심리·경제적 자립을 위한 상담, 교육 프로그램 자조모임 운영 등을 통한 지속인 사례관리를 받을 수 있다.

4) 사회적 편견과 부정적 인식 감소를 위한 지원

한부모가 여러 가지 어려운 문제에 직면하여 받게 되는 사회적 지원은 스트레스 극복에 도움을 주며 생활과 삶의 질 향상에 기여하게 될 것이므로, 한부모가족에게 지지가 될 만한 자원을 찾아내어 한부모가족과 연계시키는 노력이 필요하다. 그러나 한부모가족을 비정상 가족으로 바라보는 사회적 통념과 편견은 사회적 지원을 받는다 해도 한부모와 그 자녀들에게는 심한 좌절감을 느끼게 할 수 있으므로, 이에 대한 사회적 편견과 부정적 인식을 제거하고 인식개선에 필요한 프로그램들을 활성화시킬 필요가 있다. 그 예로, 관련 기관과 단체에서 진행하는 한부모가족 캠페인 등의 활동 등을 들 수 있다.

한부모가족 캠페인 "한부모가족과 함께하는 세상 만들기"

한부모가족에 대한 긍정적인 인식 확산을 위해 온·오프라인 캠페인 실시

그림 9-7 한부모가족 인식개선을 위한 캠페인 사례

출처 : 서울특별시 한부모가족지원센터. http://www.seoulhanbumo.or.kr/business/business13.jsp

한부모가족 인식개선 공모전

- 한부모가족에 대한 관심과 가족의 다양성을 일깨워주는 기회를 제공하기 위해 공모전 실시

- 대상 : 서울시민

- 사업내용

· 공모전 방향 논의를 위한 공모전 기획회의
· 공모전 홍보 및 작품 접수
· 공모전 작품 심사
· 공모전 시상식
· 공모전 평가회의

2012 대상 2013 특별상 2014년 대상

| 그림 9-8 | 한부모가족 인식개선 공모전 사례

출처 : 서울특별시 한부모가족지원센터. http://www.seoulhanbumo.or.kr/business/business12.jsp

토론 및 생각해 보기

1. 가족발달주기 중 예상하지 못한 사건의 대표적 사례가 '한부모가족'의 발생이다. 우리나라의 한부모가족에 대한 가족복지 서비스 수준과 절차에 대해 어떻게 생각하는가?

2. 양육비이행관리원 제도 이용 가족의 만족도는 어느 정도인지 탐색해 보자. 보완해야 할 부분은 무엇이라 생각하는가?

읽을거리

한부모가족의 80% 이상이 헤어진 배우자로부터 받아야 할 양육비를 한 푼도 받지 못하고 있다. 이로 인해 한부모가족의 소득은 평균의 절반에 불과해 빈곤이 자녀들에게로 대물림될 수밖에 없는 실정이다. 이를 위한 가족복지정책은 무엇이며, 실제 대안에는 무엇이 있을까?

→ 양육비 이행관리원 제도는 법률 전문가들이 이행관리원 자격으로 한부모가족의 양육비 소송을 지원한다. 양육비 이행관리원 제도가 잘 정착되면 선진국처럼 국가가 양육비를 대신 받아주는 제도 또한 검토가 가능할 것이다 (출처 : MBC 뉴스, http://news.naver.com/main/read.nhn?mode=LPOD&mid=tvh&oid=214&aid=0000478045).

CHAPTER 10

폭력과 가족복지

학습목표

가정폭력은 사적 공간으로 은폐되어 온 가정에서 가족원 간에 일어나는 지속적이며 반복적인 폭력의 특성이 있다. 최근 가족 및 가족 구성원의 생존과 안정을 위협하는 가정폭력은 더욱 다양해지고 심각해지고 있다.

- 가정폭력의 개념과 현황을 이해할 수 있다.
- 가정폭력의 특징과 문제에 대해 이해할 수 있다.
- 가정폭력 지원정책 및 서비스에 대해 이해할 수 있다.

1. 가정폭력의 개념과 현황

생각 나누기

가정폭력 감수성 진단

평소 가정폭력에 대해 어떤 생각을 가지고 계신가요? 다음 문항을 잘 읽고 자신의 생각에 맞는 답을 체크해 보세요.

항 목	그렇다	아니다
1. 가족에게 신체적, 정신적 또는 재산상 피해를 주는 행위는 가정폭력이다.		
2. 가정폭력은 집안 일이 아닌 사회적 문제(범죄)이다.		
3. 가정폭력은 국가가 적극적으로 해결해야 할 문제이다.		
4. 가족이 아니더라도 가정폭력을 알게 되면 경찰에 신고할 수 있다.		

5. 가정폭력을 신고받은 경찰은 즉시 현장에 출동해야 한다.		
6. 배우자를 학대하는 것은 자녀들에게 부정적인 영향을 끼친다.		
7. 가정폭력 피해자는 1366에서 24시간 언제나 상담받을 수 있다.		
8. 가정폭력을 피해자 탓으로 돌리면 안 된다.		
9. 사랑이라는 이유로 폭력이 정당화될 수는 없다.		
10. 앞으로 가정폭력 예방 활동에 적극 참여하겠다.		

출처 : 여성긴급전화1366. https://www.women1366.kr/_sub04/sub04_01.html

1) 가정폭력의 개념

「가정폭력범죄의 처벌 등에 관한 특례법」 제2조 제1호에 의하면, 가정폭력은 '가정 구성원 사이의 신체적, 정신적 또는 재산상 피해를 수반하는 행위'로 규정하고 있으며, 제2조 제2호에는 '가정 구성원'을 배우자(사실혼 포함) 또는 배우자였던 사람, 자기 또는 배우자와 직계존비속 관계(사실상 양친자 포함)에 있거나 있었던 사람, 계부모와 자의 관계 또는 적모와 서자의 관계에 있거나 있었던 사람, 동거하는 친족을 포함하고 있다. 이에 가정폭력을 부부간의 폭력뿐 아니라 자녀에 대한 학대, 부모에 대한 학대 등을 포함하는 개념으로 정의하고 있다.

가정폭력은 가족 내 권력관계에서 파생되는 폭력으로 경제력과 지위 등의 권력 면에서 더 강한 사람이 그렇지 않은 않은 가족 구성원에게 권력을 행사하는 데에서 발생한다. 주로 폭력의 피해 대상자는 남편에 의한 아내 구타, 성인 부모에 의한 어린 자녀 학대, 성인 자녀의 부모 학대 등으로 나타난다(한희선 외, 2018).

가정에서 발생하는 폭력에 대해 한국은 과거 1997년에 「가정폭력방지 및 피해자보호 등에 관한 법률」, 「가정폭력 범죄의 처벌 등에 관한 특례법」을 제정하면서 사회적 문제로서 제도적 개입의 근거를 마련하였다(여성가족부 홈페이지, 2018. 2. 5). 가정폭력과 관련된 주요 법령을 소개하면 <표 10−1>과 같다.

〈표 10-1〉 가정폭력 관련 주요 법령

법 령	특 징
가정폭력범죄의 처벌 등에 관한 특례법	• 가정폭력에 대한 정의 • 가정폭력 신고의무자, 임시조치, 긴급조치 및 처벌 등
가정폭력방지 및 피해자보호 등에 관한 법률	• 가정폭력 피해자 방지 및 보호 • 가정폭력 예방교육, 피해자 지원 체계 등
아동복지법	• 아동에 대한 학대 금지 • 아동에 대한 학대 가해자에 대한 벌칙
아동학대범죄의 처벌 등에 관한 특례법	• 아동학대의 정의 • 아동학대 가해자에 대한 벌칙
아동·청소년의 성보호에 관한 법률	• 아동·청소년 대상 성범죄 정의 • 아동·청소년 대상 성범죄자에 대한 벌칙
노인복지법	• 노인에 대한 학대 금지 • 노인에 대한 학대 가해자에 대한 벌칙

2) 가정폭력 현황

이 절에서는 여성가족부에서 실시한 2016년 가정폭력 실태조사를 중심으로 다음과 같이 가정폭력 현황을 정리하였다(여성가족부, 2017).

(1) 부부폭력 현황

여성이 지난 1년간 경험한 배우자로부터의 폭력 피해율은 12.1%였고, 여성의 배우자 폭력 가해율은 9.1%였다. 남성이 지난 1년간 경험한 배우자로부터의 폭력 피해율은 8.6%, 남성의 폭력 가해율은 11.6%였다.

유형별 발생률은 전반적으로 정서적 폭력의 발생비율이 가장 높았으며, 다음으로 신체적 폭력, 경제적 폭력과 성적 폭력 순이었다. 여성의 폭력 피해 경험을 폭력 유형별로 자세히 살펴보면(그림 10-1 참조) 2016년의 경우, 전체 여성 응답자의 4.9%가 배우자로부터 신체적 폭력을 경험했다고 응답했으며, 정서적 폭력을 경험한 응답자는 전체 여성의 28.6%, 경제적 폭력을 경험한 응답자는 3.5%, 성적 폭력은 4.3%인 것으로 나타났다. 이는 2013년에 비해 신체적 폭력은 1.6%p, 정서적 폭력은 18.1%p, 경제적 폭력은 1.1%p, 성적 폭력은 2.0%p 증가한 수치이다.

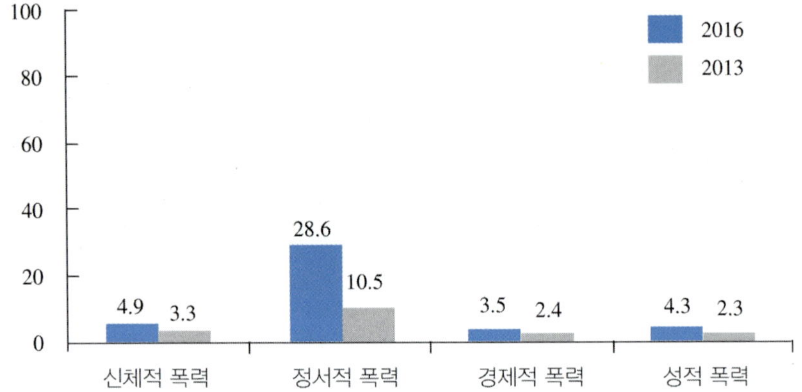

| 그림 10-1 | 폭력유형별 여성의 배우자 폭력 피해

출처 : 여성가족부(2017). 가정폭력실태조사.

여성이 배우자로부터 폭력 피해를 처음으로 경험한 시기는 결혼 후 1년 미만이 18.1%, 결혼 후 1년 이상에서 5년 미만 사이가 44.2%로, 여성의 62.3%가 결혼 후 5년 내에 처음 폭력을 경험한 것으로 나타났다. 여성의 2.0%는 결혼 전 교제기간에 처음 폭력을 경험했다고 응답하여, 결혼 전 교제기간까지 포함하면 피해 여성의 64.3%가 교제기간부터 결혼 후 5년 내, 비교적 결혼생활의 초기에 처음 배우자 폭력을 경험했음을 알 수 있다. 부부폭력이 일어나게 된 이유는 | 그림 10-2 | 에서 볼 수 있듯이 여성과 남성, 부부폭력 피해와 가해 경험 모두에서 '성격 차이'와 '경제적인 문제'라는 응답이 가장 많았으며, 다음으로 배우자나 본인의 음주문제, 시가 또는 처가 문제의 순이었다. 배우자 폭력 피해를 경험한 여성의 응답을 살펴보면, 부부폭력이 일어나게 된 가장 큰 이유로 성격 차이가 45.3%로 거의 절반에 달했고, 경제적인 문제가 25.7%, 배우자의 음주문제가 9.6%, 시가 문제가 9.3%, 본인의 음주문제가 4.4%였다. 부부폭력 피해를 경험한 응답자는 배우자의 폭력으로 인해 신체적·정신적 고통, 위협이나 공포심을 경험한 것으로 나타났으며, 여성이 남성에 비해 더 심각한 수준의 신체적·정신적 고통 및 위협 공포심을 겪는 것으로 조사되었다.

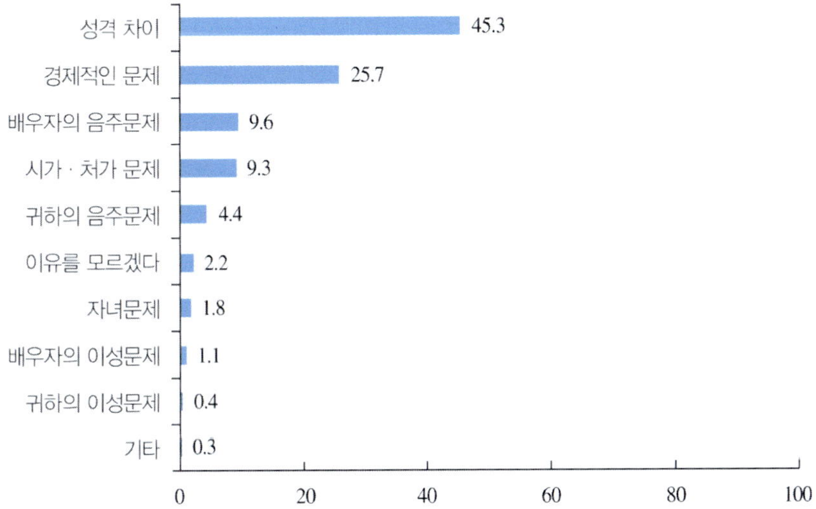

| 그림 10-2 | 부부폭력이 일어난 이유

출처 : 여성가족부(2017). 가정폭력실태조사.

신체적 상처를 경험했다고 응답한 비율은 피해 여성의 20.0%(2013년 8.2%), 남성의 6.3%(2013년 3.9%)였으며, 정신적 고통을 경험했다고 응답한 비율은 피해 여성의 43.4%(2013년 19.8%), 남성의 18.9%(2013년 6.0%)였다. 3년 전과 비교하면 신체적 상처나 정신적 고통을 경험했다고 응답한 비율은 전반적으로 2배 이상 증가한 것으로 나타났다.

응답자가 느낀 정신적 고통은 자신에 대한 실망, 무력감, 자아상실(65.8%), 매사에 불안, 우울(33.8%), 가해자에 대한 적대감이나 분노(31.5%) 등으로(복수응답), 배우자의 폭력으로 인해 오히려 피해자가 자신에 대해 무력감과 자존감 저하, 불안 및 우울 등의 정신문제를 경험하게 되는 것을 알 수 있다. 또한 피해 여성의 거의 절반에 이르는 45.1%가 배우자의 폭력으로 인해 위협이나 공포심을 느꼈다고 응답하였으며, 피해 남성은 17.2%만 그렇다고 응답하여, 여성이 배우자의 폭력으로 인해 심리적 위협과 공포심을 훨씬 더 경험하는 것으로 나타났다.

(2) 자녀학대 현황

만 18세 미만 자녀를 둔 응답자를 대상으로 자녀에 대한 신체적·정서적 학대 및 방임 여부를 조사한 결과, 2016년 응답자의 지난 1년간 자녀 학대율은 27.6%였으며, 여성 응답자의 자녀 학대율은 32.1%, 남성 응답자의 자녀 학대율은 22.4%로 나타났다. 여성의 자녀 학대율이 남성에 비해 높은 것은 부부간 역할분담에서 주로 여성이 자녀 양육과 교육을 담당한다는 점을 고려해야 한다.

| 그림 10-3 | 처럼 유형별 학대율을 살펴보면, 응답자가 자녀에게 신체적 학대를 행사한 비율은 7.3%였으며, 정서적 학대 비율은 25.7%, 방임 비율은 2.1%로, 정서적 학대의 비율이 가장 높았다. 2013년 신체적 학대 18.3%, 정서적 학대 42.8%, 방임 5.0%에 비해 특히 정서적 학대와 신체적 학대의 비율이 현저하게 감소한 것으로 나타났다.

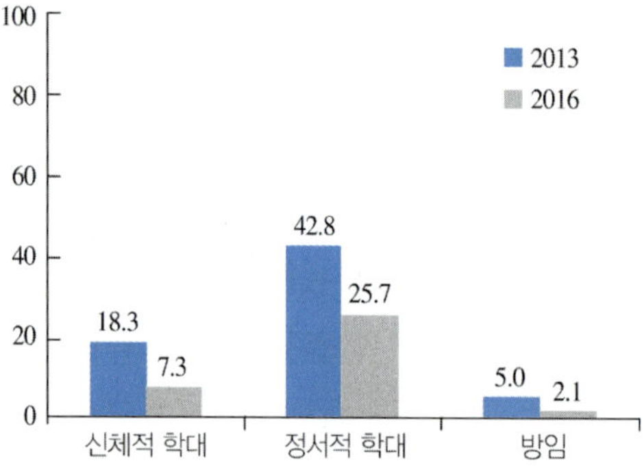

| 그림 10-3 | 폭력유형별 자녀 학대율

출처 : 여성가족부(2017). 가정폭력실태조사.

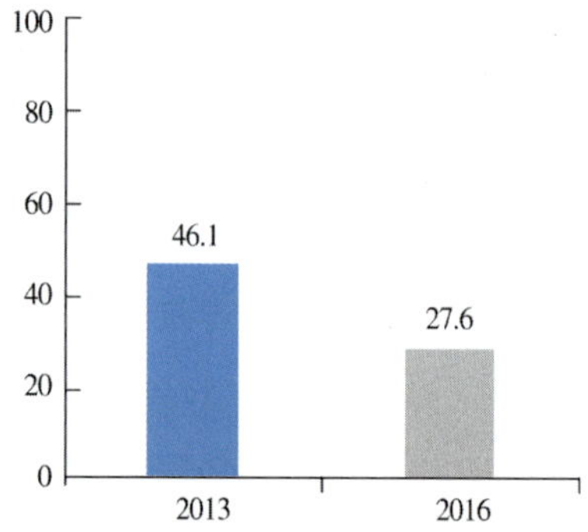

| 그림 10-4 | 지난 1년간 자녀 학대율

출처 : 여성가족부(2017). 가정폭력실태조사.

자녀에 대한 신체적 학대는 '손바닥으로 뺨이나 머리를 때렸다'는 비율이 6.4%로 가장 높았고, '허리띠나 몽둥이 등으로 때렸다'가 1.4%, '자녀를 잡고 던지거나 넘어뜨렸다'가 0.6%, '주먹이나 발로 세게 때렸다'가 0.7%, '사정없이 마구 때렸다'가 0.7%, '목을 졸랐다'가 0.4%, '고의적으로 화상을 입혔다'가 0.4%, '칼이나 가위 등으로 위협했다'가 0.4%로 나타났다. 응답자의 자녀에 대한 정서적 학대는 '때리겠다고 위협했다'는 23.2%, '욕하거나 나쁜 말을 퍼부었다'는 9.3%였다. 자녀에 대한 방임은 '식사를 제때에 잘 챙겨주지 않았다'가 1.4%, '어른과 함께 있어야 하는 상황에도 불구하고 혼자 있게 했다'가 1.1%, '술이나 약물에 취해서 자녀를 돌보지 않았다'가 0.5%, '치료가 필요할 때 병원에 데리고 가지 않았다'가 0.4%였다.

우리나라에서는 자녀의 훈육방법으로 신체적 체벌을 사용하는 것이 허용되는 문화가 강하여, 신체적 체벌 방식은 자녀에 대한 신체적 학대로 이어질 수 있다. 본 조사에서는 미성년 자녀를 둔 응답자의 자녀훈육 방식을 파악하기 위해 비신체적이고 비폭력적 체벌방식을 얼마나 사용하는지를 조사하였다(복수응답). 조사 결과 응답자들은 자녀가 잘못했을 때 '왜 행동이 잘못되었는지 설명'하는 방식을 많이 사용하고 있는 것으로 85%에 달하였으며, 그 다음으로 '아이가 좋아하는 활동이나 특권을 제한하거나 외출을 제한(51.0%)'하는 방식이나 '아이를 일정 시간 활동에서 제외 혹은 격리(26.8%)'하는 방식을 사용하고 있었다.

(3) 노인학대 현황

만 65세 이상 응답자를 대상으로, 지난 1년간 가족원(자녀, 사위, 며느리, 손자녀)으로부터 신체적 학대, 정서적 학대, 경제적 학대, 방임 피해 경험을 조사한 결과를 정리하면, 노인 응답자가 가족원으로부터 받은 학대(신체적·정서적·경제적 학대, 방임 중 하나라도 경험한 비율) 피해는 7.3%로 나타났다. 학대유형별 피해 실태를 보면, 정서적 학대 피해율이 6.5% 로 가장 높았고, 경제적 학대가 1.5%, 방임 1.4%, 신체적 학대 0.4%였다.

성별로 살펴보면, 여성 응답자의 피해 경험은 6.2%, 남성 응답자의 피해 경험은 8.6%로, 남성 노인의 피해경험이 여성 노인보다 조금 더 많은 것으로 나타났다. 학대 유형별로는 여성 노인의 경우 정서적 학대 경험은 5.7%, 방임 0.7%, 신체적 학대 0.6%, 경제적 학대 0.4%였고, 남성 노인의 경우 정서적 학대 경험은 7.5%, 경제적 학대 2.9%, 방임 2.3%로 나타났다. 여성 노인과 남성 노인 모두 정서적 학대 피해 비율이 가장 높았으며, 남성 노인의 경우 정서적 학대, 경제적 학대, 방임에서 모두 여성 노인보다 피해 경험이 높은 것으로 나타났다.

① 신체적 학대

신체적 학대 실태에서 노인 응답자의 신체적 학대 피해 경험을 항목별로 살펴보면, 여성 노인에게서만 보고되고 있다. 여성 노인의 0.2%가 가족원으로부터 '화풀이 또는 거친 의사표시를 하는 행위'를 경험했다고 응답했으며, 여성 노인의 0.4%가 '밀치거나 넘어뜨리는 행위'를 경험했다고 응답했다.

② 정서적 학대

정서적 학대 경험을 살펴보면, '대화 기피나 나의 의견을 무시하거나 화내는 행위'를 경험한 비율이 3.8%로 가장 높았으며, '가족으로부터 따돌리거나 가족 모임 또는 의사결정 과정에서 소외' 2.0%, '모욕적인 말로 감정을 상하게 하거나 수치심을 느끼도록 하는 행위' 1.8%, '부양부담 스트레스를 노골적으로 표현' 1.1%, '집을 나가라는 폭언' 0.6%, '신체기능 저하로 인한 실수를 비난하거나 꾸짖음' 0.4%의 순으로 나타났다. 여성 노인에 비해 남성 노인의 정서적 학대 피해가 더 많이 보고되고 있어, 가족원이 대화를 기피하거나 의견 무시, 가족 관계에서 소외당한 경험이 여성 노인보다 더 많은 것으로 나타났다.

③ 경제적 학대

경제적 학대는 '빌린 돈을 갚지 않거나 물건을 돌려주지 않는 행위(1.5%)', '연금, 임대료 등의 소득 또는 저축, 주식 등을 가로채거나 임의로 사용하는 행위(0.2%)'의 형태로 나타나고 있었다. 경제적 학대 경험은 대부분 남성 노인에게서 보고되었으며, 여성의 학대 피해는 낮은 수준이었다.

④ 방임

방임은 '연락 또는 왕래를 하지 않고 방치'가 1.1%, '필요한 기본 생계비용을 제공하지 않거나 중단'한다는 경우가 0.3%, '경제적 능력이 있음에도 고의로 필요한 보장구를 제공하지 않음'과 '병원에서 치료를 받아야 할 상황에도 병원을 데리고 가지 않음'이 각각 0.2%였다. 방임 역시 해당 항목 모두에서 남성 노인의 경험이 여성보다 높게 나타났다.

2. 특징과 문제

1) 특징과 유형

가정폭력은 가해자와 피해자가 친밀한 가족 구성원이다. 이로 인해 가정폭력에서는 오랜 기간에 걸쳐 고정된 대상에게 지속적인 폭력의 반복과 폭력 성향을 세대 간 대물림하는 결과가 초래되기도 한다.

가정폭력은 피해자 당사자에게만 국한되지 않고 가족 구성원 전체에 영향을 미치게 되며, 그 특징은 은폐되고 연속적이며, 상습적이고 세대 전수되는 폭력이라고 할 수 있다. 가정폭력의 유형은 ┃그림 10-5┃에서와 같이 정서폭력, 언어폭력, 신체폭력, 성폭력, 아동방임 등의 폭력유형에 따른 분류가 있으며, 가정 내에서 일어나는 관계를 기준으로 분류할 때는 부부폭력, 상호폭력, 아동학대, 부모학대, 형제폭력 등으로 분류할 수 있다(여성가족부, 2018).

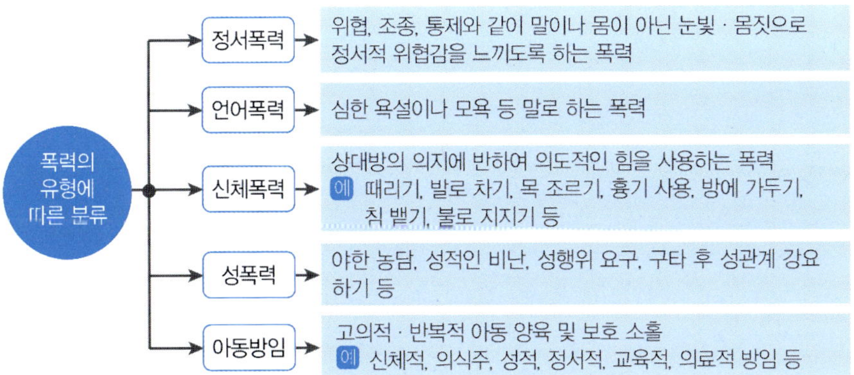

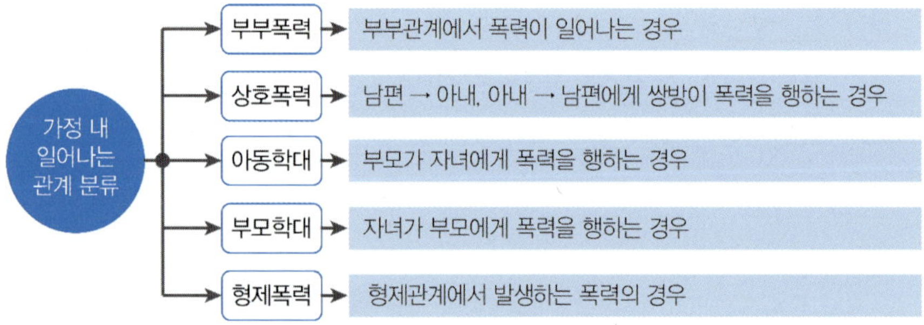

| 그림 10-5 | 가정폭력의 유형

가정폭력의 특징별 내용을 개요적으로 소개하면 다음 <표 10-2>와 같다(권신 영, 2017; 여성가족부, 2017).

〈표 10-2〉 가정폭력의 특징

특 징	특징별 내용
은폐성	가정은 사적인 영역으로서 가족 외 다른 타인이 개입하거나 관여할 수 있는 상황이 아니라는 인식 때문에 많은 폭력문제들이 장기화되고, 드러나지 않는 문제점들을 안고 있음
연속성	신체적·정서적·성적 학대행위가 초기에는 가벼운 구타에서 시작해서 시간이 흐를수록 심각한 수준으로 변화하게 됨
상습성	폭력이 반복될수록 부부간 혹은 가해자와 피해자 간의 화해의 단계가 줄어들거나 없어지고 폭력의 주기가 빨라짐
세대 전수성	가정폭력은 세대 간 대물림되는 특성이 있음. 이전 세대의 폭력 경험률이 50% 이상인 것으로 나타남

2) 문제점

(1) 폭력 후 상처(트라우마)

가정폭력은 폭력 후 피해자에게 직접적으로 상처를 남기며 후유증이 심각하다는 것이다. 가정폭력 피해자들은 심리·정서적으로 우울, 고립감, 학습된 무기력, 자기비난, 외상 후 스트레스 장애, 낮은 자존감, 분노, 사회적응 및 가족기능 장애 등이 나타난다(이영주·최경화·정윤태·김현희·오정아, 2015). 특히 남편, 아버지로부터 폭력을 경험한 피해 여성과 자녀의 경우, 장기적인 외상을 겪는다. 피해 여성들의 경우 우울은 일반적인 증상으로 나타나며, 자녀들에게까지 폭력이 행사되었을 경우에는 분노를 수반하며, 가해 남편으로부터 분리되지 못한다고 생각할 경우 자살위험도 높아지는 것으로 보고되었다(이화여자대학교 사회복지연구회 편, 2003).

(2) 자녀학대로 인한 문제

부부의 폭력현장에 있는 자녀들은 직간접의 폭력 피해자로 볼 수 있다. 부부폭력이 자녀 성상과 적응에 미치는 영향은 내재적 문제, 외현적 문제, 사회발달의 문제 등이 나타난다. 즉, 가족의 해체에 대한 두려움, 우울, 열등감 등의 위축현상이 나타나며, 아동기 자녀의 행동적 부적응이 나타난다(신동욱, 2014). 즉, 폭력에 노출된 자녀가 성인이 되었을 경우, 가정폭력의 가해자가 될 가능성이 많다는 보고들이 있다. 부모로부터 학대를 경험한 자녀는 신체적·심리적 취약성을 보이며, 이는 대인관계에서의 문제해결능력 저하로 이어진다(조은정 외, 2004). 또한 정서불안으로 인한 불안적 애착관계를 보이고, 가정폭력을 자주 경험할수록 이들은 경쟁·공격적 대인관계 성향을 보이며, 그 결과로 불안, 우울, 알코올 및 약물 남용 등의 문제를 보이기도 한다(김민정, 2009). 이러한 결과들을 볼 때, 자녀의 학대경험은 성인기에 이르기까지도 신체적·심리적·사회적 기능 수행에 있어서 부정적인 영향을 미침을 알 수 있다.

참고 **페미사이드 – 살해위협 받는 여성들의 공포**

■ 가정폭력 '지옥의 20년' 증언… 쌀은 눈물도 말랐디

지옥 같던 가정폭력 국회 증언–서울 강서구 주차장 살인사건 피해자의 둘째 딸이 30일 국회에서 열린 국회 여성가족위 국정감사에 참석하고 있다. A씨는 신원 노출을 피하기 위해 우산으로 얼굴을 가리고 이동해 가림막 뒤에서 진술했다.

A씨 자매들은 어머니가 숨진 이튿날 "아버지에게 사형을 선고해 달라"는 국민청원을 냈다. 지금까지 111만 명이 동의했다. 하고 싶은 말을 묻는 의원들에게 A

씨는 "제2, 제3의 피해자가 없도록 피해자를 보호하는 구체적인 법을 만들어 달라"고 했다.

평범한 여성이 연애·동거·혼인 상대에게 살해당하는 '페미사이드(femicide·여성살해)'가 우리 사회의 근간을 흔들고 있다. 2016년 기준으로 한 해 살인사건 열 건 중 한 건을 연인이 저질렀다. 전·현 배우자와 동거남이 저지르는 살인은 아예 집계조차 안 된다.

페미사이드 피해자 한 사람 뒤에는 더 많은 다른 피해자가 있다. 세상에 하나뿐인 엄마가 아버지에게 두들겨 맞는 걸 숱하게 목격하며 자라야 하는 수많은 아이다. 황정임 한국여성정책연구원 박사는 "페미사이드를 부르는 가정폭력은 해당 여성뿐 아니라 다음 세대 아이들에게 잔혹한 영향을 주는 심각한 범죄인데 우린 아직도 이걸 가볍게 본다"고 했다.

■ 매 맞는 아이·엄마, 한 해 3,000명

이날 여성가족부·경찰청이 국회 김현아 의원에게 제출한 자료에 따르면, 경찰이 가정폭력 피해를 접수한 18세 이하 어린이·청소년만 2015~2017년 사이 8,914명에 달했다(그림 10-6 참조). 다음 세대 한국인들이 한 해 3,000명 가까이 가정폭력에 노출되고 있는 것이다.

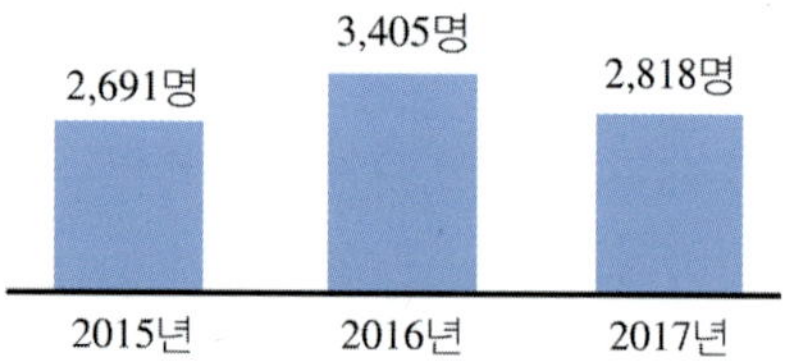

그림 10-6 최근 3년 만 18세 이하 가정폭력 피해자

자료 : 김현아 의원실.

드러나지 않은 피해는 그 몇 배로 추정된다. 부모가 자녀를 방치·폭행하는 '아동학대'와 달리, '가정폭력' 신고는 아이와 엄마가 동시에 아빠에게 맞는 경우다. 경찰은 피해자들을 가정폭력 피해자 보호시설(쉼터)로 연계해 주는데, 작년에만 매 맞는 엄마 2,055명이 때로는 혼자, 때로는 아이 손을 붙잡고 남편의 매질을 피해 쉼터로 갔다.

■ 우리 곁의 폭력

엄마와 함께 쉼터에 사는 B(6)군은 지금도 갖고 놀던 장난감이 고장 나면 "나 아빠한테 죽어"라며 얼굴이 굳는다. 엄마가 눈앞에 안 보여도 "엄마가 죽은 줄 알았다"고 겁에 질린다. 알코올 중독자인 아버지에게 엄마와 함께 수시로 머리와 얼굴을 마구 얻어맞은 후유증이다.

전문가들은 "이런 사례가 '나와 동떨어진 얘기'라고 생각지 말아 달라"고 했다. 피해자들이 숨죽이고 있을 뿐, 우리 주변에도 제2, 제3의 강서구 모녀가 많다는 것이다.

가정폭력 가해자 C씨도 겉보기엔 안정적인 직장에 다니며 공무원 아내와 맞벌이하는 '멀쩡한' 가장이었다. 민얼굴은 달랐다. 그는 아내가 임신했을 때부터 때리기 시작해, 아이가 태어나자 둘을 같이 때렸다. "맞은 티가 안 나야 한다"며 아내와 돌도 안 된 갓난아기를 두꺼운 이불에 뒤집어씌워 놓고 발길질했다.

피해자들에겐 가족이 곧 지옥이지만, 이들을 돌보는 국가 대책은 사실상 거의 없다. 가정폭력 피해 여성 일부에게 쉼터와 심리치료, 재활 프로그램을 지원하는 정도다. 엄마를 따라 도망쳐 나온 아이들에게 유치원·어린이집 교육비도, 기본적인 양육비도 지원하지 않는다.

아이들이 아빠의 매질을 피해 엄마와 도망칠 때 교육 당국이 아이를 비공개로 전학시켜 주는 '비밀 전학'이 거의 유일한 보호 조치지만, 이것도 제대로 작동하지 않는 경우가 잦다. 자녀가 몰래 전학 간 학교에서 실수로 친권자인 아버지에게 각종 안내 문자를 보낸 사례도 있다. "아버지가 찾아와 난동을 피우면 어떻게 하느냐"며 전학받길 꺼리는 학교도 있다. 서순임 전국가정폭력피해자보호시설협의회 회장은 "가정폭력을 당한 아이가 분노와 무력감, 적개심 때문에 커서 본인도 가해자가 되는 경우가 잦다"면서 "이런 괴물 같은 가정폭력을 우리 사회는 부부 사이 문제로 본다"고 했다.

페미사이드 아이들 피해 사례

※ 가정폭력보호시설에서 제공한 사실을 본지가 재구성

가정폭력 피해자 A(6)군	가정폭력 피해자 B(11)양	가정폭력 피해자 C(13)군
"엄마를 때리던 아빠가 저도 때리기 시작했어요. 주먹으로 머리를 때리고, 물건을 던지고, 엄마가 안 보이면 '엄마가 아빠한테 맞아서 죽은 게 아닐까' 걱정이 들어요."	"술만 먹으면 엄마에게 폭언 · 폭행을 하던 아버지가 엄마가 없을 때마다 몸을 만지고 때려요. 엄마한테 말하면 엄마를 죽여버리겠다고 해요."	"폭력에 시달려 엄마와 이사도 하고 비밀 전학을 갔는데, 전학 간 학교에서 아빠에게 알리는 바람에 쫓아왔어요. 너무 무섭고 불안해 등교도 못하고 쉼터도 옮겼어요."

출처 : 조선일보(2018. 10. 31). 이덕훈 기자.

3. 가정폭력 지원정책 및 서비스

1) 정부와 지방자치단체, 가족 관련 기관 및 민간단체에서의 가정폭력 피해자와 가해자를 위한 프로그램

현행법은 가정폭력 피해자를 가정폭력으로 인하여 직접적인 법익침해를 당한 자로 한정하고 있으며, 피해자 지원에는 의료지원, 경제적 지원 등이 이루어지고 있다. 그러나 무엇보다 심리적 지원의 중요성과 필요성이 대두되고 있다.

(1) 가정폭력 피해회복 및 재발방지를 위한 가해자 상담

가해자 상담은 가정폭력 행위자의 폭력에 대한 인식을 개선하고 폭력성을 교정해 폭력재발을 방지한다.

2016년 여성가족부의 '가정폭력상담소 운영실적'에 의하면, 전국 205개소의 가정폭력상담소에서 연도별 방문, 내방, 전화, 사이버 상담 등으로 피해자(상담 요청한 자)를 지원한 건수를 살펴보면 2013년 이후 증가하는 추세를 보이고 있어 피해자들을 위한 심리적 지원을 강화할 필요가 있다.

(2) 무료법률 구조사업

기본적 인권 옹호 및 여성권익 신장을 목적으로 무료 민사, 가사소송 대리, 형사 무료변호 등 법률상담을 진행하고 있다.

(3) 가정폭력 피해자 치료 프로그램

가정폭력 피해자의 대부분은 우울증, 공황장애 등을 겪게 되어 약물 및 인지치료 등의 치료가 필요하기 때문에 폭력 피해자 중 정신적·신체적 피해로 치료보호가 필요한 자에 대한 상담 및 지도, 신체적 및 정신적 치료 등이 있다.

(4) 폭력가족 지원 프로그램

가정폭력 위기지원, 가정폭력 예방, 심리검사 등의 피해자 자립 지원과 사회적응을 위한 프로그램이 운영되고 있다(여성가족부 홈페이지, 2018).

> **Point Tip** 2017년 가정폭력 피해자 지원 우수사례
>
> A씨(45세)는 임신 6개월 차로 세 아이의 엄마다. 본인뿐 아니라 자녀들에게도 계속되는 가정폭력을 견디다 못해 자녀들을 모두 데리고 가정폭력 피해자 보호시설로 입소했다. 시설은 A씨와 동반자녀의 육체적·정신적 치료와 이혼을 위한 법적 절차를 지원, A씨는 현재 입소 초기 무기력한 모습에서 벗어나 자립을 위해 한식조리사 시험을 준비하고 있다. 시설 퇴소 후에는 정부의 긴급생계비 및 주거지원을 받게 된다.
>
> B씨(30세)는 지적장애 3급으로 어릴 때부터 가정폭력과 성폭력을 당했지만 외부로 알려지지 않았다. 뒤늦게 이 같은 사실을 알게 된 가정폭력 전문상담기관은 인근 해바라기센터, 장애인시설 등 유관기관과 함께 현장상담, 심리치료 및 의료지원, 직업교육을 지원했다. B씨는 고립된 환경에서 벗어나 현재 지역의 한 호텔에서 환경미화원으로 일을 시작했다. 자립기반을 마련한 B씨는 그녀를 줄곧 괴롭히던 가정폭력에서 벗어날 수 있었다.

출처 : 여성가족부 보도자료(2017. 11. 29).

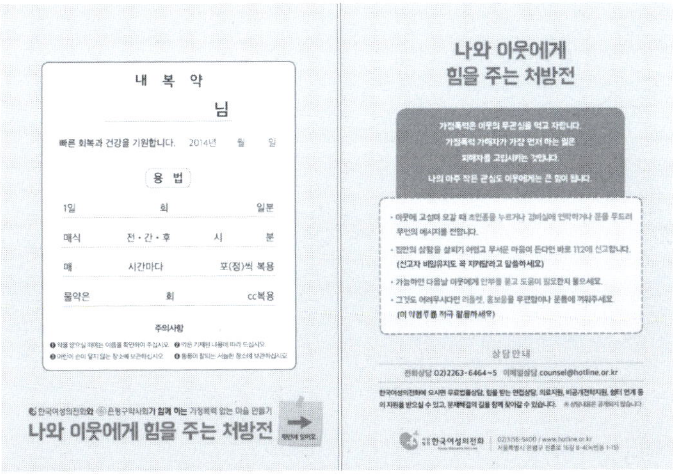

출처 : 한국여성의 전화. "가정폭력 예방에 동네 약국이 나섰다".
https://hotline.or.kr:41759/policy_proposals/21994

2) 가정폭력 예방과 피해자 보호를 위한 기관과 긴급전화

(1) 가정폭력상담소와 가정폭력 피해자 보호시설

가정폭력의 피해를 신고 받거나 이에 관한 상담, 가정폭력으로 인하여 정상적인 가정생활 및 사회생활이 어렵거나 기타 긴급히 보호가 필요한 피해자에 대해 임시보호를 하거나 의료기관 또는 가정폭력 피해자 보호시설로 인도한다.

〈표 10-3〉 지역별 가정폭력 상담소 설치 현황(2020. 6. 30. 기준)

구분	합계	서울	부산	대구	인천	광주	대전	울산	경기	강원	충북	충남	전북	전남	경북	경남	제주	세종
가정폭력상담소(개소)	211 (46)	35 (3)	13 (6)	5 (2)	8 (2)	9 (1)	5 (1)	4 (2)	43 (6)	11 (6)	6 (2)	13 (5)	8 (1)	10 (1)	22 (5)	14 -	4 (2)	1 (1)

* ( )는 가정폭력·성폭력 통합상담소 수임

〈표 10-4〉 지역별 가정폭력 피해자 보호시설 설치 현황(2020. 6. 30. 기준)

구분	합계	서울	부산	대구	인천	광주	대전	울산	경기	강원	충북	충남	전북	전남	경북	경남	제주
가정폭력피해자보호시설(개소)	65	11	3	3	1	4	1	1	11	5	3	4	4	4	2	6	2

* 광역자치단체 단위로 1개소씩 전국 16개 시·도에 설치

(2) 가정폭력 피해자 쉼터

가정폭력 피해자 숙식제공 등 보호(가정폭력 피해자 보호시설)를 하는 곳으로, 가정폭력 피해자를 일시보호(숙식제공)하고 가정폭력 피해자의 신체적·정신적 안정 및 가정복귀 지원, 자활지원 등이 지원되고 있다. 또한 인권의 사각지대에 있는 폭력피해이주여성쉼터에서는 전문상담과 심리치료 이외에도 의료지원과 보호 등 다양한 서비스를 지원하고 있다.

(3) 여성긴급전화 1366센터

가정폭력·성폭력·성매매 등으로 긴급한 구조·보호 또는 상담을 필요로 하는 여성들이 언제라도 전화로 피해상담을 받을 수 있도록 전국적으로 통일된 국번 없는 특수전화 1366을 운영하고 있다. 1366센터는 365일 24시간 운영하여 피해자에 대하여 1차 긴급상담, 서비스 연계(의료기관, 상담기관, 법률구 조기관, 보호시설 등) 등 위기개입 서비스를 제공한다.

3) 가정폭력 추진체계 구축

현재 우리나라의 가정폭력에 대한 추진체계는 종합보호체계를 구축, 운영하고 있다. 가정폭력 피해자를 위한 사업수행기관으로 여성긴급전화 1366, 가정폭력상담소, 가정폭력피해자보호시설, 폭력피해이주여성보호시설이 있으며, 각 기관별 사업은 다음 ❙그림 10-7❙과 같다.

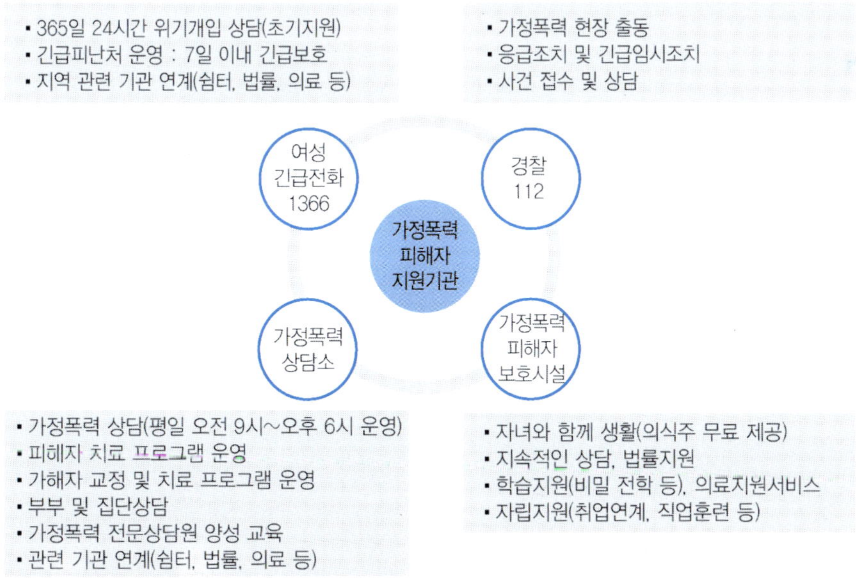

❙그림 10-7❙ 가정폭력 추진체계

출처 : 여성가족부(2018). 가정폭력 방지 및 피해자 지원.
http://www.mogef.go.kr/sp/hrp/sp_hrp_f004.do?mid

토론 및 생각해 보기

1. 가정폭력에 노출된 가족 구성원에게 가장 필요한 가족복지 서비스는 무엇인가?

2. 가정폭력의 세대 간 대물림 사례를 분석하고, 가족복지 서비스 연계 방안에는 어떠한 것이 있을지 생각해 봅시다.

읽을거리

앵그리맨(Sinna Mann, 2014)

- 가정폭력은 한 가정의 문제가 아니며, 적극적으로 어떻게 대처해야 하는지에 대해 다루고 있음
- 저자 : 그로 달레 지음, 스베인 니후스 그림
- 출판사 : 내인생의책

이 책은 노르웨이 문화부 선정 최고 어린이 도서상을 수상했으며, 한국의 초록우산 어린이 재단에서 가정폭력 캠페인으로 추천한 그림책이다. 보이라는 아이의 눈을 통해서 아버지가 화를 낼 때면 아버지 안의 다른 존재인 앵그리맨이 튀어나와 가족에 대한 폭력을 행사하고, 그 폭력은 대를 이어 행사되고 있으며, 한 가족의 문제가 아니라 주위의 적극적인 도움으로 치료가 된다는 내용을 담고 있다.

CHAPTER 11

다문화 가족복지

학습목표

다문화가족은 국제결혼가족, 북한이탈가족, 외국인근로자가족 등 다양한 유형으로 구분할 수 있으며, 지원정책 및 서비스도 가구 규모와 유형의 다양성으로 인해 다각적으로 접근되고 있다.

- 다문화가족의 개념과 유형에 대해 설명할 수 있다.
- 다문화가족의 현황 및 문제에 대해 설명할 수 있다.
- 다문화가족 정책 및 서비스를 이해할 수 있다.

1. 다문화가족의 개념과 현황

1) 다문화가족의 개념

다문화가족 또는 다문화가정이라는 용어는 2008년 다문화가족지원법이 제정되기 이전까지는 국제결혼가정, 이중문화가정, 혼혈인가정 등으로 혼용되어 사용되었다.

다문화가족에 대한 개념은 정부 정책이나 연구자의 연구목적에 따라 광의와 협의의 개념으로 구분되어 달리 사용되기도 하였다. 광의의 개념은 '자국 내에 거주하는 모든 외국인 가족'을 포함하는 의미를 뜻하며, 협의의 개념은 '가족 중 한 명이 우리나라 국적을 취득하여 구성된 가정'으로 혼용되어 사용되어 왔다(김유경 외, 2013, 도미향 외, 2018 재인용).

2008년에 제정된 다문화가족지원법에서 말하는 다문화가족의 개념은 협의의 개념을 사용하여 결혼한 이민자, 귀화허가를 받은 자와 출생 시부터 대한민국 국적을 취득한 자로 이루어진 가족을 의미한다. 이후 2011년 4월, 2015년 12월 등 두 차례에 걸친 개정으로 인해 다문화가족은 결혼이민자 외에 귀화자와 출생·인지·귀화에 의한 한국인으로 구성된 가족으로 범위가 확대되었다(법제처, 2018).

그러나 다문화가족에 대한 개념 규정은 최근까지도 논의가 필요하다는 의견이 제기되고 있다. 즉, 우리 사회는 이미 외국인 노동자가 증가하고 있고, 북한이탈주민, 유학생 부부와 같이 외국인만으로 구성된 가족 등의 증가로 현행 다문화가족지원법의 실질적인 지원대상에서 벗어나는 경우가 발생하기 때문에 다문화가족 지원대상에 대한 개념 규정에 대한 논의가 필요하다.

Point Tip 다문화가족지원법(약칭 : 다문화가족법)

1. "다문화가족"이란 다음 각 목의 어느 하나에 해당하는 가족을 말한다.
   가. 재한외국인 처우 기본법 제2조 제3호의 결혼이민자와 국적법 제2조부터 제4조까지의 규정에 따라 대한민국 국적을 취득한 자로 이루어진 가족
   나. 국적법 제3조 및 제4조에 따라 대한민국 국적을 취득한 자와 같은 법 제2조부터 제4조까지의 규정에 따라 대한민국 국적을 취득한 자로 이루어진 가족
2. "결혼이민자 등"이란 다문화가족의 구성원으로서 다음 각 목의 어느 하나에 해당하는 자를 말한다.
   가. 재한외국인 처우 기본법 제2조 제3호의 결혼이민자
   나. 국적법 제4조에 따라 귀화허가를 받은 자

출처 : 법제처(http://www.law.go.kr 2018. 5. 24. 검색, 법률 제15204호).

따라서 이 장에서는 다문화가족의 개념과 관련하여 근거 법령과 사회적 현황을 고려하여 다음 <표 11-1>과 같이 다문화가족 및 자녀의 유형을 구분하였다.

〈표 11-1〉 다문화가족 및 자녀의 유형

가족의 유형		자녀 유형
국제결혼 가정	초혼가정	한국 출신 모 + 외국 출신 부의 자녀
		한국 출신 부 + 외국 출신 모의 자녀
	이혼가정	외국 출신 모 홀로 자녀를 양육하는 경우
	재혼가정	전처 소생의 한국 출신 자녀
		외국 출생 후 한국에 입국(귀화)한 자녀(중도입국 자녀)
외국인 근로자 가정		외국 출생 자녀
		한국 출생 자녀(무국적 자녀)
북한이탈주민가정		새터민 자녀
		비보호 자녀
난민 가정		난민 가정 자녀

2) 다문화가족의 현황

다문화가족을 결혼이민자와 그 배우자 및 자녀를 포함하여 집계하면 2015년 7월 기준 82만 명 내외로, 매년 지속적으로 증가해 2020년에는 100만 명에 이를 것으로 전망된다. 2015년 7월 기준 결혼이민자는 147,382명이고 인지·귀화자는 92,316명으로, 성별로는 남성은 51,655명, 여성은 253,791명으로(그림 11-1), 여성이 전체의 80% 이상을 차지하고 있다(법무부출입국 외국인 정책본부, 2016).

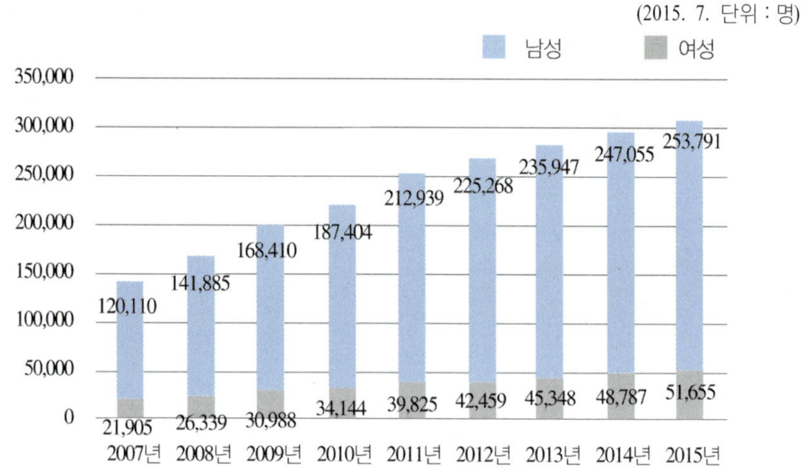

| 그림 11-1 | 결혼이민자 및 인지 귀화자 현황(2007~2015)

출처 : 안전행정부(2015). 외국인 주민현황 조사.

또한 다문화가족지원법 개정(2011. 4. 4. 개정, 2011. 10. 5. 시행)으로 인해 2012년부터는 혼인귀화자 외에 기타 사유 국적취득자(인지·귀화)도 다문화가족에 포함되었다. 2017년 통계청 조사 자료에 따르면, 다문화가족은 2016년 기준 96만 명, 결혼이민자 및 귀화자 31.9만 명, 자녀 20.1만 명(18세 이하), 배우자 등 기타 가구원 44만 명으로 나타났다(통계청, 2017).

이러한 수치는 2015년 주민등록 인구통계상 우리나라 전체 가구의 1.32%를 차지하는 것으로, 2012년 조사(266,547가구)에 비해 4.3% 증가한 것이다. 전체 다문화가구의 지역별 분포를 살펴보면, 먼저 76.4% 에 달하는 대다수의 다문화가구는 도시 지역(동부)에 살고 있는 것으로 조사되었다. 한편 16개 시도별로는 서울과 경기 지역에 전체 다문화가구의 절반 정도(서울 21.6%, 경기 27.8%)가 살고 있다.

(1) 다문화가족의 경제상황

다문화가족의 경제적 어려움은 결혼이주여성들이 한국생활에서 경험하는 어려움으로 많이 제기되는 문제이다. 다문화가족의 경제상황을 보면, 저소득

·고령의 남성 배우자가 다수로, 가구 소득이 일반 가구에 비해 전반적으로 낮은 편이다. 2012년에 비해 2015년 다문화가족 실태조사에서 월평균 가구소득은 다소 개선되었으나, 200만 원 미만이 32.6%로 여전히 낮은 상태이다. 그러나 2015년 기준 다문화가구 중 국민기초생활보장급여 수급가구 비율(5.1%)은 2012년도(5.0%)와 거의 차이가 없는 것으로 나타나 다문화가구의 경제적 어려움은 여전함을 시사한다(여성가족부, 2015).

(2) 다문화가족의 결혼상황

다문화가족의 수적 증가는 이들 가족의 가족 형태 변화에 따라 다양한 가족 유형 발생으로 이어지기도 한다. 다문화가족의 형성배경으로 이혼, 재혼인 경우, 다문화가족이 다시 이혼·사별, 재혼 등으로 가족형태가 다양화되고 있으며, 그 결과 가족원의 사회·경제적 어려움, 자녀양육 문제 등 다양한 정책 수요가 예상된다. 2015년 기준으로 볼 때 전체 결혼이민자·귀화자 중 10%는 이혼·별거 또는 사별 상태이며, 다문화가족 중 한부모가구 비율이 2012년 당시 3.4%였으나 2015년 4.8%로 높아지는 추세이며 다문화가족 중 재혼가구 비율은 29.4%이다(여성가족부, 2016). 2016년 통계청 자료에 따르면, 국제결혼부부의 이혼추이만 보더라도 2006년 이후 가파르게 증가하였으나, 2012년 이후 감소 추세를 보이다가 2016년 기준 외국인과의 이혼이 7.1%에 달하는 등 아직은 국제결혼부부의 이혼율이 높음을 알 수 있다(통계청, 2016).

(3) 다문화가족 자녀 현황

다문화가족의 증가는 다문화가족의 자녀 증가로 이어진다. 행정자치부(2016)에 따르면, 2015년 기준 다문화가족의 자녀 중 초·중·고 학생이 82,536명으로 전체 학생의 1.38%를 차지하고 있다. 전체 다문화가정의 자녀는 총 20만 7,693명으로 반 이상의 비율이 미취학 아동과 초등학생으로(그림 11-2), 즉 과거에 비해 최근 다문화 자녀가 크게 증가함을 알 수 있고 지속적인 증가가 예상된다(행정자치부, 2016).

또한 다문화가족 자녀의 성장배경은 연령별로 다르다. 부모의 국적 취득 이전에 출생한 자녀들의 경우에는 부모의 국제결혼 또는 귀화로 다문화가족이 되고 나서 한국에 입국하는 경우도 있다. 따라서 다문화가족의 자녀들 중 고연령 군에서 중도입국한 자들의 비중이 비교적 높다(그림 11-3 참조).

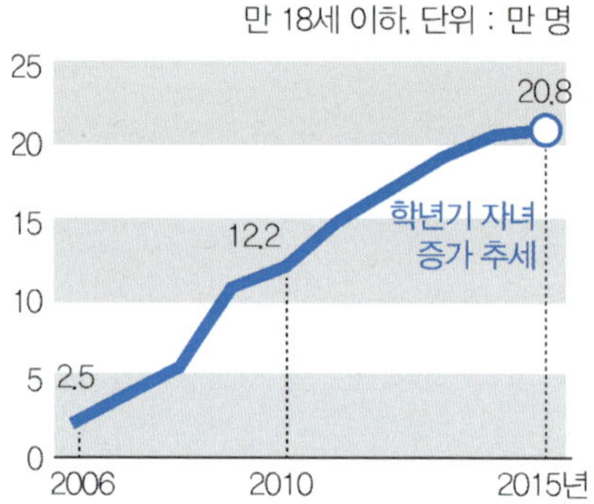

▎그림 11-2 ▎ 다문화가정 자녀의 추이

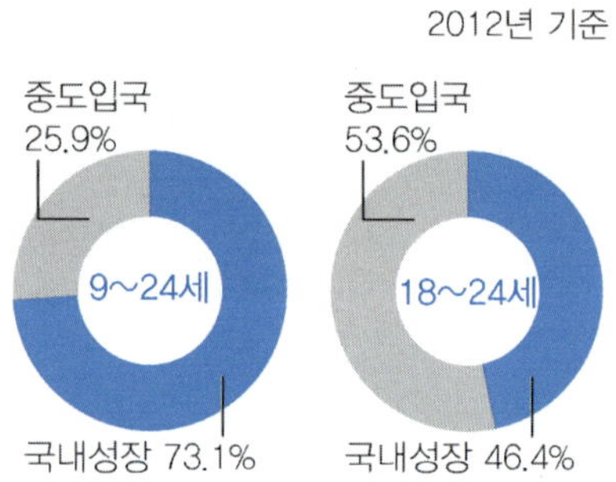

▎그림 11-3 ▎ 연령대별 성장배경

출처 : 연합신문(2016. 3. 9). 이재윤 기자.

2. 다문화가족의 특징과 문제

다문화가족 구성원 중에서 결혼이민여성을 중심으로 다문화가족이 경험하는 문제점을 살펴보고자 한다. 2015년 다문화가족 실태조사에 따르면, 다문화가족은 '언어미숙으로 인한 의사소통의 어려움'을 가장 크게 인지하고 있으며, 다음으로 외로움, 경제적 어려움, 자녀양육 및 교육의 어려움 등을 호소하고 있었다(그림 11-4).

이 절에서는 2015년 다문화가족 살태조사를 중심으로 다음과 같이 다문화가족 실태조사 자료를 중심으로 다문화가족이 경험하는 주요 문제들을 구분하여 정리하였다.

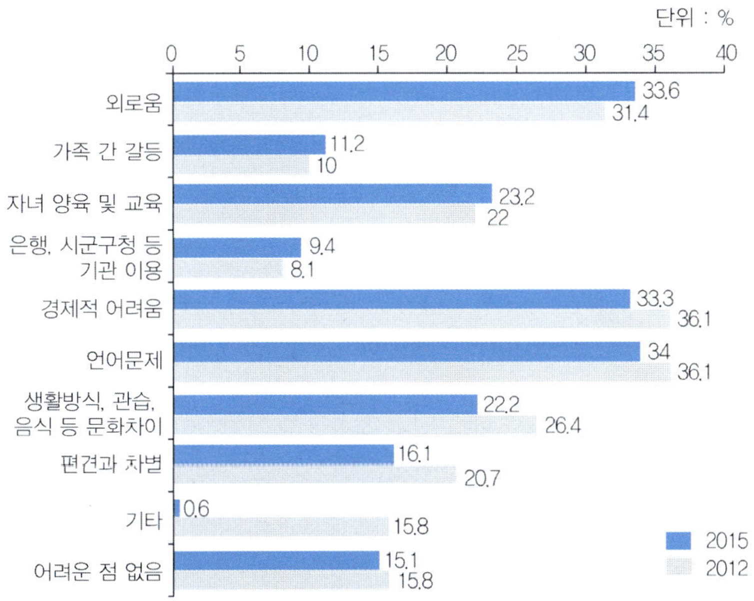

| 그림 11-4 | 결혼이민자·귀화자 등의 한국생활 어려움(복수응답)(2012, 2015)

출처 : 여성가족부(2016). 2015년 전국 다문화가족 실태조사 분석.

1) 문화갈등 및 언어소통의 문제

다문화가족은 서로 다른 문화권에서 성장한 남녀가 국제결혼 등을 매개로 형성된 가족이라는 점에서 적잖은 문화적 충돌과 차이를 경험하기도 한다. 같은 국적을 지닌 한국사회에서도 출신배경에 따른 다양한 문화적 차이로 인한 부부갈등을 경험한다는 점을 고려할 때, 의식주 가정생활 방식 차이, 가족관계, 성역할 등의 문화 차이는 부부의 갈등을 야기하는 요인이 될 수 있음을 예상할 수 있다.

또한 다문화사회로의 진입 역사가 오래된 서구와 달리 다문화사회 진입의 역사가 짧은 우리나라는 타 문화에 대해 문화적 감수성으로 대하기가 쉽지 않다. 우리나라의 국제결혼가족들의 경우, 주로 한국 문화에 동화하고 한국의 전통적 가족문화를 따르기를 요구받는 경우가 많다. 이로 인하여 결혼이주 여성과 한국 국적의 가족 구성원 간의 문화적 갈등이 발생하기도 한다(이무 영, 2010).

특히 기본적인 의사소통이 제대로 되지 않는 상황에서 결혼을 하게 된 경우, 의사소통의 어려움은 부부간 이해의 부족이나 전적으로 남편과 시댁 중심으로 살아갈 수밖에 없는 결혼이주여성의 입장에서는 지역사회 내 사회적 고립으로 외로움을 경험하게 만든다.

2) 경제적 어려움

다문화가족이 경험하는 어려움 중 언어소통의 문제 못지않게 크게 경험하는 것은 경제적 어려움이다.

다문화가족의 월평균 가구소득은 2015년 기준 200만 원 이하가 전체 다문화가족의 32.6%, 200~300만 원 미만이 30.4%, 다문화가족 중 국민기초생활보장급여 수급가구 비율은 약 5.1%이다. 다문화가족의 약 60%가 저소득으로 인한 경제적 어려움을 경험하는 것으로 나타났다.

결혼이주여성들은 한국생활 정착 초기에는 한국어 및 한국생활에 대한 어려움이 큰 반면, 거주기간이 길어질수록 경제적 어려움을 크게 느껴 이로 인한 경제활동에 대한 욕구가 매우 높다(여성가족부, 2018). 또한 무엇보다 경제적 어려움은 결혼생활의 만족도에도 영향을 미치는데, 소득이 낮을수록 결혼만족도도 낮고 향후 자녀출산 계획에도 부정적 영향을 미친다. 나아가 다문화가족 부모가 가진 사회경제적 취약성은 자녀의 언어학습능력 지체로 인한 교육의 양극화를 야기하고, 이로 인한 빈곤의 대물림 가능성까지 높이게 된다.

3) 자녀양육 문제

(1) 자녀 출산 및 성장·발달 지원에 대한 문제

2015년 기준 다문화가족 중 자녀가 하나도 없는 가구는 33.2%이며 평균 자녀 수는 1.02명으로 2012년 조사 당시 평균 자녀 수인 0.9명보다는 증가하였다. 그러나 다문화가족 중 저소득가구 비율이 높고 낮은 소득이 향후 자녀

출산계획에 부정적 영향을 미친다는 점에서 다문화가족 자녀의 출산율 또한 소득에 따라 달라질 수 있음을 예상할 수 있다.

또한 자녀 출산율이 낮은 결혼이주여성의 경우, 저소득 외에도 한국사회 적응과 부부 적응이 밀접한 관계를 보이고 있다. 자녀에 대한 기대와 가치를 중요하게 여기는 국제결혼가정의 경우, 자녀의 언어 발달과 사춘기에 접어들면서의 반항, 의사소통 및 아이들의 문화에 대한 이해 부족 등으로 갈등을 겪고 있다. 아울러 자녀의 성장에 따른 학교 및 지역사회 적응에 대한 많은 부담을 가지고 있는 것으로 보고되고 있다(최운선·홍기순, 2017).

한편 이혼, 별거 등으로 인해 결혼이민자, 귀화자 본인이 자녀를 양육하는 비율은 2015년 65.3%로, 이 중 배우자로부터 양육비를 받고 있는 비율은 18.6%이다. 이는 가족해체 이후 경제적 취약성이 빈곤으로 이어져 자녀에게도 어려움을 미칠 가능성이 높음을 의미한다.

(2) 학령기 자녀의 학업문제

다문화 자녀의 학업 중단자 수가 계속 증가하고 있으며 고학력이 될수록 학업중단율이 증가하는 특징을 볼 수 있다. 교육부 등에 따르면, 2018년 기준 다문화가정 2세 중학생의 학업중단율은 2%가 넘으며, 이는 일반 학생의 3배에 달한다. 특히 고등학교의 경우 학업중단율은 이보다 훨씬 높아져 20%를 넘는 것으로 추산되고 있다(서울경제, 2019). 서울과 경기 등 수도권 지역일 경우 학업중단율이 평균치보다 더 높은 경향을 보이는데, 이들의 학업중단 사유로는 학교공부의 어려움, 경제적인 어려움 등이 거론되고 있다.

특히 다문화가정 초등학생의 경우 부모의 경제적 어려움으로 인해 돌봄이 부족하고, 한국어능력 부족에 따른 의사소통 부족 등이 가중되어 학업중단율의 증가로 이어지기도 한다.

<[집중진단]다문화 자녀 '이중고'… 언어 서툴러 왕따까지>

우리나라의 다문화가정 자녀 수가 20만 명을 넘어섰는데요. 학교에 적응하지 못해 학업을 포기하는 학생들이 많습니다. 말이 안 되다 보니, 수업을 따라가기 어렵고 친구들로부터 따돌림까지 당한다고 합니다. 필리핀에서는 상위권에 들 정도로 공부를 잘했지만, 아직 중학교 입학조차 못하고 있는 학생도 있고, 입학을 하더라도 학습 부진에 또래와의 소통까지 이중고를 겪는 경우가 많다고 합니다.

출처 : KBS 뉴스(2016. 3. 11).
http://news.naver.com/main/read.nhn?mode=LPOD&mid=tvh&oid=056&aid=0010295246

4) 법적 신분 불안과 불이익

외국인의 경우 단순 취업을 목적으로 입국하는 노동자나 교육을 목적으로 입국하는 유학생과는 달리 결혼이주여성의 경우, 국제결혼을 통해 한국 구성원의 지위를 획득한다(이용재, 2012). 이러한 결혼이주여성들은 한국의 저출산 문제를 해결해 줄 수 있는 대상이나 한국의 결혼시장에서 낙오된 남성들의 결혼상대자로 인식되고 있기도 하다. 이로 인해 국적 취득 과정의 사각지대에 있는 결혼이주여성에게 법적 불이익과 불리한 상황들이 있다.

한국국적 취득 심사기준(2016년 6월)에 따르면, 국적심사에 소요되는 기간이 자녀가 없는 결혼이주여성의 경우 약 19개월 이상이지만 자녀가 있는 결혼이주여성의 경우는 약 10개월 이상으로 단축이 되며, 이혼 시에도 결혼이주여성이 한국인 미성년자에 대한 양육권을 가지고 있으면 합법적으로 체류할 수 있다. 이와 같이 우리나라의 다문화가족 지원 정책과 서비스는 자녀양육자와 부양자일 때 혜택을 받을 수 있도록 되어 있어 결혼이주여성을 우리나라 사회 구성에 필요한 도구처럼 인식하게 되어 일반 국민들도 낮은 계급으로 인식하는 경향이 조성된다고 볼 수 있다(조용재, 2018).

5) 사회적 편견과 차별

결혼이주여성에 대해 한국의 가부장적인 가치관, 자녀양육 등을 강요하고 (이수자, 2004), 출신국가에 따라 결혼이주여성뿐만 아니라 그들의 자녀까지도 차별과 무시를 하기도 한다. 예를 들면, 아동의 부모가 사회·경제적으로 낙후된 국가 출신일 경우보다 선진국 출신이나 백인인 경우에 더 우호적이기도 하다. '다문화가족'이라는 용어 자체가 사회·경제적으로 낙후된 국가 출신의 어머니를 둔 가정이라는 편견으로 아동들은 정서적인 상처를 경험하기도 한다. 뿐만 아니라 결혼이주여성과 결혼한 한국 남성들 또한 폭력이나 중독, 기타 한국 결혼시장에서 탈락한 자들이라는 부정적 이미지로 인해 위축이 되기도 한다.

따라서 다문화사회로 진입한 한국사회에서 함께 살아가는 성숙한 사회가 되기 위해 풀어야 할 과제 중 하나는 여전히 다문화가족에 대한 사회적 편견과 차별임을 알 수 있다.

3. 다문화가족의 지원정책 및 서비스

1) 다문화가족의 지원정책

우리나라는 다문화가족지원법에 따라 다문화가족정책 기본계획을 수립하였으며, 2018년부터 제3차 기본계획을 시행하고 있다.

제3차 다문화가족정책 기본계획은 **그림 11-5** 에서 볼 수 있듯이, 참여와 공존의 열린 다문화사회를 비전으로 하며, 목표는 세 가지로 ① 모두가 존중받는 차별 없는 다문화사회 구현, ② 다문화가족의 사회·경제적 참여 확대, ③ 다문화가족 자녀의 건강한 성장 도모이다. 정책과제는 ① 다문화가족 장기정착 지원, ② 결혼이민자의 다양한 사회참여 확대, ③ 다문화가족 자녀의 안정적 성장 지원과 역량강화, ④ 상호존중에 기반한 다문화 수용성 제고, ⑤ 협력적 다문화가족정책 운영을 위한 추진체계 강화 등 5개 영역과 70개의 세부과제로 되어 있다. 이 절에서는 여성가족부의 제3차 다문화가족정책 기본계획을 중심으로 다문화가족정책을 살펴보았다(여성가족부, 2018).

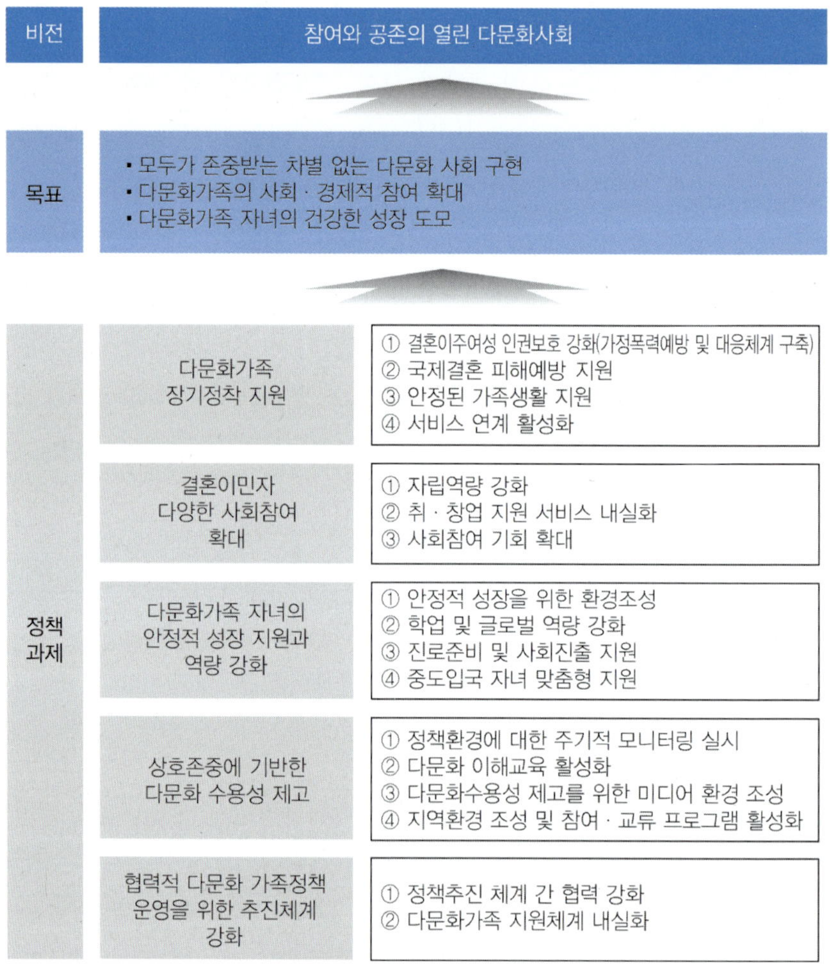

| 그림 11-5 | 제3차 다문화가족정책 기본계획 비전 및 목표

출처 : 여성가족부(2018f). 제3차(2018~2022) 다문화가족정책 기본계획.

(1) 다문화가족 장기정착 지원

다문화가족이 장기적으로 정착하게 되면서 처할 수 있는 다양한 상황에 대응하여 가족관계 프로그램을 강화하는 등 안정된 가족생활을 지원하고 가정폭력 대응체계를 구축하여 인권보호를 강화하는 데 초점을 맞추고 있다. 이를 위한 세부적인 과제로 다음과 같이 네 가지를 설정하여 지원한다. 주무부처로는 여가부, 경찰청, 교육부, 문체부, 법무부 등이 해당된다.

① 결혼이주여성 인권보호 강화(여가부, 경찰청)

결혼이주여성 인권보호 강화는 가정폭력 예방 및 대응체계를 구축하는 것에 초점을 두고 있다. 이를 위해 경찰청과의 협업 다누리콜센터 운영, 폭력피해여성쉼터, 보호시설 확대 운영 등이 있다.

② 국제결혼 피해예방 지원(법무부, 여가부)

국제결혼 피해 예방을 지원하기 위해서 입국 전 한국 생활에 필요한 사전교육 프로그램 추진, 국제결혼 안내 프로그램 교육시수 확대, 국제결혼 피해자 지원체계 강화 등이 있다.

③ 안정된 가족생활 지원

다문화가족의 안정된 가족생활을 지원하기 위하여 위기 다문화가족 등을 위한 사례관리, 미성년 자녀 양육 청구와 이행확보 지원 등을 지원한다.

④ 서비스 연계 활성화

다문화가족 지원 서비스 간 연계를 활성화하기 위해 결혼이민자 정보를 다문화가족지원센터와 공유, 다누리포털(온라인)을 통한 다문화가족에 대한 서비스 활성화를 지원한다.

(2) 결혼이민자의 다양한 사회참여 확대

결혼이민자의 자립 역량을 강화하기 위한 프로그램을 확대하고 취·창업 서비스 등을 내실화하여 경제적 자립 및 사회참여를 활성화하는 정책으로 자립역량 강화, 취·창업 지원 서비스 내실화, 사회참여 기회 확대에 초점을 두고 있다. 주무부처로는 교육부, 문체부, 여가부, 법무부, 행안부, 농림부, 고용부, 중소벤처기업부, 농진청 등이 있다.

① **자립역량 강화**(교육부, 문체부, 여가부, 법무부)

다문화가족의 자립역량을 강화하기 위해 결혼이민자 자립역량 강화를 위한 자립지원 패키지 프로그램 확대추진 및 내실화를 지원, 부처 간 사업의 유사·중복을 조정하여 통합된 한국어교육 체계 마련 등을 시험한다.

② **취·창업 지원 서비스 내실화**(행안부, 농림부, 고용부, 여가부, 중소벤처기업부, 농진청)

취·창업 지원 서비스를 내실화하기 위해 전문 취업지원기관에서 교육을 받기 위해 필요한 기초소양교육 운영, 결혼이주여성의 직무역량 강화를 위한 다문화새일역량 교재 및 프로그램 보급, 직업교육훈련 실시, 집단상담, 내일배움카드제, 취업성공 패키지를 통한 맞춤형 취업지원서비스 등을 제공한다.

③ **사회참여 기회 확대**(법무부, 문체부, 여가부, 농진청)

다문화가족의 사회참여 기회를 확대하기 위해 정책 수립 및 추진과정에 주체적으로 참여할 수 있도록 제도화하고, 자원봉사활동 확대(386,000명 목표)를 통한 지역사회 내 소통 및 정서교류 활성화, 다양한 자조모임을 통해 결혼이민자 잠재 역량 향상 및 지역사회 참여촉진을 지원한다.

(3) 다문화가족 자녀의 안정적 성장 지원과 역량 강화

증가추세에 있는 다문화가족 청소년의 안정적 성장을 위한 환경 조성 및 학업·글로벌 역량 강화를 지원하고, 중도입국 청소년의 조기 적응 및 정착을 지원하는 정책을 실시하고 있다. 세부적으로는 ① 안정적 성장을 위한 환경 조성, ② 학업 및 글로벌 역량 강화 지원, ③ 진로준비 및 사회진출 지원, ④

중도입국 자녀 맞춤형 지원확대 등이 있다. 주무부처로는 교육부, 여가부, KOTRA, 외교부, 고용부, 법무부 등이 있다.

① 안정적 성장을 위한 환경조성(교육부, 여가부, KOTRA)

다문화가족 자녀에 대한 정체성 회복, 사회성·리더십 개발을 위한 프로그램 제공, 지역별 청소년상담복지센터를 중심으로 지역사회 청소년통합지원체계(CYS-Net)를 통해 청소년 및 부모를 위한 상담 등 서비스 제공, 다문화 학생 특성을 고려한 맞춤형 정서·심리 지원을 위한 교육부문 전문상담 인력의 다문화 역량 강화 연수 실시, 다문화가족을 대상으로 맞춤형 방문서비스 제공 등을 지원한다.

② 학업 및 글로벌 역량 강화(교육부, 외교부, 여가부)

이중 언어 부모코칭, 부모-자녀 상호작용 프로그램, 이중 언어 활용 프로그램 등 운영, 대학사업단을 통해 특화교육 프로그램인 글로벌 브릿지 사업 운영, 국제교류 프로그램 참여기회 우대 등을 지원한다.

③ 진로준비 및 사회진출 지원(교육부, 외교부, 고용부, 여가부, KOTRA)

다문화교육 연계 진로 체험처 발굴 및 다문화 멘토와의 '어울림 원격영상 진로 멘토링' 운영, 중도입국 청소년 대상 단계별 진로탐색 및 교육, 직업훈련 등 제공, 다문화 학생의 개인 맞춤형 진로설계 지원, 중도입국 및 다문화가정 청소년을 대상으로 공업계 기술교육을 실시한다.

④ 중도입국자녀 맞춤형 지원(교육부, 법무부, 여가부)

중도입국·외국인 학생을 위한 맞춤형 개정 한국어(KSL) 교육 체계화, 중도입국청소년을 대상으로 'Rainbow School(23개소)'을 통해 한국어, 기초학과교육, 문화체험, 교우관계 개선 등의 프로그램 제공 및 사회통합 프로그램과 연계, 상시 한국어 학급(특별학급)을 운영하는 '예비학교(162개소)', 다문화 청소년 특화형 직업훈련 과정 등을 지원한다.

(4) 상호존중에 기반한 다문화 수용성 제고

① 인권 및 다양성이 존중되는 사회환경 조성(여가부, 복지부, 법무부, 지방자치단체)

다문화 수용성 조사 및 다문화가족 실태조사를 통해 정책 현황에 대한 주기적 모니터링 및 환류 추진, 유아용, 교사(부모)용 이해교육 콘텐츠 제공 및 어린이집 교원(원장·보육교사) 대상 다문화 이해교육, 대상별 찾아가는 다문화 이해교육 실시(120천 명 목표) 및 교육 콘텐츠 개발·배포 등을 지원한다.

② 다문화 수용성 제고를 위한 미디어 환경 조성(문체부, 여가부, 방통위)

방송 프로그램 내용의 방송심의규정 등 위반 여부 심의, 다문화 시대 사회통합에 이바지할 수 있는 다양한 장르의 프로그램 개발할 수 있도록 제작비 지원, 방송영상콘텐츠 제작 시 외국인에 대한 차별을 줄일 수 있는 제작 가이드라인(법·제도적 측면 포함)을 제공한다.

③ 지역환경 조성 및 참여·교류 프로그램 활성화(법무부, 문체부, 여가부, 농진청)

다문화 인식 개선 및 사회통합을 위해 지역사회에서 추진한 우수 프로그램을 발굴·포상 및 공유·확산, 이주배경 청소년 통합캠프 및 다문화 감수성 제고 프로그램 운영, 문화다양성 체험을 위한전시 상자 및 학습자료 '다문화꾸러미' 개발 및 교육(72회) 등을 지원한다.

(5) 협력적 다문화가족정책 운영을 위한 추진체계 강화

① 정책추진체계 간 협력 강화(교육부, 법무부, 여가부)

다문화가족 정기포럼 개최, 지역별 다문화가족 지원 지역협의체 운영, 합동평가를 통한 지역 우수사례 발굴, 지역 다문화교육지원센터 운영확대를 통해 지역 다문화교육 활성화를 지원한다.

② 다문화가족 지원체계 내실화(여가부)

다문화가족 지원체계 내실화를 위해 통합서비스 제공기관 확대를 통해 다양한 가족 형태, 생애주기별 가족서비스, 지역적 특성을 고려한 가족지원서비스를 강화하도록 한다.

2) 다문화가족을 위한 서비스와 추진체계

(1) 다문화가족 서비스 추진체계

다문화가족을 위한 서비스는 다문화가족지원법에 따라 서비스 추진체계는 여성가족부-시·도-시·군·구, 그리고 한국건강가정진흥원-거점센터-지역센터로 구성되어 운영하고 있다. 다문화가족을 위한 서비스기관인 다문화가족지원센터는 2006년 21개소로 시작하여 2014년 217개소로 확대되었으며, 2016년부터는 101개소의 건강가정·다문화가족지원 통합센터가 운영되고 있다.

다문화가족 지원사업은 여성가족부가 사업방향 설정 등 사업을 총괄하고 사업지침을 마련하고 있으며, 예산 지원 및 사업 평가를 실시한다. 한국건강가정진흥원은 여성가족부와 협력관계로 프로그램 및 업무매뉴얼 개발 및 보급, 직원과 사업별 전문인력 양성, 지역센터의 실적을 관리하고 홍보, 현장 및 평가를 지원한다. 거점센터의 경우 관할지역센터를 지원, 네트워크 구축, 지역의 특성화 사업을 개발하며 광역자치단체별로 1개소가 있다. 지역센터의 경우, 지역 내 다문화가족 지원 서비스 제공, 다문화가족 자조집단 육성 지원, 멘토링 등 자원봉사 연계, 지역사회 협력 네트워크를 구축한다(여성가족부, 2018).

(2) 국제결혼가족을 지원하는 서비스

다문화가족 지원서비스는 다문화가족지원법에 따라 다문화가족 구성원이 안정적인 가족생활을 영위할 수 있도록 함으로써 이들의 삶의 질을 향상시키고 사회통합을 목적으로 실시하고 있다. 이 절에서는 한국건강가정진흥원의 다문화가족 지원 서비스 안내를 중심으로 다문화가족 지원 서비스를 정리해 소개한다(한국건강가정진흥원 홈페이지, 2018).

① 다문화가족 지원 서비스 제공

지역 주민의 특성을 고려한 맞춤형 가족 지원 서비스를 제공함으로써 가족의 안정성 강화 및 가족관계 증진에 기여하고, 지역사회 다문화가족을 대상으로 한국어교육, 가족교육·상담, 통번역, 자녀교육 지원 등 종합 서비스를 제공한다.

- 다문화가족지원센터 운영
- 가족상담 및 교육 : 가족관계 개선을 위한 상담, 부부교육, 부모·자녀교육 등
- 방문교육 서비스 : 한국어 교육, 부모교육 서비스, 자녀생활 서비스
- 한국어 교육 : 1~4단계
- 자녀 지원 : 언어(한국어)발달 지원, 이중언어 가족환경 조성, 자녀성장 지원사업 등
- 통번역서비스, 멘토링, 자조모임, 나눔봉사단 운영 등

② 국제결혼 피해상담

국제결혼 중개업체를 통해 국제결혼을 추진 중인 대한민국 국민 또는 결혼이주여성이 국제결혼 중개업체의 불법적인 영업행위로 인해 피해를 보았을 경우 각종 상담, 피해 구조 및 법률 지원 서비스를 제공한다. 2019년에는 폭력피해 이주여성의 인권보호를 위한 '전문상담소(5개소)'가 신설되었다.

- 지원대상 : 국제결혼 희망 대한민국 국민, 결혼이주여성
- 지원내용 : 국제결혼 관련 피해 상담, 소비자분쟁 해결기준에 따른 피해구조, 법률 지원

③ 다누리콜센터 운영

- 다문화가족 및 이주여성에게 한국 생활정보부터 부부상담, 폭력피해 등 긴급한 구조가 필요할 때 지원하는 서비스까지 원스톱 서비스로 제공한다.

- 지원대상 : 다문화가족, 이주여성 등
- 지원내용 : 한국 생활정보 제공, 법률 자문, 3자 통화 통역 서비스, 공식 서류 번역 서비스, 긴급피난처 제공 등 365일 24시간 실시간 지원

④ 국제결혼여성 사회통합 지원

국제결혼여성의 사회통합 내용은 <표 11-2>에서 볼 수 있듯이 결혼이민자의 체계적 한국 정착 지원, 다문화가족 자녀 지원 체계화, 다문화가족 위기극복 지원, 결혼이민자 자립역량 강화, 다문화사회에 대한 인식개선 확대로 들 수 있다.

〈표 11-2〉 국제결혼여성 사회통합 지원

구분	내용
결혼이민자의 체계적 한국 정착 지원	• 방문교육서비스 : 찾아가는 한국어 및 부모교육, 자녀 생활서비스 • 결혼이민자 한국어 교육 : 첫걸음, 기초, 초급, 중급, 고급, 특별반 단계별 운영(처인, 기흥, 수지 3개소 운영) • 한국사회문화 적응 교육 : 다문화가족 한국 사회 적응을 위한 체계적 프로그램 운영(명절체험, 유적지 탐방, 관공서 견학) • 가족 통합교육 : 가족 구성원별 가족 관계 증진 교육 강화(가족, 배우자, 부부, 아버지 교육) • 결혼이민자 통·번역 서비스 : 다문화가족 대상 통·번역 서비스(베트남어 지원)
다문화가족 자녀지원 체계화	• 다문화가족 자녀 언어발달 지원 : 다문화가족의 자녀 언어발달 지원(다문화가족 자녀 언어치료) • 찾아가는 자녀 한국어 교육 : 찾아가는 다문화가족 자녀 한국어 교육(중도입국 자녀 한국어 교육) 방문학습지 지원(대교) • 다문화가족 열린 체험 학교 : 자녀 연령별 발달단계에 맞춤 교육
다문화가족 위기극복 지원	• 결혼이민자 상담 지원 : 가정폭력, 가족갈등의 전화, 면접 상담 시행 • 다문화가족 사례관리 : 센터 이용 다문화가족 지속적인 관리
결혼이민자 자립역량 강화	• 결혼이민자 맞춤형 취업 지원 : 결혼이민자의 적합 직종에 대한 취업 교육 및 지원 • 다문화 강사 양성 및 교육기관 파견(취업 기초수양교육 지원, 취업 상담 및 정보 제공, 직업훈련 지원) • 취업 연계 : 결혼이민자와 다문화가족 취업 연계 지원(워크넷 홈페이지 구직 활동 등)
다문화사회에 대한 인식개선 확대	• 찾아가는 다문화 인식 개선 교육 : 일반 시민을 대상으로 다문화가족에 대한 인식 개선(동일민족, 차별 국민의식 등) 교육 시행 • 찾아가는 다문화학교 : 다문화 강사 교육기관 파견(초중고, 지역아동센터 다문화 이해 교육)

출처 : 한국건강가정진흥원 홈페이지(2018). 다문화가족지원 서비스 안내.

(3) 다문화가족 자녀를 위한 지원

다문화가족지원센터에서 시행하는 다문화가족 자녀 사업과 교육부의 다문화 학생 교육지원서비스로 구분하여 정리하면 다음과 같다.

① 다문화가족 자녀 사업

다문화가족 자녀를 위한 사업은 다문화가족 자녀 성장 지원사업, 다문화가족 자녀 언어발달 지원사업이 있다.

㉠ 다문화가족 자녀 성장 지원사업

다문화가족 자녀와 중도입국 청소년들의 한국사회 적응과 건강한 성장을 위해 정체성 회복, 사회성 향상, 리더십 개발 프로그램을 제공하고 있으며, 부모-자녀 관계 향상 프로그램을 운영하여 가족 간 관계가 향상되도록 한다. 사업명은 '다(多)재다능' 프로그램으로 다문화가족의 학령기 자녀 및 부모, 중도입국 청소년을 대상으로 하며, 건강가정·다문화 통합서비스 운영기관(101개소), 다문화가족지원센터(6개소)에서 시행하고 있다. 주요 사업내용은 다음과 같다.

- 수요자 발굴·초기면접(설계) 대상자 발굴 및 초기면접(intake), 사정·평가(assessment)를 통한 맞춤형 지원 프로그램 설계
- 부모-자녀 관계 향상 프로그램(교육) : 자아정체성 확립, 가족상담, 부모교육(부모역할, 부모·자녀 의사소통 스킬 습득, 갈등관리 등), 가족 통합 캠프 운영 등
- 사회성 발달 프로그램(역량강화) : 사회성 진단, 청소년 동아리 활동(자조모임), 봉사활동, 리더십 캠프, 체험활동 프로그램 등
- 미래 설계 프로그램(진로코칭) : 동기 부여, 적성 검사, 진로 소양교육, 진로설계, 직업 체험 활동 등 지원
- 위기사례 지원 프로그램(치료) : 심층 상담, 미술, 음악, 놀이 치료 등
- 유관기관 연계 : 지역 내 청소년상담복지센터, 청소년 수련시설 프로그램(유료·무료) 등 유관기관 연계

㉡ 다문화가족 자녀 언어발달 지원사업

다문화가족 자녀가 연령 수준에 맞는 언어를 잘 사용할 수 있도록 언어발달 정도를 평가하고 그 결과를 토대로 발달상태에 따른 언어교육을 실시한다. 다문화가족 자녀 언어발달 지원사업은 언어촉진이 필요한 대상 아동뿐 아니라 일상생활에서도 언어 촉진이 가능하도록 해당 부모에게 부모 상담 및 교육 서비스를 제공하고 있다. 사업대상은 12세 이하의 다문화가족 자녀 중 언어 평가 및 교육이 필요한 아동과 대상 아동의 부모에게 서비스를 제공한다. 주요 서비스 내용은 다음과 같다.

- 아동대상 서비스 언어 평가 : 아동의 연령과 발달상태에 따라 적합한 평가도구를 이용하여 언어발달 정도를 평가
- 언어교육 : 다문화 언어발달지도사가 읽기·말하기 등 언어발달 촉진하고 의사소통 능력 향상을 위한 언어교육을 실시(수업은 개별 수업 또는 모둠 수업으로 진행)
- 부모 대상 서비스 상담 및 교육 : 다문화 부모가 일상생활에서도 자녀의 언어발달에 도움을 줄 수 있도록 부모상담 및 교육 서비스를 제공

② 다문화 학생 교육지원서비스(교육부)

다문화 학생교육 지원서비스 내용은 <표 11-3>에서 볼 수 있듯이 다문화가정 학생을 위한 지원에서 교사, 학부모 등을 표현하여 교육기반 및 지원체계 강화까지 포함된다.

〈표 11-3〉 다문화 학생교육 지원서비스 종류

추진계획	주요 내용
다문화가정 학생 맞춤형 교육 지원	다문화가정 학생 1:1 멘토링 지원 - 교사 등이 참여하는 멘토링 - 교대생 등을 활용한 멘토링
	다문화가정 학생 교육 거점학교 지원
	다문화가정 학생 대상 방학 집중 캠프
다문화가정 학생을 글로벌 인재로 육성 「글로벌 브릿지 사업」	다문화가정 자녀의 부모 출신국 이해 및 리더십 교육 등을 포함한 글로벌 리더 육성 프로그램 운영(주말, 방학 과정)
교사의 다문화 교육 전문성 제고	교대 및 사범대학에 '다문화 교육' 강좌 개설 사업 공모 및 지원
	현직 교사 연수 지원 강화
다문화가정 학부모 지원	다문화가정 학부모 교육 및 상담 지원
	학부모를 이중언어 강사 요원으로 양성 활용
	다문화가정 학부모 평생교육 지원
다문화가정 유아교육 지원	다문화가정 등을 위한 교육정보 제공
	다문화가정 유아를 위한 교육 프로그램 보급
	다문화 교육 전문성 제고를 위한 유아 교사 연수 실시
	다문화가정 학부모의 유아 교육 현장 활용 확대
다문화가정 동반·중도입국 자녀 교육 지원	취학 전 예비과정 지원
	학교 내 특별학급 운영 지원
	공립 대안학교 설립 지원
	진로, 직업교육 지원 강화
다문화 교육기반 및 지원체제 강화	일반 학생의 다문화 이해교육 지원
	중앙다문화교육센터 운영 지원
	시·도교육청 다문화 교육정책 추진 역량 강화

출처 : 교육부(2016). 다문화 학생 교육지원계획.

토론 및 생각해 보기

1. 다문화가족을 다루고 있는 미디어(영화, 드라마, 연극 등) 시청 후 미디어상에 나타난 그들의 이미지는 어떠한지 생각해 보자.

2. 중도입국 청소년들이 향후 성인이 되어 한국사회의 구성원으로 살아가기 위해 필요한 정책과 서비스는 무엇인지 생각해 보자.

3. 다문화가족을 위한 지역사회복지 서비스 기관을 조사하고, 지원 서비스와 프로그램에 대해 분석해 보사.

볼거리

조선에서 왓츠롱(2018)

한국건강가정진흥원에서 다문화가정에 대한 인식을 개선하기 위해 제작된 웹드라마로 12개 언어로 번역되어 유튜브와 다문화가족지 원사이트 다누리포털(www.liveinkorea.kr)을 통해 제공하고 있다.

다문화는 '다르다'가 아니라 '다양하다'는 의미를 생각하게 하며, 우리 사회는 혈연이 아니라 다양한 관계와 다양한 유형의 가족이 공존하는 사회임을 생각하게 하는 드라마이다.

CHAPTER 12

1인 가구와 가족복지

학습목표

이 장의 학습목표는 1인 가구에 대한 개념과 특징, 현황 및 문제, 정책 및 서비스를 이해하는 것이다. 이 장에서는 청년 1인 가구와 노인 1인 가구로 구분하여, 가족복지의 문제와 정책서비스를 이해한다.

- 1인 가구의 개념에 대해 설명할 수 있다.
- 1인 가구의 현황 및 문제에 대해 설명할 수 있다.
- 1인 가구의 정책 및 서비스를 이해할 수 있다.

1. 1인 가구의 개념과 특징

1인 가구는 2017년 국회 본회의를 통해 통과된 건강가정기본법 일부개정 법률을 기반으로 2018년부터 복지정책의 대상이 되었다. 또한 각 자치구별로 1인 가구 지원 기본조례를 제정하여 1인 가구를 지원하는 정책 및 프로그램을 구축하여 실행하고 있다.

1인 가구는 일반적으로 1인이 독립적으로 생계를 유지하고 있는 가구로 정의할 수 있다. 과거에는 법적으로나 사실적으로 배우자가 없이 혼자서 생활하는 가구를 1인 가구로 인식하는 경향이 컸지만 최근에 와서는 배우자가 있어도 독립된 거주지에서 혼자 살고 있는 사람도 1인 가구로 간주하고 있다(김혜영, 2014; 이민홍 외, 2015, 강은나 외, 2017 재인용).

통계청의 인구 총조사에 따르면, 전체 가구 중에서 1인 가구가 차지하는 비중은 2000년도 15.5%에서 2005년도에 20%로, 2010년에는 23.9%, 2015년 27.2%, 2020년 30.3%, 2025년 32.3%, 2030년 33.8%, 2035년 35.2%, 2040년에는 전체 가구 중에서 1인 가구가 차지하는 비중은 36.4%로 예측된다(국가통계포털, KOSIS). 가족단위로 이루어졌던 과거의 생활환경이 앞으로는 가족단위뿐만 아니라 1인 가구도 혼재된 형태로 이루어지게 될 것임을 알 수 있다.

이러한 상승추세는 전 세계적인 현상이기는 하나, 미국과 비교해 볼 때 미국의 1인 가구 비율은 1970년도 17.1%에서, 2010년 26.7%로 약 40년간 약 10%p 상승한 반면, 우리나라는 15년 만에 약 12%p 상승하여 상승속도가 매우 빠른 편이다.

연령대별 1인 가구의 분포 및 증가세를 보면, 2018년 기준 2030세대인 청년층이 다수를 이루고 있으나 향후 증가추세는 미미할 것으로 예상된다. 반면에 중년층이 큰폭으로 증가하고 있고 앞으로도 꾸준히 증가할 것으로 예상되며, 노년층은 향후 두 배 정도의 규모 증가가 예상되고, 고령층은 대폭적인 증가가 예상되고 있다.

이러한 1인 가구의 증가 추세배경에는 급속한 도시화, 여성의 교육 수준 향상과 성평등 인식 확대, 실업 및 소득 양극화, 가치관의 변화, 고령화에 따른 노인가구 증가 등 복합적인 요인에 기인한 것으로 보인다. 또한 최근에는 1인 가구의 고립, 빈곤, 고독사 등이 사회문제로 부상하면서 이들을 위한 복지대책을 마련하기에 이르렀다.

이 절에서는 1인 가구의 다수를 이루고 있는 청년가구와 노인가구를 중심으로 살펴보고자 한다.

2. 청년 1인 가구

1) 청년 1인 가구의 개념

청년 1인 가구는 독립적으로 취사, 취침 등의 생계를 유지하는 가구로서 2030세대를 말한다.

1인 가구는 혼자 산다는 공통점이 있지만 형성유형에 따라 삶의 형태도 각기 다르다고 볼 수 있다. 우리나라의 20~30대 청년 1인 가구의 경우, 취업 준비생 혹은 비정규직 집단으로 보는 경향이 있으며, 이들에 대한 복지의 필요성이 제기되고 있는 실정이다(변미리, 2010).

청년 1인 가구의 발생원인은 매우 복합적인 요인이 작용한다. 만혼 및 비혼의 증가로 현대사회에서 결혼적령기에 대한 기준이 모호해지고, 20대의 주된 과업이 결혼에 있지 않고 자아성취 및 독립으로 이동함으로써 청년 1인 가구가 증가하고 있다. 자유주의 및 개인주의의 확산에 따른 가치관의 변화로 결혼은 꼭 해야 하는 것이 아니며, 결혼에 대한 유보적인 추세가 높은 데서 청년 1인 가구가 증가한다고 파악된다.

2) 청년 1인 가구의 현황과 문제

(1) 청년 1인 가구의 현황

1인 가구 중 20·30대 청년층이 차지하는 비중은 2015년 기준 전체 가구 중 36%로 전 연령대 중 가장 높은 비중을 차지하고 있다(통계청, 2015).

한국사회에서 지금까지 1인 가구에 대한 연구는 가족이나 복지영역에서 정책의 대상자로서 '혼자 사는 노인'에 대한 연구가 주를 이루었으나, 최근에는 독거노인과 청년을 중심으로 재편되고 있다. 청년 1인 가구의 주요 문제로 주거 불안이나 빈곤이 가장 크게 부각되고 있고, 가구 내 소득원이 혼자이기 때문에 비취업이 바로 빈곤으로 이어지면서 근로 빈곤화 경향이 심해지는 것으로 나타났다(노혜진, 2018).

한편 청년 1인 가구 중에서는 개인에 대한 투자, 취미, 여행, 자기 가꾸기 등 취미생활이나 자기계발, 그리고 사회적 관계 유지에 비용을 지출하는 등 다른 1인 가구와는 다른 소비형태를 보이는 경우도 있다(인사이트, 2015).

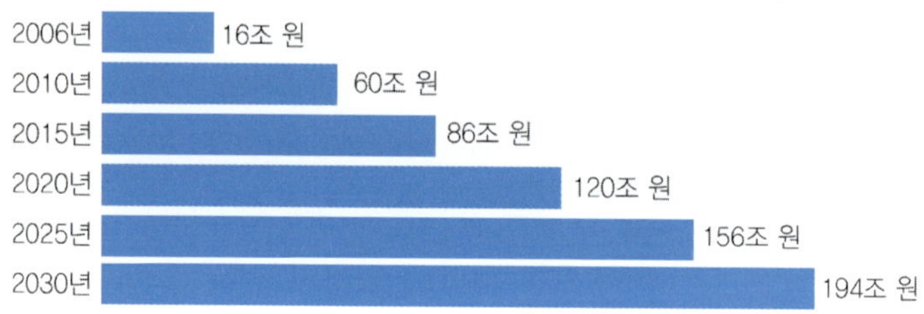

1인 가구의 소비 규모 추이

자료 : 산업연구원.

(단위 : %)

	성장세가 높은 7개 품목		하락세가 높은 7개 품목	
1	주택 유지 및 수선	20.8	교육	−19.1
2	곡물	14	출산 관련 서비스	−18.3
3	신선식품	13.8	유아용품	−13.8
4	의약품	12.3	고칼로리 식품	−2.2
5	화훼 및 애완동물	11	정보통신장비	−2.1
6	병원서비스	9.6	자동차	−1.1
7	육상운동	9.4	운동 및 오락 서비스	−0.6

2020년까지 인구 구조 변화로 영향받는 품목

자료 : LG경제연구원, 통계청 2012년 가계동향조사.
* 숫자는 시장 구모의 예상 증감률

| 그림 12-1 | 1인 가구의 소비규모 추이 및 2020년까지 인구구조 변화에 따른 시장 동향

출처 : 인사이트(2015. 6. 1). “1인 가구, 비즈니스 개념을 바꾼다”.
http://www.economyinsight.co.kr/news/articleView.html?idxno=2696

(2) 1인 청년 가구의 문제

① 경제적 문제

㉠ 주거문제

1인 청년 가구에 관한 연구에서 이들이 가지고 있는 주된 문제는 빈곤문제를 중심으로 1인 청년 가구의 빈곤과 주거불안이 가장 큰 것으로 부각되고 있다.

1인 청년 가구의 직업 분포를 살펴보면, 2015년 통계청 자료를 분석한 현대경제연구원에 따르면, 주로 전문직(34.5%), 사무직(32.3%)으로 나타났다. 이들 1인 청년 가구는 전월세 의존도가 현저히 높고, 주택 소유 비중도 다인 가구보다 현저히 낮음으로 인해 1인 청년 가구의 주거문제가 심각함을 알 수 있다(현대경제연구원, 2015). 또한 20~30대 1인 청년 가구의 전월세 보증금 부담이 다른 연령대에 비해 상대적으로 더 가중되고 있고, 월세 임차료 지출규모도 다른 연령대보다 크다. 1인 가구의 가처분 소득이 142만 원이라고 할 때, 최고 서울 30.7%, 최소 전남 15.4%로 전국 평균 25.1%를 임대료로 내고 있다.

더욱이 최근에는 고용 악화로 인한 장기적인 실업이 청년기 자녀들의 빈곤으로 이어시고 청년 가구의 월 임대료 및 주거비의 상당 부분을 50~60대 부모 세대에게 의존함으로써 50~60 대 부모 세대의 빈곤으로 이어지는 빈곤의 대물림 현상이라는 사회적 문제로 나타나기도 한다.

㉡ 빈곤문제

1인 가구의 빈곤율은 다인 가구 빈곤율과 비교 시 다인 가구 빈곤율의 4배에 이르며, 소득, 주거, 건강 등의 측면에서 '신취약계층'으로 전락할 위험에 놓여 새로운 사회적 문제로 제기되고 있다(한겨레, 2016. 9. 29). 보건사회연구원의 2015년 빈곤통계연보에 따르면, 〈그림 12-2〉에서 보듯이 1인 가구의 상대빈곤율(소득이 중위소득의 50% 아래인 가구)은 2006년 40.6%에서 2014년 47.6%로 높아졌다. 같은 기간 1인 가구를 제외한 다인 가구의 상대빈곤율은 13.7%에서 12.8%로 낮아진 것으로 나타나 전반적으로 다인 가구보다 1인 가구 의 빈곤위험이 더 높음을 시사한다(그림 12-2).

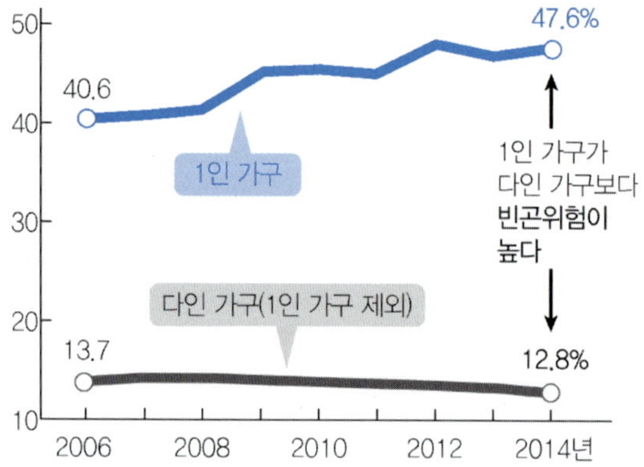

Ⅰ그림 12-2Ⅰ 1인 가구와 다인 가구의 상대빈곤율 추이

자료 : 보건사회연구원 '2015년 빈곤통계연보'.
출처 : 보건사회연구원(2015). 2015년 빈곤통계연보, 한겨레신문(2016. 9. 28) 재인용.

1인 청년가구의 빈곤의 원인은 최근 장기적인 고용 악화로 인한 최악의 청년 실업에서 연유한다. 통계청이 2017년에 발표한 '4월 고용동향' 자료에 따르면, 20대 실업률은 11.3%로, 2016년 같은 기간 실업률(10.9%)에 견주어 0.4%p 올랐으나 연령대별 조사가 시작된 1999년 이후 4월 기준 20대의 실업률은 최고치를 보였다.

② 심리정서 및 건강문제

청년 1인 가구의 심리정서 및 건강문제는 다인 가구와 비교 시 상대적으로 많은 위험에 노출되어 있다(강은나·이민홍, 2016). 특히 청년층 1인 가구의 흡연 율(32.9%)과 음주율(82.1%)은 청년층 다인 가구(흡연율 19.3%, 음주율 67.9%)보다 훨씬 높은 경향을 보여 이들에 대한 건강상 문제가 나타날 수 있다. 또한 이들 중 우울증을 의심할 수 있는 비중은 1인 가구 7.0%, 다인 가구 6.2%로 청년 1인 가구의 우울 의심률이 0.8%p 높은 경향을 나타내고 있다.

3. 노인 1인 가구

1) 노인 1인 가구의 개념

노인 1인 가구(독거노인)는 만 65세 이상의 혼자 거주하는 노인을 말한다. 경기도와 부산광역시의 자치법규에 따르면, 노인 1인 가구(독거노인)의 개념은 만 65세 이상의 혼자 거주하는 노인을 말하며(「경기도 독거노인 고독사방지를 위한 민간자원 활용 및 지원 조례」 제2조), 부양의무자 없이 홀로 생활하는 사람과 부양의무자가 있으나 아무런 도움을 받지 못하는 사람(「부산광역시 독거노인 지원 조례」 제2조)을 포함한다.

2) 노인 1인 가구의 현황과 문제

(1) 노인 1인 가구의 현황

우리나라 1인 가구의 연령별 분포를 살펴보면, 1인 가구의 고령화가 큰 특징이라 할 수 있다.

2015년 통계청 자료에 따르면, '50~59세'는 2010년 14.2%에서 2015년 16.9%로, '60~69세'는 2010년 11.7%에서 2015년 12.8%로, '70세 이상'은 2010년 15.3%에서 2015년 17.5%로 증가하여 점차 1인 가구 중 고령층의 비중이 커지고 있음을 알 수 있다(그림 12-3 참조).

노인 1인 가구는 남성보다는 여성 노인 1인 가구의 비율이 월등히 높은데, 2016년 기준 우리나라 65세 이상 노인 인구는 남성보다 여성이 더 많은 것으로 나타났다. 이러한 현상은 과거부터 남성과 여성 간 평균수명의 차이로 여성 노인이 많은 것과 연관된다. 사실 여성 1인 가구 중에서도 여성 노인 1인 가구가 차지하는 비중도 1985년 24.2% 에서 2010년 46.8%로 높아지는 등 1인 가구 중에서 1인 노인 가구의 여성과 남성의 성비는 점차 높아지고 있다(한국보건사회연구원, 2015).

결론적으로 최근의 우리 사회의 급속한 고령화와 1인 가구 중 노인 세대의 비중의 증가는 노인들의 안전, 복지대책의 시급함을 시사한다.

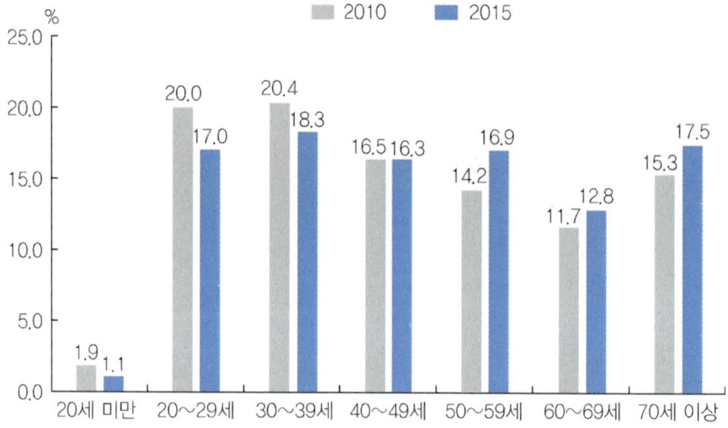

| 그림 12-3 | 연령별 1인 가구 비율(2010, 2015)

출처 : 통계청(2015). 인구주택총조사.

〈표 12-1〉 가구형태별 일반 특성

(단위 : %, 명)

특 성	가구형태			
	노인독거	노인부부	자녀동거	기타
결혼상태				
배우자 있음	1.7	100.0	50.5	52.8
배우자 없음	98.3	0.0	49.5	47.2
교육수준				
무학(글자모름)	18.0	4.2	11.1	11.1
무학(글자해독)	30.2	15.2	22.6	17.3
초등학교	30.3	34.0	30.1	33.4
중학교	8.4	15.7	13.0	12.7
고등학교	9.8	20.1	16.6	16.1
전문대학 이상	3.2	10.7	6.6	9.4
현취업상태				
취업 중	22.5	34.2	23.6	32.2

미취업	77.5	65.8	76.4	67.8
연 가구소득				
제1오분위	58.9	12.2	2.8	5.1
제2오분위	23.8	26.5	5.3	29.6
제3오분위	10.9	29.0	13.5	29.9
제4오분위	4.8	21.5	29.7	21.7
제5오분위	1.6	11.9	48.6	15.2
기능상태				
제한 없음	77.9	87.4	75.7	84.8
제한 있음	22.1	12.6	24.3	15.2
계	100.0	100.0	100.0	100.0
(명)	(2,407)	(4,655)	(2,973)	(416)

출처 : 보건복지부(2014). 2014년 노인실태 조사.

(2) 노인 1인 가구의 문제

노인 1인 가구는 성별이나 경제적 지위, 건강상태 등 개별적인 차이는 존재하나, 대체적으로 경제적 부양문제뿐만 아니라 건강 측면에서 누군가의 도움이 필요하다. 노인 1인 가구는 비 독거노인들에 비해 신체적 질환이 많고, 우울감과 외로움 같은 심리정서적 어려움과 자살률이 높다. 특히 저소득 노인 1인 가구의 경우, 기본 생존권을 위한 최소한의 자원조차 결핍되는 경우, 노인의 사회활동 제한 및 사회적 고독이라는 결과를 초래하여 삶의 질 수준을 감소시키는 요인으로 작용하기도 한다(채강숙, 2008).

노인 1인 가구의 실태와 문제와 관련하여 2014년 보건복지부 노인실태 조사 자료를 중심으로 살펴본다.

① 생활상의 어려움

1인 노인가구의 생활실태를 살펴보면, 노인부부가구보다 1인 노인가구의 생활상의 어려움이 더 많음을 알 수 있다. 1인 노인가구의 생활상 가장 큰 어려움은 아플 때 간호할 사람이 없는 것이며(37.2%), 다음으로 심리적 불안감과 외로움(24.4%), 경제적 불안감(21.6%), 일상생활 문제처리(10.1%)의 순으로 나타났다(표 12-2).

〈표 12-2〉 노인가구의 가족형태별 생활상의 어려움

(단위 : %)

특 성	없음	아플 때 간호	일상생활 문제처리	경제적 불안감	안전에 대한 불안감	심리적 불안감·외로움	기타
노인독거	4.2	37.2	10.1	21.6	2.1	24.4	0.3
노인부부	17.0	19.5	10.5	28.0	4.6	20.2	0.2

출처 : 보건복지부(2014). 2014년 노인실태조사.

② 경제적 문제

노년기는 은퇴, 의료비의 증가 등으로 경제적 사정의 변화가 큰 시기이다. 경제적인 안정은 노인의 기본적 욕구충족을 넘어서 노인의 지위와 자아유지 등 성공적인 노후에 중요한 영향을 미친다(최성재 외, 2010).

노년기의 생활소득은 일상생활뿐만 아니라 대인관계, 사회활동 여부 등에 영향을 미치며, 정신적 건강뿐만 아니라 삶의 만족도에도 영향을 미치며, 정신 건강에도 영향을 미친다.

1인 가구의 빈곤율을 살펴보면, 타 가구 유형보다 국민기초생활보장수급자와 의료급여만을 보았을 때 노인독거가구의 비율이 높은 편에 속하고 있다. 또한 주관적인 생활만족도 역시, 타 가구 유형보다 1인 노인가구에서 가장 낮다고 생각하고 있다. 노인독거가구의 경우 낮다고 생각하는 경우가 65.3%로 가장 높은 편이지만, 높은 편이라고 생각하는 경우는 1.9%에 불과하다(보건복지부, 2014).

노인의 거주상태는 노년기의 경제적인 상태를 알 수 있는 지표 중 하나로 안정적인 거주상태는 생활의 안정, 노년기의 적응과도 연결된다. 노년기의 가구형태별 거주형태를 살펴보면, 타 가구유형보다 1인 노인가구의 거주형태가 불안정한 비율이 높아 1인 노인가구의 경제적 빈곤을 시사한다. 1인 노인

가구의 경우, 주로 무상이거나 보증금이 있는 월세, 전세가 높으며 타 가구형태와 비교해 보았을 때 무상과 전세가 가장 높은 비율을 차지하고 있다(보건복지부, 2014).

③ 건강문제

1인 노인가구의 평소 건강상태에 대한 주관적 인식수준은 <표 12-3>에서와 같이 과반수 이상(52.2%)이 부정적 건강 인식 수준을 보이며, 1인 가구의 본인인지 만성질환과 의사진단 만성질환 개수를 비교해 보면, 1인 노인가구는 다른 가구에 비하여 만성질환이 더 많다라고 느끼고 있고(표 12-4 참조), 실제 의사의 진단에 있어서도 만성질환 개수가 더 높다(보건복지부, 2014). 이는 다른 가구에 비해 1인 노인가구의 건강상의 문제가 많으며, 최근 문제가 되고 있는 고독사와도 연관되어 있으므로 사회적 문제가 될 수 있음을 알 수 있다.

〈표 12-3〉 가구형태별 주관적인 평소의 건강상태

(단위 : %)

특 성	매우 건강하다	건강한 편이다	그저 그렇다	건강이 나쁜 편이다	매우 건강이 나쁘다
노인독거	0.8	23.5	23.4	44.2	8.0
노인부부	1.6	34.9	24.0	33.1	6.4
자녀동거	1.2	30.8	24.1	35.9	8.1
기타	0.7	36.1	24.2	32.4	6.5

출처 : 보건복지부(2014). 2014년 노인실태조사.

〈표 12-4〉 가구형태별 만성질환 유병률

(단위 : %, 개)

특 성	본인인지 만성질환				의사진단 만성질환				
	없음	1개	2개	3개 이상	없음	1개	2개	3개 이상	평균(개)
노인독거	5.8	14.6	19.9	59.7	6.8	15.7	21.5	55.9	3.0
노인부부	11.4	20.0	23.2	45.4	12.9	21.0	23.9	42.2	2.4
자녀동거	9.2	18.8	24.3	47.6	10.4	20.4	24.6	44.5	2.5
기타	13.1	15.3	24.2	47.5	13.8	17.7	23.0	45.5	2.5

출처 : 보건복지부(2014). 2014년 노인실태조사.

④ 사회적 관계

1인 노인가구의 경우, 사회적 관계에 있어 노인부부가구나 자녀 동거 노인가구보다 가족, 친구, 이웃, 단체활동, 복지시설 등과의 교류나 접촉이 상대적으로 낮다. 이로 인한 1인 노인가구의 사회적 고립감과 고독사가 사회적 문제가 되기도 한다. 과거보다는 혈연중심의 가족문화가 많이 변화되었다 해도 여전히 혈연관계가 주를 이루는 사회적 관계망은 1인 노인가구의 삶의 만족도에도 영향을 미친다.

우리나라 노인가구의 친인척 등과의 왕래 빈도와 연락 빈도 모두 노인독거가구가 노인부부보다 월등히 낮아 사회적 관계망이 매우 적음을 알 수 있다. 친인척과의 왕래빈도가 없다는 비율은 노인독거가구가 31%로 노인부부가구의 16.8%보다 월등히 높고, 연락빈도의 경우도 연락을 안 한다는 비율 역시, 노인독거가구(21.1%)가 노인부부(12.2%)보다 높아 친인척과의 유대관계도 매우 약화되어 있음을 알 수 있다(보건복지부, 2014).

다만, 1인 노인가구의 열악한 사회적 관계망을 지원할 수 있는 복지서비스로서 노인복지관과의 교류는 노인부부가구보다 월등히 이용률과 이용만족도가 높다. 이는 노인을 위한 가장 중요한 자원인 가족이 더 이상 기능할 수 없는 현시대에 새로운 사회적 관계망으로서 1인 노인가구를 위한 지지체계로서 대두되고 있음을 시사한다.

4. 1인 가구의 지원정책 및 서비스

1) 1인 청년가구

1인 청년가구를 위한 지원정책은 크게 취업 지원, 주거 지원, 경제적 지원, 정서적 지원으로 구분된다.

(1) 취업지원[1)]

1인 청년가구를 위한 취업지원은 청년내일채움공제, 일학습병행제, 청년취업아카데미, 청년취업성공패키지 등으로 구분된다.

① 청년내일채움공제

중소·중견기업에 취업한 청년 근로자의 장기근속을 위하여 고용노동부와 중소벤처기업부가 공동으로 운영하는 정책 서비스이다. 공제청년근로자와 사업주 및 정부가 공동으로 적립한 공제금에 복리이자를 더하여 2년 이상 장기재직한 근로자에게 성과보상금 형대로 만기 공제금(1,600만 원+이자)을 지급하는 것이다.

② 일학습병행제

기업이 청년 취업희망자를 채용하여 체계적인 이론 및 실무교육을 병행 제공하여 직무역량을 습득시키는 일터 기반 학습, 기업이 요구하는 직무능력을 현장에서 배움으로써 불필요한 스펙 쌓기 없이 기업에 조기 채용·정착 가능 취업과 체계적 훈련을 희망하는 학습근로자를 채용하여 6개월~4년 동안 학교 등 교육훈련기관과 함께 일터에서 체계적 교육훈련을 실시한 기업 지원이다.

③ 청년취업아카데미

기업·사업주단체 등 운영기관이 대학과 협력하여 대학 재학생을 대상으로 산업계 수요에 적합한 교육·훈련과정을 제공함으로써 저학년에게는 조기진로 선택을 통한 취업을 유도하고 고학년에게는 졸업 후 단절 없는 노동시장 조기 진입을 지원하는 것이다.

④ 청년취업성공패키지

청년 고용문제를 완화하고자 청년층을 대상으로 '진단 및 상담→의욕증진 및 능력개발→알선'에 이르는 취업의 전 과정을 통합 제공함으로써, 새로운 형태의 복지로서 청년일자리를 찾아주는 제도이다.

1) 고용노동부 홈페이지(2018. 5. 31., http://www.moel.go.kr)에 제시된 자료를 재정리함.

(2) 주거지원

① 행복주택(LH 한국토지주택공사)

사회초년생 · 신혼부부 · 대학생 등 사회활동 계층의 주거불안 해소를 위하여 대중교통이 편리하고 접근이 용이한 부지를 활용하여 저렴하게 공급하는 새로운 공공임대주택이다.

② 청년전세임대주택

입주자로 선정된 청년이 직접 자신이 거주할 주택을 찾으면, LH에서 주택 소유자와 전세계약을 체결한 후 청년에게 재임대하는 제도, 즉 전세금을 지원하는 제도이다.

(3) 경제적 지원

① 청년활동지원사업

서울시가 선정자격을 갖춘 장기 미취업 청년들에게 6개월 범위에서 월 50만 원의 활동지원금을 지원해 구직 등의 사회 진출을 돕고자 추진하는 제도이다.

② 청년구직지원금

일하고 싶은 청년들 총 1,900명에게 월 50만 원씩 6개월간 총 300만 원을 지원하는 제도이다. 경기도에 거주하고 있는 만 18세 이상 만 34세 이하의 미취업 청년의 소득 인정액 기준 중위소득 150% 이하인 경우 신청 가능하다.

③ 청년면접지원금(청년희망재단)

구직활동을 하는 청년들에게 면접 시 소요되는 경비(면접복장 대여, 이력서 사진 촬영, 교통비, 숙박비)를 지원하여 구직활동 비용에 대한 부담을 경감시켜 적극적인 구직활동을 독려하기 위한 사업이다.

<표 12－5>는 청년 취업지원을 위한 관련 정책의 구체적인 내용들을 정리한 것이다.

〈표 12-5〉 청년 취업지원 관련 정책

정 책	내 용	담당부서
1. 취업지원		
청년내일채움공제	중소기업에 취업한 청년에게 성과 보상금 지급	고용노동부
일학습병행제	체계적인 이론 및 실무교육을 병행 제공	
청년취업아카데미	대학 재학생을 대상으로 산업계 수요에 적합한 교육·훈련과정을 제공	
청년취업성공패키지	심리 검사 및 지원금 제공	
2. 주거지원		
행복주택	사회초년생·신혼부부·대학생에게 공공임대 주택 제공	한국토지공사
임대주택	저소득층의 주거안정을 위해 저렴한 임대주택 제공	
청년전세임대주택	전세금 지원	
3. 경제적 지원		
청년활동지원사업	미취업 청년에게 6개월간 총 300만 원 지원	서울시
청년구직지원사업	미취업 청년에게 6개월간 총 300만 원 지원	경기도
청년면접지원금	구직에 필요한 비용 6개월간 최대 60만 원까지 지원	청년희망재단

(4) 정서적 지원

청년 1인 가구의 심리정서 및 건강의 문제는 다인 가구와 비교할 때, 상대적으로 높은 위험 수준이다. 우울증 비율이 높은 경향을 보이며 정서적으로 불안이 높은 건강 상태이다. 서울시청년활동지원센터의 관계망 지원사업, 마음건강 지원사업 등의 정서적 지원과 패밀리서울의 1인 가구를 위한 안전하고 건강하게 자기를 지키는 방법 등을 지원하는 다양한 프로그램을 실시하고 있다.

2) 1인 노인가구[2)]

보건복지부(2017)는 1인 노인가구의 지원을 위해 기초연금, 노인돌봄기본서

2) 보건복지부(2017a). 2017년 노인보건복지 사업 안내; 보건복지부(2017. 10. 20). 어르신을 위한 7가지 주요 노인보건복지정책. 블로그. http://blog.naver.com/mohw2016/221121475608

비스사업, 노인돌봄종합서비스사업, 노인장기요양보험제도, 응급안전알람서비스사업, 노인사회활동지원사업, 경로당활성화사업, 학대피해노인보호강화사업, 치매관리정책, 친구만들기사업 등을 지원하고 있다.

① 기초연금

기초연금은 어르신의 노후소득을 보장하고 생활안정을 지원하기 위한 노인보건복지정책 중 하나이다. 독거노인은 대부분 경제적 빈곤에 처해 있는 경우가 타 가구에 비하여 많은 편이며 기초연금과 타 연금을 합하여 생계를 유지하는 경우가 많다.

② 노인돌봄기본서비스사업

노인돌봄기본서비스사업은 소득·건강·사회적 관계 등이 취약한 독거노인의 고독사 예방 및 정서지원을 위해 생활관리사가 정기적 안전확인, 생활교육 및 복지서비스 연계를 실시하는 사업이다.

③ 노인돌봄종합서비스사업

노인돌봄종합서비스사업은 혼자 힘으로 일상생활을 영위하기 어려운 노인에게 가사·활동 지원 또는 주간보호서비스를 제공하여 안정된 노후생활 보장 및 가족의 사회·경제적 활동기반을 조성하는 사업이다.

④ 노인장기요양보험제도[3)]

노인장기요양보험제도는 고령·노인성 질환으로 일상생활을 혼자 수행하기 어려운 어르신께 가정 및 입소시설에서 신체, 가사활동을 지원하여 편안한 노후생활을 보장하고 가족의 수발부담을 완화하는 제도이다(그림 12-4 참조).

3) 국민건강보험(www.nhis.or.kr). 2018. 5. 31. 검색, 재정리.

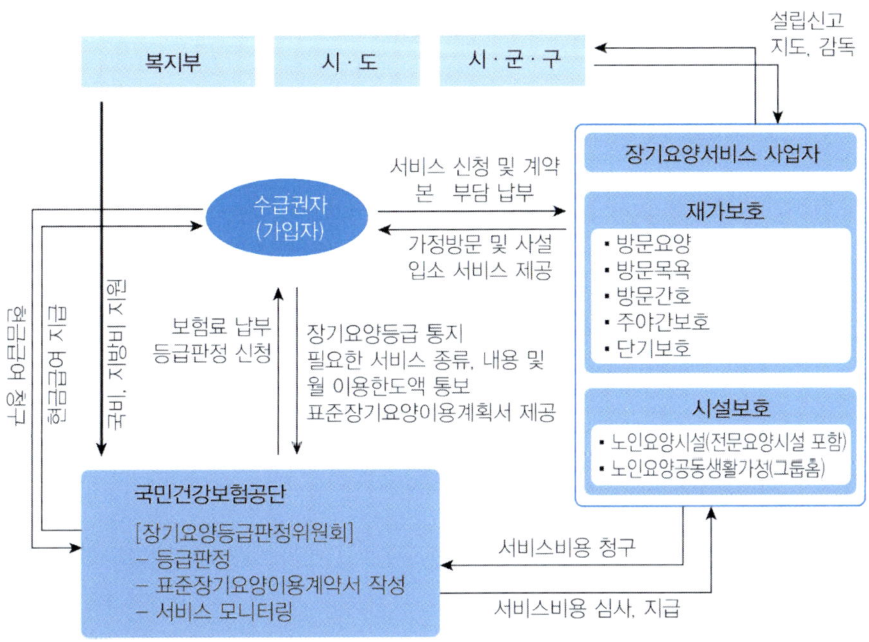

| 그림 12-4 | 노인장기요양보험 운영

⑤ 응급안전알림서비스사업[4)]

응급안전알림서비스는 독거노인이나 중증장애인 가정에 화재·가스누출 및 활동감지센서 설치를 통해 응급상황 발생 시 119에 자동신고 및 신속한 구조 지원이 이루어지도록 하는 서비스이다. 관리요원이 종종 기기의 문제를 확인하러 가정방문을 실시하며 혹여나 문제가 발생하지 않았는지 또는 안부 확인을 진행한다. 비상전화기는 물론 집 안에서 돌아다니다 쓰러졌을 때 손쉽게 누를 수 있는 목에 걸고 다니는 리모컨도 존재한다.

4) 보건복지부(2017b). 2017년 독거노인·중증장애인 응급안전알림서비스 사업안내.

토론 및 생각해 보기

1. 최근 1인 가구가 증가하는 이유에 대해 알아보자.

2. 1인 노인가구를 위한 복지서비스에는 무엇이 있는지 조사해 보자.

3. 1인 청년가구와 1인 노인가구의 공통점과 차이점은 무엇인지 생각해 보자.

볼거리

나 혼자 산다

MBC 간판 예능 프로그램 <나 혼자 산다>는 개인의 사연보다는 1인 가구의 생활을 있는 그대로 자연스럽게 전하고 있다. TV를 보다 보면 유명 연예인이지만 이 시대를 혼자 살아가는 '나'와 크게 다르지 않은 느낌이 든다. 많은 사람들이 1인 가구의 삶을 공감하고 즐기는 것을 보면 알 수 있듯이 1인 가구는 이제 보편적인 가구의 한 형태가 된 것 같다.

참고문헌

강기정(2008). 조손가족의 가족기능강화를 위한 사례관리 시범사업 평가 및 정책방향. **한국가족복지학, 13(3)**, 111-128.

강기정·김연화·박미금·송말희·이미선(2009). **건강가정론**. 경기 : 양서원.

강기정·박수선(2013). 가족중심 사례관리의 지역사회 체계구축을 위한 탐색적 연구 - 건강가정지원센터와 다문화가족지원센터 적용을 중심으로. **한국가족자원경영학회지, 17(3)**, 125-144.

강은나·김혜진·김영선(2017). 도시지역 1인 가구 중고령자의 여가활동 유형과 우울수준. **보건사회연구, 37(2)**, 184-215.

강은나·이민홍(2016). 우리나라 세대별 1인 가구 현황과 정책과제. **보건복지포럼, 통권 234호**, 47-56.

고용노동부(2016). 2016년 취업성공패키지 업무메뉴얼.

________(2017. 8). 모성보호와 일·가정 양립 지원 업무 편람.

________(2018. 1). 2018년 고용노동부 업무계획.

교육과정평가원(2013). 이슈페이퍼.

구수영(2007). 어린이집 생활을 통해 본 여성 결혼이민자 자녀와 가정에 대한 이해. **열린유아교육연구, 12(5)**, 95-124.

권신영·공정원·김미영·방미나(2017). **가족복지론**. 경기 : 어가.

권진숙·박지영(2015). **사례관리의 이론과 실제**. 서울 : 학지사.

금기윤·김미연·김은희·류동수·이태희(2013). **사회복지실천기술론**. 경기 : 공동체.

김문조(2016). 디지털시대 일상의 재구성. 한국가족자원경영학회 2016년 추계학술대회 자료집.

김명자 외(2009). **아는 만큼 행복한 결혼, 건강한 가족**. 경기 : 양서원.

김명희(2012). 한부모가족 대상의 사례관리 운영현황 -취약 한부모가족 역량강화 서비스 사업을 중심으로-. 한국가족자원경영학회 추계학술대회 자료집, 119-131.

김미숙·우국희·민소영·이주연·이정현(2011). 선진국의 아동사례관리 사례 비교연구 : 영국, 미국, 뉴질랜드를 중심으로. 한국보건사회연구원.

김민정(2009). 청소년의 가정폭력 경험이 학교폭력 가해행동에 미치는 영향. 대구대학교

대학원 석사학위논문.

김성천·박지영(2012). 사회복지현장에 기반한 가족중심사례 실천 모색 : 현장사례분석을 중심으로. 사례관리연구, 3(1), 39-64.

김수정(2002). 복지국가 가족지원체계의 구조변화에 관한 일 연구. 서울대학교 대학원 박사학위논문.

김수현·박은철·김소임(2001). 서울시 저소득 여성가구주를 위한 자활지원방안. 서울 : 서울시정개발원.

김유숙(2014). 가족치료–이론과 실제. 서울 : 학지사.

김재엽(2010). TSL 가족치료와 가족복지. 서울 : 소야.

김주숙(2000). 스웨덴의 부모보험제도와 여성의 경제활동. 한국사회복지학, 40, 68-96.

김승권·황성철·김연우(2012). 취약·위기가족 및 다문화가족의 예방맞춤형 복지체계 구축 및 통합사례관리 연구. 한국보건사회연구원.

김영애 외 공역(2005). Michael. P. Nichols 외 공저, 가족치료. 서울 : 시그마프레스.

김영화·이진숙·이옥희(2015). 성인지적 가족복지론. 경기 : 양서원.

김인숙(2004). 사회복지사의 가족담론 연구. 한국사회복지학, 56(2), 53-70.

김혜경·도미향·문혜숙·박충선·손홍숙·오정옥·홍달아기(2014). 가족복지론. 경기 : 공동체.

김혜영(2014). 유통하는 한국가족 : 1인 가구를 중심으로. 한국사회, 15(2), 255-292.

남세진·조홍식(2000). 한국사회복지론. 서울 : 나남출판.

노대명(2013. 6. 7). 근로 빈곤층 실태진단과 향후 정책과제 -고용·복지 연계정책을 중심으로-. 보건복지 ISSUE & FOCUS, 제328호.

노혜련·유성은(2007). 강점관점 사례관리의 특성에 관한 연구 : 빈곤여성가구주 참여경험을 중심으로. 한국가족치료학회지, 15(1), 75-103.

노혜진(2018). 청년 1인 가구의 사회적 관계. 보건사회연구, 38(2), 71-102.

대한민국 정부(2016). 제3차 저출산·고령사회 기본계획(2016-2020).

도광조(2011). 지역사회복지관 통합사례관리실천 기반의 현실과 과제 -대구 경북지역을 중심으로. 사례관리연구, 2(1), 29.

도미향·강기정·이무영·박경애·장미나(2018). 가족정책론(제4판). 서울 : 신정.

류애정(2011). 지역단위 통합사례관리 활성화를 위한 발전과제 모색-농어촌지역을 중심으로-. 한국지역사회복지학, 38, 227-244.

마이케 반 덴 붐 저, 장혜경 역(2016). 행복한 나라의 조건. 경기 : 푸른숲.

문혁준·김진이·양성은·이은주·천희영·왕옥경(2014). 가족복지. 서울 : 창지사.

박경란(2001). 현대 가족학. 서울 : 신정.

박미선(2017). 1인 청년가구 주거여건 개선을 위한 정책 지원 방안. 국토정책 Brief, 627, 1-8.

박미선·이재춘(2018). 1인 가구 증가에 따른 주택정책 대응방안. 국토정책 Brief, 655, 1-8.

박석란(2008). 빈곤여성가구주에 대한 강점관점 사례관리 적용 연구. 이화여자대학교 사회복지대학원 석사학위논문.

박수선(2013a). 신혼기 부부관계 향상을 위한 교육 프로그램 효과성 검증. 한국가정관리학회, 31(1), 73-84.

______(2013b). 조손가족 기능강화를 위한 사례관리 실천 과정 기초분석. 한국가정관리학회지, 31(2), 41-57.

박시종 역(2007). G. 에스핑 앤더슨 저, 복지 자본주의의 세 가지 세계. 서울 : 성균관대학교출판부.

박옥임·서선희·김경신·옥경희·박준섭·최은정(2013). 가족복지론. 경기 : 공동체.

박은미·정익중(2012). 사례관리이 이해 –영유아보육과 사회복지의 통합적 접근. 서울 : 박영사.

박진영(2002). 사례관리를 통한 빈곤여성의 자립자활 지원과 자활방안 모색을 위한 워크숍 자료집. 한국여성노동자협의회.

박희연 외(2018). 대덕대학교 전공학술제 자료집.

배영미(2011). 가족중심 사회복지실천으로의 패러다임 전환. 사회복지실천, 10, 53-73.

변미리(2015). 서울특별시 1인 가구 대책 정책연구. 서울특별시.

변화순·송다영·김영란(2002). 가족유형에 따른 생활실태와 복지욕구에 대한 연구. 한국여성개발원.

보건복지부(2014). 2014년도 노인실태조사.

__________(2015). 2014년 국민기초생활보장 수급자 현황.

__________(2017a). 2017년 노인보건복지 사업 안내.

__________(2017b). 2017년 독거노인·중증장애인 응급안전알림서비스 사업안내.

__________(2017c). 2017 사회복지관 운영 관련 업무처리 안내.

__________(2017. 6). 2016년 국민기초생활보장 수급자 현황.

__________(2018a). 2018년 국민기초생활보장사업안내.

__________(2018b). 2018년 자활사업안내 (I).

보건복지부·국토교통부(2015. 7. 19). 보도자료-맞춤형 기초생활보장제도로 생애주기별 맞춤형 복지 큰 틀 마련.
보건복지부 · 국토교통부 · 교육부(2017. 7. 31). 보도자료-중앙생활보장위, 2018년 기준 중위소득 및 실태조사 의결.
보건복지부 · 보건사회연구원(2016). 통계로 보는 사회보장 2016.
사회복지관사례관리매뉴얼(2012). 한국사회복지관협회.
서혜미(2012). 장애인복지관 사례관리 수행요소가 사례관리자 자기효능감에 미치는 영향에 대한 연구 : 네트워킹 매개효과를 중심으로. 경기대학교 사회복지학과 박사학위논문.
서혜석 · 강희숙 · 이미영 · 이성희 · 채인석(2015). **가족복지론**. 경기 : 공동체.
성영혜 · 송주미(1997). 가족복지에 대한 이론적 고찰. **한국가족복지학**, 2(1), 51-72.
성정현 · 여지영 · 우국희 · 최승희 · 임세희(2014). **가족복지론**. 경기 : 양서원.
손나리(2006). 빈곤부자가정 청소년에 대한 사례관리 적용의 효과성 연구. 부산대학교 대학원 석사학위논문.
송다영(2005). 가족복지서비스 전달체계 수립을 위한 방향과 원칙에 관한 탐색적 연구. **한국사회복지학**, 57(4), 225-251.
송인주 · 박수선 · 신지현(2015). 사례관리성과분석 및 사례관리자실천지표개발. 서울시복지재단.
송정아 · 전영자 · 김득성(1998). **가족생활교육론**. 서울 : 교문사.
신동욱(2014). 아동 · 청소년기 가정폭력 피해경험이 성인범죄에 미치는 영향. 치안정책연구소.
신성자 외(2007). **사회복지실천기술론**. 경기 : 양서원.
안전행정부(2015). 외국인 주민현황 조사.
양세정(2013). 한부모가족 가구주의 성별과 한부모 -자녀 의사소통이 청소년자녀의 우울에 미치는 영향 : 모자가족과 부자가족의 비교를 중심으로. **청소년복지연구**, 15(1).
여성가족부(2015). 2015년 한부모가족 실태조사.
________(2016). 2016 다문화가족지원사업 결과보고서 Ⅰ.
________(2017). 가정폭력실태조사보고서.
________(2018a). 2018년 건강가정 · 다문화가족지원센터 통합서비스 사업안내 (Ⅰ).
________(2018b). 2018년 건강가정지원센터 현황.
________(2018c). 2018년 다문화가족지원센터 현황.
________(2018d). 2018년도 다문화가족지원사업안내.
________(2018e). 2018년 한부모가족지원사업안내.

________(2018f). 제3차 다문화가족정책 기본계획(2018~2022). 2018년도 시행계획.

________(2019). 2019년 한부모가족지원사업안내.

여성가족부·통계청(2016). 2015년 전국다문화실태조사 분석.

오경자·문경주(2006). 빈곤가정 청소년의 심리사회적 적응 : 가족위험요인과 부모 -자녀 관계의 매개효과 검증. **한국심리학회지 : 임상**, 25(1), 59-76.

오영희·송진숙·송영란·양승지(2005). **최신 가족학의 이론과 실제**. 경기 : 21세기사.

오지현·여유진(2009). 한국복지패널로 본 주거복지 지표. **보건복지포럼**, 158, 30-38.

원영희·손화희(2016). **가족복지론**. 서울 : 학지사.

유계숙·최성일·안재희·전영주·장보현(2007). **영화로 배우는 가족학**. 서울 : 신정.

유영주·김순옥·김경신(2008). **가족관계학**(제2개정판). 서울 : 교문사.

윤홍식·송나영·김인숙(2011). **가족정책 : 복지국가의 새로운 전망**. 경기 : 공동체.

이근홍(2015). **사례관리**. 경기 : 양서원.

이무영(2010). 다문화가족 한국 남성 배우자의 문화적응 스트레스, 의사소통 능력, 사회적 지지가 결혼만족도에 미치는 영향에 관한 연구. 성균관대학교 일반대학원 박사학위 논문.

이민홍·전용호·김영선·강은나(2015). 1인 가구 증가에 따른 신사회적 위험 대응전략. 세종 : 보건복지부·동의대학교.

이삼식·최효진·윤홍식(2015). 가족 변화에 따른 결혼·출산행태 변화와 정책과제. 한국보건사회연구원. 연구보고서 2015-21-01.

이상균·유조안(2015). 빈곤 관련 가족환경 위험요인이 잠재계층유형과 아동 문제행동 간의 관계-양육 효능감과 양육행동실천의 매개효과. **한국가족복지학**, 48, 29-57.

이성희·전길양·한은주·조경욱(2012). **가족복지론**. 서울 : 도서출판 파란마음.

이수자(2004). 이주여성 디아스포라. **한국사회학**, 38(2).

이애재(2006). **사회복지실천기술론**. 경기 : 양서원.

이연숙(2003). 학교를 이용한 평생교육관점에서의 가정생활교육의 역할과 과제. 한국가정과교육학회 2003년 하계학술대회.

이영분 외(2001). **사회복지실천론**. 서울 : 동인.

이영실·김재경·김봉순·박용권·조명희·홍성희(2013). **가족복지론**. 경기 : 양서원.

이영주·최경화·정윤태·김현희·오정아(2015). **가족복지론**. 경기 : 양서원.

이용재(2012). 결혼이주여성의 시민적 권리에 대한 고찰 : 제도적·비제도적 차별을 중심으로. **다문화와 인간**, 1(2), 235-268.

이윤정(2010). 다문화가족 지원 법률과 정책, 제도에 기반한 사업 및 프로그램의 방향성.

한국콘텐츠학회논문지, 10(5), 270-378.

______(2017a). 가족서비스 전문가 윤리와 가치. 여성가족부·한국건강가정진흥원 중간관리자 교육자료집.

______(2017b). 청소년 여성 한부모의 스트레스가 학업지속에 미치는 영향 : 아동양육비 및 돌봄지원 한부모가족 정책의 조절효과 검증. *Family and Environment Research, 55*(4), 363-383.

이진영(2017). 복지지출이 빈곤에 미치는 영향 분석 : 유럽연합(EU)국을 중심으로. KERI 한국경제연구원.

이태진(2005). 국민기초생활보장제도와 주거보장. **보건복지포럼**, 108, 55-64.

이태희(2015). 다문화가족 자녀가 지각한 가족건강성이 학교생활적응에 미치는 영향 : 문화적응스트레스와 사회적 자본을 조절변수로. 대구대학교 사회복지학과 박사학위논문.

이혜숙·임은이(2009). 빈곤가정의 빈곤화 과정 연구. **한국가족복지학**, 26, 255-294.

이화여자대학교 사회복지연구회 편역(2003). **가족폭력-사정과 실제-**. 경기 : 양서원.

이효선·남화수(2017). **사회복지실천을 위한 사례관리-사례중심실천 접근-**. 서울 : 학지사.

임완섭(2016. 12. 5). 최근 빈곤 추이의 특성과 정책적 함의 : 1인 가구를 중심으로. **보건복지 ISSUE & FOCUS**, 328.

임재현(2011). 주거빈곤이 가족생활에 미치는 영향. **사회복지연구**, 42(1), 279-304.

장인협(1995). **지방화시대의 지역복지실천방법론 : 케어/ 케이스 관리**. 서울 : 서울대학교출판부.

장혜경 외(2012). 2030년 가족미래에 대응하는 돌봄정책, 소득보장정책, 가족법의 방향과 과제. 한국여성정책연구원.

전국사회복지관협회(2012). 사례복지관 사례관리 매뉴얼.

정도희(2018). 피해자 보호의 관점에서 본 가정폭력 대응과 경찰개입. **홍익법학**, 19(1), 311-335.

정소희(2006). 가족구조, 부모양육행동 및 청소년 비행-모자가정과 부자 가정의 비교를 중심으로-. **사회복지연구**, 30, 207-222.

정영숙(2005). 빈곤과 최저생계비 측정에 관한 연구 : 발달장애아동 가족의 치료교육비를 중심으로. **정서행동장애연구**, 21(1), 69-91.

조용재(2018). 결혼이주여성의 삶의 만족도가 자녀 양육태도에 미치는 영향. 한성대학교 행정대학원 석사학위논문.

조은정·이기학(2004). 아동기의 정서적 학대경험이 대인관계 문제해결능력에 미치는 영향

-자기효능감과 통제소재를 매개변인으로-. 상담학연구, 5(3), 583-595.

조흥식·김인숙·김혜란·김혜련·신은주(2010). 가족복지론. 서울 : 학지사.

채강숙(2008). 독거노인의 사회적 지지망 실태에 관한 연구 -태백시를 중심으로. 상지대학교 대학원 석사학위논문.

최선화(2013). 풀어쓴 사회복지실천기술. 경기 : 공동체.

최성재·장인협(2010). 고령사회의 노인복지학. 서울 : 서울대학교출판문화원.

최영대(2014). 사례관리의 이론과 실제–창동종합사회복지관 사례를 중심으로. 경기 : 공동체.

최운선·홍기순(2017). 다문화가정 외국인 어머니의 자녀양육 인식과 경험에 관한 사례연구. 한국가족복지학회지, 22(4), 585-603.

충남여성포럼(2017). 다문화 정책포럼 자료집.

통계청(2015). 인구주택총조사.

______(2016). 이혼통계.

______(2017. 11). 인구주택총조사.

______(2020). 2019년 혼인·이혼통계

______(각 년도). 사회조사.

하정옥(2010). 한부모 자녀의 일상생활적응과 부모의 양육태도에 따른 자아존중감. 사회복지지원학회지, 5(1), 55-80.

한국가족상담교육연구소(2011). 가족생활교육. 서울 : 교문사.

한국보건사회연구원(2015). 가족 변화에 따른 결혼·출산행태 변화와 정책과제. 연구보고서 2015-21-10.

________________(2016). 2016년 빈곤통계연보.

한국사례관리학회(2014). 사례관리론. 서울 : 학지사.

한국사회복지관협회(2012). 사회복지관 사례관리 매뉴얼.

한국장애인복지관협회(2016). 전국장애인복지관 사례관리 고급과정 교육연수.

한국청소년개발원(1994). 프로그램의 개발과 운영. 한국청소년개발원.

한인영·강향숙·구승신·김경희·김선민·김유정·김주현·김지혜·박형원·백형의·우재희·이영선·이예승·이인정·이혜경·임정원·장수미·정선영·최정숙(2015). 가족복지론. 서울 : 학지사.

한희선·김영주·이경하·임우연·태희원(2018). 여성·젠더·사회. 경기 : 공동체.

행정자치부·외국인주민현황통계(각 년도).

헬렌 피어슨 저, 이영아 역(2017). 라이프 프로젝트. 서울 : 와이즈베리.

현대경제연구원(2014). 새로운 경제시스템 창출을 위한 경제주평. 한국경제주평, 612.

홍선미(2010). 위기가구지원을 위한 지역사례관리체계 구축방안 -경기도의 통합사례관리 모형을 중심으로 -. **한국사회복지행정학**, 12(1), 337-362.

홍순혜(2004). 부모의 이혼이 청소년 자녀의 심리사회적 적응에 미치는 영향 -양육부모의 경제수준 및 양육행동의 매개효과를 중심으로-. **한국아동복지학**, 17, 151-177.

Conger, R. D., Ge, X., Elder, G. H., Lorenz, F. O., & Simons, R. L.(1994). Economic stress, coersive family process, and developmental problems of adolescents. *Child Development, 65*, 541-561.

Epley, P. H., Summers, J. A., & Turnbull, A. P.(2010). Characteristics and Trends in Family-Centeres Conceptualizations. *Journal of Family Social Work, 13*, 269-285.

Gauthier. A. H.(1996). *The State and the Family: A Comparative Analysis of Family Policies in Industrialized Countries*. Oxford : Clarendon Press.

Kamerman, S. B., & Kahn, A. J.(1978). *Family Policy, Government and Families in Fouteen Countries*. New York : Columbia University Press.

____________________(1997). *Family Change and Family Policies in Great Britian, Canada, New Zealand and the United State*. Oxford University Press.

Michael P. Nichols & Richhard C. Schwartz(2001). *Family Therapy : Concepts and Methods*, 309-311.

Moore. S. T.(1990). A Social Work Practice Model of Case Management : The Case Management Grid. *Social Work, 35*(5), 444-449.

Moxley, D.(1989). *The Practice of Case Management*. Newberry Park, CA : Sage Publications.

NASW(2013). *NASW Standards for Social Work Case Management*. Publishing Company.

Pincus, A., & Minahan, A(1973). *Social Work Practice : Model and Method*. Itasca, Illinois : Peacock Press.

Quinn, J.(1993). *Successful Case management in Long-Term Care*. Springer.

Richmond, M. E.(1922). *What is Social Casework?*. New York : Russell Sage Foundation.

Parsons, T., & R. Bales(1955). *Family, Socialization and Interaction Process*. New York : The Free Press.

Saleebey, D.(1992). *The Strength Perspectives in Social Work Practice*. New York : Longman Press.

Scanzoni, J.(2001). From the normal family to alternate families to the quest for diversity with interdependence. *Journal of family Issues, 22*(6).

Sheafor B. W., & Horejsi, C. R.(2006). *Techniques and Guidelines for Social Work Practice*(7th ed.). Allyn and Bacon.

Sheafor B. W., Horejsi, C. R., & Horejsi, G. A.(2000). *Techniques and Guidelines for Social Work Practice*(5th ed.). Allyn and Bacon.

Steve de Shazer & Yvonne Dolan et al.(2011). 해결중심 가족치료의 오늘, 기적 그 이상의 것. 서울 : 학지사.

Woodside, M., & McClam, T.(2006). *Generalist Case Management : A Method of Human Service Delivery*(3rd ed.). Belmont, CA : Thmopson/Brooks Cole.

Zimmerman, S. L.(1995). *Understanding Family Policy : Theory and Application*. Thousand Oaks, CA : Sage.

______________(2001). *Family Policy : Constructed Solutions to Family Problems*. Thousand Oaks, CA : Sage.

〈기사 및 웹사이드〉

김화선(2017. 10. 20). 광주 '노인 고독사'관리 소홀 논란. www.jnilbo.com/read.php3?aid=1508425200534219004

동아닷컴(2018. 5. 18). 올해 생긴 '한부모가족의 날', 편견과 차별 없애는 계기 되길. news.donga.com/3/all/20180518/90136507/1

박종헌(2017. 10. 31). "나홀로 쓸쓸히 "… 독거노인 고독사 대책마련 시급. 메디컬투데이. www.mdtoday.co.kr/mdtoday/index.html?no=299867

_____(2017. 11. 6). 독거노인, 흡연-신체활동 부족 등 건강 '적신호'. 메디컬투데이. www.mdtoday.co.kr/mdtoday/index.html?no=300553

서울경제(2019. 1. 13). "함께 공부 못해" 따돌림에… 다문화 고교생 20% 학업포기. 김상용 기자.

전자신문(2019. 1. 30). 2019 소비주역 '밀레니얼 가족' 겨냥 앱 시장 후끈. 이현수 기자

조선일보(2018. 10. 31). 가정폭력 '지옥의 20년' 증언… 딸은 눈물도 말랐다.

중앙일보(2015. 3. 30). 스웨덴, 어떻게 출산율 높였나 : 육아휴직, 엄마·아빠 반반씩 권장, 호응 폭발적.

한겨레신문(2017. 5. 11). 4월 청년실업률 역대 최고 … 고용률도 하락. www.hani.co.kr/arti/economy/economy_general/794287.html#csidx031729fd5366b2289465563209be5f7

KBS 뉴스. http://news.naver.com/main/read.nhn?mode=LPOD&mid=tvh&oid=056&aid=0010295246
MBC 뉴스. http://news.naver.com/main/read.nhn?mode=LPOD&mid=tvh&oid=214&aid=0000478045
TJB 8시 뉴스. https://www.youtube.com/watch?v=VWa1SW775u4

가족친화 사회환경의 조성 촉진에 관한 법(2018). 국가법령정보센터. www.law.go.kr/lsInfoP.do?lsiSeq=188414&efYd=20170621#0000
가족친화지원사업 홈페이지(2019). http://www.ffsb.kr
건강가정기본법(2018). 국가법령정보센터. www.law.go.kr/lsInfoP.do?lsiSeq=188415&efYd=20161220#0000
건강가정지원센터 홈페이지(2018a). 사업운영 및 영역. http://www.familynet.or.kr/index.jsp
______________________(2018b). 전달체계도. http://www.familynet.or.kr/index.jsp
고용노동부(2020. 8. 14).『육아휴직자 4명 중 1명은 아빠』보도자료.
고용노동부(2021. 1). 모성보호와 일-가정 양립 지원 업무 편람.
고용노동부(2015). https://www.moel.go.kr/view.jsp?cate=7&sec=4&smenu=null&mode=view&state=A&bbs_cd=105&idx=1473309371733&seq=1473309371733
교육부(2015). 다문화 학생 교육지원계획 발표. www.moe.go.kr/boardCnts/list.do?boardID=432&m =0403&s=moe
국민기초생활보장법(2018). 국가법령정보센터. www.law.go.kr/lsInfoP.do?lsiSeq=199531&efYd=20171212#0000
국민기초생활보장법 시행령(2019). 국가법령정보센터. www.law.go.kr/lsInfoP.do?lsiSeq=199531&lsId=001973&chrClsCd=010202&urlMode=lsEfInfoR&viewCls=lsPtnThdCmp#0000
남녀고용평등과 일·가정 양립 지원에 관한 법(2018). 국가법령정보센터. www.law.go.kr/lsInfoP.do?lsiSeq=180140&efYd=20160128#0000
다문화가족지원법(2019). 국가법령정보센터. www.law.go.kr/lsInfoP.do?lsiSeq=192542&efYd=20170321#0000
매일경제 홈페이지(2017). news.mk.co.kr/newsRead.php?year=2017&no=734548
보건복지부 홈페이지(2019). 보건복지부 조직도. www.mohw.go.kr/react/sg/ssg0101mn.jsp?PAR_MENU_ID=05&MENU_ID=050201
보건복지부 홈페이지(2017. 10. 20). 어르신을 위한 7가지 주요 노인보건복지정책. 블로그. blog.naver.com/mohw2016/221121475608
복지로 홈페이지(2019). http://www.bokjiro.go.kr

사회복지사업법(2019). 국가법령정보센터.
http://www.law.go.kr/lsInfoP.do?lsiSeq=197512&efYd=20171220#0000

서울특별시 한부모가족지원센터 홈페이지(2018). http://www.seoulhanbumo.or.kr/inde

실버누리(2017. 11. 1). 노인의 날을 맞아 살펴본 주요 노인보건복지정책. 블로그.
blog.naver.com/samjoofriends/221127121010

여성가족부(2018a). 맞춤형 서비스 한부모가족 파트.
http://www.mogef.go.kr/cs/opf/cs_opf_f921.do

______(2018b). 2018년도 건강가정지원센터 사업안내. http://www.mogef.go.kr

여성가족부 홈페이지(2018a). www.mogef.go.kr

______(2018b). 여성가족부 조직도.
www.mogef.go.kr/mi/osg/mi_osg_s001.do

인사이트(2015). 1인 가구, 비즈니스 개념을 바꾼다.
http://www.economyinsight.co.kr/news/articleView.html?idxno=2696

저출산·고령사회기본법(2019). 국가법령정보센터.
www.law.go.kr/lsInfoP.do?lsiSeq=152037&efYd=20140318#0000

저출산·고령사회위원회(2020. 12. 15). 제4차 저출산고령사회 기본계획 보도자료(부처합농).

저출산·고령사회위원회 홈페이지(2019). https://www.betterfuture.go.kr/pc/org/org3.php

______(2021). 대통령 직속 저출산·고령사회위원회의 조직 구성.
https://www.betterfuture.go.kr/front/committee/organization.do

통계청(2018a). 상대적 빈곤율. 통계설명자료.
meta.narastat.kr/metasvc/index.do?iemInputNo=0000142954659

______(2018b). 소득계층별 가구주 만성질환 여부 비율.
kosis.kr/statHtml/statHtml.do?orgId=117&tblId=DT_117097_N009&vw_cd=MT_ZTITLE&list_id=D3_117097&conn_path=F0&path=#

______(2018c). 소득계층별 가구주 장애 여부 비율.
kosis.kr/statHtml/statHtml.do?orgId=117&tblId=DT_117097_N008&vw_cd=MT_ZTITLE&list_id=D3_117097&conn_path=F0&path=

______(2019). 국민기초생활보장 수급 현황.
http://www.index.go.kr/potal/main/EachDtlPageDetail.do?idx_cd=2760

프레시안(2020. 1. 18). 『한국에서도 '라떼파파'를 볼 수 있을까?』.
https://www.pressian.com/pages/articles/274510?no=274510&utm_source=naver&utm_medium=search#0DKU

한경 경제용어 사전(2019). http://dic.hankyung.com/apps/economy.view?seq=7330

한국건강가정진흥원(2018a). 가족역량강화지원사업.
www.kihf.or.kr/lay1/S1T336C350/contents.do

__________(2018b). 양육비이행관리원. 양육비 이행확보 지원.
https://www.childsupport.or.kr/lay1/S1T15C16/contents.do

__________(2018c). 한부모가족사업. www.kihf.or.kr/lay1/S1T378C394/contents.do

__________(2019). 가족역량강화지원사업(취약·위기가족지원사업).
http://www.kihf.or.kr/lay1/S1T336C350/contents.do

한국양성평등교육진흥원(2018). www.kigepe.or.kr

한부모가족지원법(2019). 국가법령정보센터.
www.law.go.kr/lsInfoP.do?lsiSeq=188423&efYd=20161220#0000

찾아보기

인명

내용

저/자/약/력

■ **이윤정**

연세대학교 사회복지학 박사
이화여자대학교 소비자인간발달학 박사
현 호서대학교 사회복지학부 교수
　한국건강가정진흥원 지역 센터 평가위원
　한국아동가족복지학회 교육이사

■ **박수선**

숭실대학교 사회복지학 박사
숙명여자대학교 가족학 박사
현 서원대학교 사회복지학부 교수
　한국가족자원경영학회 상임이사

■ **이무영**

성균관대학교 사회복지학 박사
숙명여자대학교 아동복지학 박사
현 대덕대학교 사회복지과 교수
　한국아동가족복지학회 이사
　한국부모교육학회 이사

■ **강기정**

숙명여자대학교 가정학(이학) 박사
전 한국아동가족복지학회 회장
현 백석대학교 사회복지학부 교수
　백석대학교 평생교육원 원장

【제2판】

가족복지론

|공저자| 이윤정 · 박수선 · 이무영 · 강기정

|1판 1쇄| 발행 2019년 9월 5일
|1판 3쇄| 발행 2020년 9월 10일
|2판 1쇄| 발행 2021년 3월 10일
|2판 2쇄| 발행 2022년 2월 25일
|2판 3쇄| 발행 2022년 7월 25일
|2판 4쇄| 발행 2023년 1월 30일
|2판 5쇄| 발행 2024년 2월 26일
|2판 6쇄| 발행 2025년 1월 15일

|발행인| 김동훈
|발행처| 공동체

|주소| 경기도 고양시 일산동구 호수로 358-39, 동문타워 I 905호(백석동)
|전화| 031) 814-3000(대표)
|팩스| 031) 814-3100
|홈페이지| http://www.compub.co.kr
|전자우편| compub@naver.com
|출판등록| 2005년 10월 6일
|등록번호| 제396-2005-36호

|ISBN| 979-11-6105-979-2
정가 16,000원